ISBN 9783743142077

»Let Your Light Shine in the World«
ist eine Buchreihe der
Tupamaros Film Productions

2. Auflage 2016
© Dennis Knickel, 2011
Umschlagdesign: Alexander Mink
Satz und Layout: Dennis Knickel
Buchtitel: Andrea Neudert
Karten: Rebekka Schuch
Herstellung und Verlag: BoD – Books on Demand, Norderstedt

Alle Rechte vorbehalten.
Kein Teil des Werkes darf in irgendeiner Form
(durch Fotografie, Mikrofilm oder ein anderes Verfahren)
ohne schriftliche Genehmigung des Autors
reproduziert oder unter Verwendung elektronischer Systeme
verarbeitet, vervielfältigt oder verbreitet werden.

www.dennisknickel.com

DENNIS KNICKEL ist mein Name. Ich werde am 27. Oktober 1983 in Mainz geboren und wachse in der rheinhessischen Kleinstadt Alzey auf. Ab 13 nenne ich mich Punk und mit 16 Jahren beschließe ich, fortan vegan zu leben. Kurz vor der Volljährigkeit lasse ich mich auf Mallorca zum Tauchlehrer ausbilden und kehre seitdem immer mal wieder zum Tauchen auf die Mittelmeerinsel zurück. 2003 mache ich Abitur und absolviere danach meinen zehnmonatigen Zivildienst.
Im Alter von 20 Jahren veranlassen mich die Erlebnisse während einer längeren Reise nach Hawaii, diese in Form meines ersten Reiseberichts festzuhalten: »Kaffee, Kiffer, Killerkatzen«. Mit 21 gründe ich die Tupamaros Film Productions und mache Kurzfilme: 2005 die schwarze Komödie »Die Treppe«, 2007 der 30er-Jahre-Gangsterfilm »Die Füchsin« und 2011 das psychologische Liebesdrama »Erinnerungen«.
Mit »Anarchistenherz« folgt 2007 mein zweites Buch. Diesmal war ich in Kuba unterwegs. 2008 ziehe ich nach Berlin. Zwei Jahre später verschlägt es mich als Backpacker für zwei Monate nach Thailand mit Abstechern nach Kambodscha und Malaysia. Mein Bericht von dieser Reise, »Curry-Competition«, ist seit Februar 2011 als Buch erhältlich.
Ab 2014 steige ich als festes Ensemblemitglied – genauer: als schauspielender Kameramann – in die kultige 20er-Jahre-Show »Lost Cabaret« ein. Als garstiger Josef Harlanski trage ich neben der Kamera auch einen politisch unkorrekten Schnurrbart durch die Veranstaltung und schneide danach beides: den Bart und die Aufnahmen.
Seit Anfang 2015 bin ich Sänger und Texter der Punkband 6 Gramm Caratillo. Im selben Jahr werde ich zu Deutschlands erstem Straßenleser: Wie ein Straßenmusiker reise ich mit Lautsprecher und Mikrofon durch die Bundesrepublik und lese Passanten aus »Serendipity« vor. 2016 setze ich die Tour fort.

Inhalt

Vorwort   8

Anreise
Tag 1: Über Bahrain in die Khaosan Road   10

THAILAND
Koh Chang
Tag 2: Von Bangkok zum White Sand Beach   15
Tag 3: Khlong Phrao Beach   19
Tag 4: Khlong Phlu Waterfall   21
Tag 5: Beachen am White Sand Beach   25
Tag 6: Same same, but different   26
Tag 7: Über Bangkok in Richtung Süden   27

Koh Pha Ngan
Tag 8: Surat Thani, Donsak und rüber nach Koh Pha Ngan   30
Tag 9: Chaloklum und der Chàang-dtat-phóm   35
Tag 10: Hell's Dennis, Mama Pooh und der Fuck Bucket   36
Tag 11: Wat Kuan Yin: Unser erster Tempel   43

Koh Tao
Tag 12: Mit der Fähre nach Koh Tao   44
Tag 13: Ao Chalok Ban Kao: Die ersten Tauchgänge   47
Tage 14–16: Tauchen, tauchen, tauchen …   49
Tag 17: Der Tag des Arsches   52

Krabi
Tag 18: Die Höhle im Hundeohrenberg   56
Tag 19: Die bescheuerte James-Bond-Tour   59

Khao Lak
Tag 20: Es geht nach Khao Lak   64
Tag 21: Tauchen am Boonsung Wreck   69
Tag 22: Koh Similan: Tauchen im Nationalpark   71
Tag 23: Das grüne Monster, die Schildkröte und ein krasser Freak   74
Tag 24: Koh Bons Mantarochen und der Curry des Todes   78

Phuket
Tag 25: Das On On und Phuket Town 81
Tag 26: Faulenzen und das spezielle »Menu« 86
Tag 27: Der Süden der Stadt 87

MALAYSIA
Kuala Lumpur
Tag 28: Die Petronas Towers, der Fernsehturm und »Berhati-hati!« 89

KAMBODSCHA
Siem Reap
Tag 29: Willkommen in Kambodscha 96
Tage 30 & 31: Die Tempel von Angkor 102
Tag 32: Borramy und die Kinder von Angkor 106

Phnom Penh
Tag 33: Eugen & Patrick 111
Tag 34: Tuol Sleng, Durian und das Olympiastadion 113
Tag 35: Zurück nach Thailand 116

THAILAND
Kanchanaburi
Tag 36: Der Charme Kanchanaburis 118
Tag 37: Die Brücke am Kwai 122

Ayutthaya Tage 38–39
Tag 38: Busfahrt nach Ayutthaya 123
Tag 39: Die Ruinen Ayutthayas *oder:* Der hohle Ole greift an! 125

Chiang Mai
Tag 40: »The laaaaaady rentssss the rooooooom to youuuu.« 131
Tag 41: Das Giant und die Folterkammer der 200-Baht-Masseuse 133
Tag 42: Fieber, Red Shirts, Hell's Angels und Pandapolizisten 136
Tag 43: Elektrolyte und der Umzug ins Giant 137
Tag 44: Mr. Joe, Mr. Duck, Taste from Heaven, Pain from Hell 138
Tag 45: Die 800 Kurven nach Pai 142
Tag 46: Doi Suthep und das belgische Koma 145
Tag 47: Noch einmal zum Chiang Mai Beach Festival 149
Tage 48–53: Songkran! … und die Folgen 150
Tag 54: Das Dach Thailands: Doi Inthanon 153
Tag 55: Die Höhlen von Chiang Dao und der weiße Tempel 155
Tag 56: Mit dem Zug nach Bangkok 159

Bangkok

Tag 57: Das indische Viertel und Chinatown	160
Tag 58: Revolution statt Shopping: Ein Tag bei den Red Shirts	165
Tag 59: End of the Walkway: Thailand, phom rak khun!	170

BAHRAIN
Manama

Tag 59: Epilog im Suq von Manama	171
Tag 60: Irgendwie bekackt …	175

Anhang

Danke / Sorry? / Quellen	177
Kleine Thai-Kunde	178
Let Your Light Shine in the World	180
Karten	182

Ein Hinweis des Autors

Liebe Leserin,
lieber Leser,

auf meiner Reise habe ich unzählige Fotos gemacht und auch das ein oder andere Filmchen gedreht. Ich habe mich dazu entschieden, keine Fotos ins Buch zu integrieren, um den Preis niedrig halten zu können. Du hast aber die Möglichkeit, sämtliche Fotos und Videos zu sehen! Schicke hierzu einfach einen Kaufbeleg (Scan oder Kopie der Rechnung) an diese E-Mail-Adresse:

info@dennisknickel.com

Ich werde Dir dann kostenfrei einen Premium-Account auf meiner Website einrichten, der Dir für ein Jahr Zugang zu den Fotos und Videos gewähren wird.

www.dennisknickel.com

Ich freue mich auf Deine Mail!
Und nun viel Spaß mit »Curry-Competition« – mit dem Buch und der Website.

Dennis Knickel

Kleingedrucktes:
Deine Daten werden garantiert vertraulich behandelt und lediglich für die Einrichtung Deines Accounts verwendet. Du kannst Deinen Account jederzeit löschen. Es werden keine private Daten von Dir gespeichert.

Dennis Knickel

Curry-Competition

Mit dem Rucksack durch Thailand

Let Your Light Shine in the World
Band 3

Vorwort

Lieber Dennis,
liebe Rebekka!

Aller guten Dinge sind bekanntlich drei, und somit ist nun eine Trilogie entstanden, deren Teile sich thematisch und inhaltlich schon sehr stark voneinander unterscheiden, auch wenn das Grundthema doch das gleiche ist. Drei Reisetagebücher, die von Euren Erlebnissen während Eurer Reisen berichten, aber doch sehr unterschiedliche Eindrücke und Botschaften übermitteln: *Same same ... but different!*
Das erste Buch über Hawaii entstand hauptsächlich als Zeitvertreib, während Rebekka trotz der Reise eine Arbeit für die Uni schreiben musste. Hier stand der Unterhaltungswert für alle Daheimgebliebenen im Vordergrund.
Das zweite Buch über Kuba entwickelte sich dann zu einer eher kritischen politischen Betrachtungsweise über das Land an sich. Unbeschwerte Heiterkeit wie im ersten Buch trat eher in den Hintergrund, was heißt, dass die Anzahl der Lachanfälle mit Bauchschmerzen beim Lesen etwas geringer ausfiel. Allerdings kann man hier schon eine Tendenz ausmachen, dass die Berichte mehr und mehr zu richtigen Reiseführern mit interessanten Informationen über Land und Leute werden.
Das aktuelle Buch über Thailand ist das bisher umfangreichste und auch wieder so lustig, wie man es von Hawaii bereits gewohnt war. Allerdings fiel mir dieses Mal die Wahl eines passenden Titels bei Weitem am schwersten, was wahrscheinlich auch auf mangelnde Zeit für kreative Tätigkeiten zurückzuführen ist. Aber ein echter Künstler kann auch unter Termindruck Höchstleistungen vollbringen, sodass es mich völlig kalt ließ, als ich von Anrufen und E-Mails seitens des Buchautors bombardiert wurde. Innerhalb weniger Minuten erreichten mich gleich zwei Mails mit den Worten »Ich bräuchte langsam mal einen Titel ...« (Mail Nummer 1) »... und ein Vorwort, hihi« (Mail Nummer 2). Dass mich unmittelbar darauf eine fiese Grippe heimsuchte, war, nüchtern betrachtet, eine schicksalhafte Fügung, denn so hatte ich eine Woche lang Zeit, auf dem Sofa meinen Gedanken freien Lauf zu lassen.
Ich konnte die Sonne Thailands in zahlreichen fieberbedingten Schweißausbrüchen förmlich auf meiner Haut spüren und meine Gliederschmerzen dürften in etwa denen entsprochen haben, die Ihr nach Eurer »Thai-Massagierung« empfunden habt. Zur Vervollständigung des fernöstlichen Fieberwahngefühls bereitete ich mir zum Essen einen Curry zu und meine Vertretungshausärztin mit Zusatzbezeichnung »Traditionelle chinesische Medizin« empfahl mir schriftlich zu ihrem Erkältungsteerezept noch »Ruhe und Reis essen«. Das fernöstliche Urlaubsfeeling war somit also nahezu perfekt: Schwitzen, Curry, Ruhe und Reis essen. Als wäre ich mit in Thailand: *Same same ... but different!*

Aber was soll ich sagen, es hat wohl funktioniert und ich kann, wie versprochen, termingerecht meinen Titel und mein Vorwort liefern. Der Titel war wirklich sauschwer. Ich habe die ganze Zeit nach einem Motiv gesucht, das Euch die ganze Reise über irgendwie begleitet hat. Aber dadurch, dass Ihr so viel unternommen und so viele Dinge gesehen habt, ließ sich kein wirklich hervorstechendes Ereignis rauspicken. Dieses Buch ist wirklich eine tolle, ausgewogene Mischung aus einem Reiseführer und vielen schönen kleinen lustigen Geschichten. Auffallend sind die zahlreichen Empfehlungen, aber auch Warnungen, die Ihr allen Backpackern, die Euren Fußstapfen noch folgen mögen, geben könnt. Ich persönlich könnte mir sehr gut vorstellen, Euer Buch als Vorlage für meine eigene Rucksackreise durch Thailand und die angrenzenden Länder zu benutzen. Es gibt Empfehlungen für Ortschaften, Sehenswürdigkeiten, Reiserouten, Unterkünfte und natürlich für Essen und Trinken. Dennis und Rebekka in ihrem »kulinarischen Frankreich«.

Vielleicht hat mich meine eigene Erfahrung mit diesem Thema und meinen beiden Reiseführern dieses Jahr in den USA auch etwas sensibler gemacht. Auf eine Empfehlung hin, die in meinen *beiden* Reiseführern stand, habe ich ein Diner besucht, in dem ich den miesesten Burger meines Lebens gegessen habe. Seitdem lege ich keinen Wert mehr auf Reiseführer und ihre kulinarischen Empfehlungen – mit Ausnahme derer in diesem Buch: Aufgrund der Erfahrungen, die ich mit Dennis und Rebekka in Berlin bereits gemacht habe, weiß ich, dass man sich auf deren guten Geschmack verlassen kann. Als große Curry-Fans führt ihr doch sicher auch in Berlin Eure eigene Curry-Rangliste, oder?

Und nun »Seiten frei« für Dennis und Rebekka. Die Farangs, denen keine Reise zu weit, kein Meer zu tief, kein Tempel zu hoch, kein Thai-Boxkampf zu hart und kein Curry zu scharf ist …

Danke!
Eure Andrea

Über Bahrain in die Khaosan Road
Tag 1: 23. & 24. Februar 2010

Mein Handy klingelt. Hartnäckig. Irgendwann gehe ich also doch ran: »Weißt du, wo ich bin?«, frage ich meinen Nachbarn Alex.
»Oh, Scheiße. Seid ihr schon unterwegs?«
»Yepp.«
Rebekka und ich sitzen gerade im Flughafen des Königreichs Bahrain, unser erster und einziger Stopp auf dem Weg nach Bangkok. Alex ist übrigens in Berlin. Aber das nur nebenbei. In Deutschland haben wir gerade den kältesten Winter seit Menschengedenken erlebt: Berlin liegt bereits seit circa zehn Wochen unter einer mittlerweile recht dicken Eisschicht. Dass der Schnee liegen bleibt, hat wohl keiner erwartet. Zumindest kam das Eis-und-Schnee-Räumungskommando (presented by Arbeitsamt) erst vor knapp zwei Wochen auf die eisglatten Straßen und bohrt und klopft sich seither Berlins Straßen auf und ab. Zwei Glatteis-Todesopfer gibt es angeblich auch schon zu vermelden.
Wie auch immer: Rebekka und ich wechseln mal eben das Minus- in ein Pluszeichen um und entkommen somit dem sicheren Kältetod.
Nach Hawaii 2004 und Kuba 2007 ist 2010 also Thailand dran. Für zwei Monate mit dem Rucksack durch das Land der leckersten Küche der Welt!
Doch der Reihe nach: Der Bankautomat der Sparkasse verweigert heute Morgen seinen Dienst. Kein Problem, denke ich, am Frankfurter Flughafen wird's schon einen Sparkassenautomaten geben. Dem ist aber nicht so. Die Deutsche Bank hat in Frankfurt das Monopol auf Geldautomaten! Schweinerei. Kostet Gebühren, da bin ich nicht dabei. Weiteres Suchen hilft jedoch nicht und so entscheide ich mich dazu, mal zu testen, ob mir die PIN meiner VISA-Card noch geläufig ist. Also doch noch zum Geldautomaten, VISA rein, vermutlich richtige PIN eintippen … yeah, kein Meckern … gewünschten Betrag angeben und Auftrag abschicken. Der Automat rumort und arbeitet. Geldzählgeräusche ertönen, der Kartenschlitz öffnet sich wieder und befördert die Kreditkarte nach draußen. Ich positioniere meine Hand vor dem Schlitz, der die Millionen ausspucken soll und warte. Das dauert ja immer ein bisschen länger. In Berlin warte ich an der Sparkasse an der U-Bahn-Station Eberswalder Straße immer gefühlte 30 Sekunden. Hier in Hessen dauert es nicht so lange. Dafür kommt aber auch kein Geld heraus … Äh? Stattdessen leuchtet plötzlich in einem roten Warndreieck »Automat außer Betrieb« auf! Was zum …? Was ist das denn jetzt? Ich rufe die Nummer an, die auf dem Aufkleber am Automaten steht: »Hallo, Dennis Knickel mein Name. Ich wollte gerade bla und blub … Habe ich jetzt 100 Euro abgehoben, aber nicht bekommen oder gibt es den Auftrag nicht?«
Ist anscheinend eine gute Frage, denn der Kollege am anderen Ende weiß auch keinen Rat. Ich soll bei meiner nächsten Abrechnung schauen, ob der Betrag abgebucht wurde. Hmpf. Also geht's nun ohne allzu viel Bargeld in der Tasche

auf die Reise.
Wir fliegen mit Gulf Air. Und nun, da wir den ersten Teil unserer Anreise bereits hinter uns haben, muss ich sagen, dass Gulf Air eine ziemlich coole Airline ist: Bereits bei der Online-Buchung des Flugs wurden wir gefragt, welches Essen wir serviert bekommen möchten. Und da bietet einem Gulf Air eine ziemlich nette Auswahl. Ich bin mir nicht mehr hundertprozentig sicher, aber ich glaube, dass wir tatsächlich »vegetarian without dairy products« anklicken konnten. Was auch immer wir vor vier Wochen angeklickt haben, das Essen ist vegan ... und gut! Die Flugbegleiterinnen sind zudem sehr nett, bringen Rebekka und mir als Erste im Flieger das Essen (Vegetarierbonus, das gab's ja noch nie!) und jeder hat seinen eigenen Fernseher mit einer Auswahl von drei bis fünf Filmen! Hurra!
Rebekka und ich schauen uns »The Invention of Lying« an ... in der Gulf-Air-Synchro, wie es scheint. Zumindest haben die Darsteller nicht ihre bekannten Synchronstimmen, sondern werden offensichtlich von Engländern gesprochen. Auf Deutsch! Was für eine Airline. Welch Einsatz! Ich kann mich kaum auf den Film konzentrieren, da ich mir ununterbrochen vorstellen muss, wie der Co-Pilot und die Oberstewardess vorne im Cockpit sitzen und diesen Film live synchronisieren. Mag weit hergeholt klingen, aber diesen Gulf-Air-Leuten traue ich das echt zu. Am Flughafen von Bahrain werden wir vom Captain mit einem: »Cheers!«, aus dem A330 verabschiedet.
Der Flughafen von Bahrain ist klein aber durchaus spektakulär. Die arabische Atmosphäre vermischt sich hier bereits mit pakistanisch / indisch / nepalesischem Flair. In Steven Spielbergs »Catch Me If You Can« sieht man den Tross der verschiedenen Airlines durch das Terminal flanieren. Unterscheiden kann man sie an der Farbe und am Schnitt ihrer Uniformen. Hier in Bahrain funktioniert das quasi genauso. Hier stolzieren allerdings nicht die Besatzungen der Flugzeuge umher, sondern einzelne Familien oder Reisegruppen, die auch alle irgendwie uniform wirken: Zum Beispiel dadurch, dass die arabische Familie wie eine Mischung aus »Lawrence von Arabien«-Epos und koreanischem Horrorfilm (mit viel Wert auf Ästhetik und Farbgebung) wirkt, wenn der Papa mit seinem feinen hellen Zwirn, umringt von in wehende schwarze Tücher gekleideten Damen daherkommt; oder auch die Gruppe von indischen oder nepalesischen Arbeitern, die allesamt die gleich geschnittenen Bommelmützen tragen und somit wie aus einem Märchen entsprungen wirken: Bollywood adaptiert Disneys »Schneewittchen und die sieben Zwerge«. Von Schneewittchen war allerdings nichts zu sehen. Dann gibt es da noch die Ü70-Fraktion aus ... ja, von wo kommen die denn? Mit einem spektakulären Auftritt können die Omis meine volle Aufmerksamkeit erhaschen: In pastellfarbenen Roben, die von Material und Schnitt an ein Dirndl aus selbst gemachter Blümchentischdecke erinnern, schweben die Großmütter ins Terminal. Die farbliche Reihenfolge wird optimal eingehalten, sodass ein blasser Regenbogen von Omamas in sympathischen

11

Trachten den Raum erhellt.

Neben diesen schön anzusehenden Menschen in ihren edlen Stoffen und Tüchern gibt es aber natürlich auch die Burkaträger-Fraktion. Seltsamerweise sind die Männer der komplett verhüllten Frauen meist westlich gekleidet, was natürlich einmal mehr die Frage aufwirft: Machen die das freiwillig?

Überhaupt muss mir mal einer erklären, weshalb die eine Hälfte der Bevölkerung hier mit traditioneller Kleidung herumläuft und wieso die andere Hälfte in westlichen Klamotten sein Leben in Arabien zu verbringen scheint.

Auch im Bahrain gibt es Geldautomaten. Also versuche ich es noch einmal hier. VISA rein, PIN eingeben und: Automat kackt ab. Ja, was ist denn hier los? Noch einmal versuchen: PIN eingeben und … »invalid PIN« Ups, fuck. Die Karte kommt zum Glück wieder raus. Der wievielte Fehlversuch war das denn nun? Der Erste? Der Zweite? Oder bereits der Dritte? Lag es in Frankfurt am Automaten oder an der falschen PIN-Nummer? War das Fehlversuch Numero Uno? Das erste Abbrechen hier im Bahrain: meine zweite Falscheingabe? Außerdem wollte ich vorhin mein Essen auch mit VISA bezalen, was auch nicht funktionierte. Vier Fehlversuche?

Also, um es kurz zu machen, mein Problem ist nun: Kann ich es mir noch einmal erlauben, eine falsche PIN-Nummer einzutippen, ohne dass meine Karte plötzlich gesperrt wird? Ich sehe es schon kommen: Ich bin in meinem kulinarischen Frankreich und habe kein Geld fürs Essen … Super.

Mittlerweile sind wir wieder in der Luft. Vor Kurzem haben wir Dubai überflogen. Den Burj Khalifa und das Burj al Arab haben wir zwar nicht erkennen können, aber dafür die Palmeninseln! Eine dieser Dubai-Aktionen, bei denen man eigentlich nur mit dem Kopf schütteln kann, es aber insgeheim doch irgendwie auch schon wieder so cool kitschig und bekloppt findet, dass es seinen Reiz hat. Gegen drei Uhr nachts überfliegen wir Dubai und können aus zehn Kilometern Höhe die Palmeninseln sehr gut erkennen. Das ist doch vollkommen schräg, oder? Aber auch durchaus schön.

Nachdem wir Arabien bei Muscat hinter uns lassen, geht es über die Arabische See rüber nach Indien. Im Flugzeug wird man übrigens nicht nur darüber informiert, über welches Land man gerade fliegt, nein, auf dieser Strecke wird dem interessierten Fluggast auch angezeigt, in welcher Richtung Osten ist und wie weit die Kaaba von der momentanen Position entfernt ist. Auf dem Flug nach Bahrain gab es erstgenannte Info leider nicht. Laut Ankündigung sind wir wohl aber unter anderem über den Irak geflogen.

Mumbai tut sich vor uns auf. Eben war noch alles stockdunkel, der Sternenhimmel samt Milchstraße wunderschön am Firmament auszumachen. Und dann kommt Mumbai. Ich bin mir zwar nicht sicher, ob der Effekt alleine durch diese Metropole entsteht oder ob es auch daran liegt, dass wir direkt gen Sonnenaufgang fliegen, aber Meile für Meile, die wir uns Mumbai nähern, wird es heller und heller. Eine Art Nebel zieht auf (!?) und als wir Mumbai hinter uns lassen, ist da plötzlich die Sonne vor uns. Ein Sonnenaufgang, zehn Kilometer über Mumbai ... und Rebekka schläft weiter.

Im Moment überfliegen wir den Golf von Bengalen. Noch zwei Stunden bis Bangkok. Die Spannung steigt und die Müdigkeit wohl auch. Auf diesem Flug gab's übrigens wieder lecker Essen: grüner Thai-Curry mit indischen Bombay-Potatoes und Papadam, dazu eine Obstschale mit gebratenem Tofu und last, but not least: Tapioca-Pudding. Lecker!

Jetzt schaue ich mal, wann endlich das Frühstück kommt. Höhö! Schöne Grüße aus der Economy Class!

In Bangkok angekommen, verlassen wir nach der Zollkontrolle den Suvarnabhumi International Airport und holen uns ein Ticket für den Bus der Linie AE2, Endstation Khaosan Road. Die Khaosan Road ist *die* Backpackerstraße. Hier gibt es alles, speziell aber billige Klamotten, die man nicht unbedingt aus der Heimat mitbringt, sondern erst hier kauft und später auf der Heimreise wieder zurücklassen kann. Ich habe mir für die zwei bevorstehenden Monate drei T-Shirts, zwei kurze Hosen, zwei Handtücher, Sandalen und einen Pulli eingepackt. Bereits jetzt denke ich mir aber, dass ich durchaus noch weniger hätte mitnehmen sollen. Rebekkas Rucksack ist ähnlich spartanisch gepackt.

Der Flughafen liegt am Stadtrand Bangkoks. Auf dem Cityhighway geht es in Richtung Innenstadt. Links und rechts säumen etwa alle 500 Meter goldene Statuen, die einem offensichtlich Glück oder Ähnliches bringen sollen, den Straßenrand. Das ist durchaus spektakulär.

Wir verlassen die Schnellstraße, fahren noch etwas durch größere und kleinere Sträßchen, bis wir nach etwa 30 Kilometern die Khaosan Road erreichen.

Die Khaosan Road ist voll. Voll von Touristen, fliegenden Händlern, Hostels, Werbung, Restaurants und Geschäften aller Art. Klingt schrecklich, ist es aber seltsamerweise nicht. Vielleicht liegt es auch nur am mehr und mehr aufkeimenden Urlaubsfeeling, aber ich fühle mich sogar recht wohl hier. Das liegt wohl auch daran, dass man die Schlepper und Verkäufer durch ein einfaches Lächeln in Verbindung mit einem Kopfschütteln und einem: »No«, loswerden kann. Sofort! In Kuba funktioniert das nicht ...

Wir setzen uns erst einmal auf die Terrasse eines der vielen Restaurants und trinken etwas. Ich bestelle mir ein großes Lion Beer. Große Biere, weiß ich nun, sind in Thailand keine halben, sondern lässige 0,64 Liter. So in der prallen Sonne, 30–40 °C wärmer als in Berlin, knallt das schon ein bisschen. Mir geht's gut.

Es ist zu laut hier, als dass man hier übernachten möchte. Von daher beschließen wir, die Khaosan Road zu verlassen und uns eine Bleibe rund um den gegenüber der Khaosan Road gelegenen Tempel Wat Chai Chana Songkhram zu suchen. »Wat« heißt Tempel. Die Straße hier heißt Soi Rambuttri, ist vom Prinzip ähnlich der Khaosan Road (Essen, Party, Hostels), dabei aber nicht halb so überlaufen. Und das, obwohl wirklich nur eine Straße zwischen den beiden Backpackerdomizilen liegt.

Wir gehen ins Green Guesthouse. Die Frau an der Rezeption fragt uns, welche Preiskategorie wir wünschen: die Ventilator-und-Gemeinschaftsbad-Kategorie, die Klimaanlage-und-Gemeinschaftsbad-Kategorie oder die Klimaanlage-und-eigenes-Bad-Kategorie. Wir entscheiden uns für die billigste Kategorie. Das Doppelzimmer kostet 290 Baht, was knapp sechs Euro sind. Die Dame drückt uns einen Schlüssel in die Hand und sagt uns, dass wir uns erst das Zimmer anschauen sollen. Das Zimmer besteht die Prüfung und wird gemietet.

Um den Jetlag zu besiegen, gehen wir natürlich noch nicht schlafen. Also setzen wir uns in eines der vielen Restaurants der Soi Rambuttri und schauen dem Treiben auf der Straße zu. Und nach den nächsten 0,64-Liter-Bier bei 30 °C ist die Welt noch schöner. Bisher finde ich unsere noch sehr, sehr junge Reise großartig.

Morgen wollen wir Bangkok vorerst schon wieder verlassen. Unser Ziel heißt Koh Chang, nach Phuket die zweitgrößte Insel Thailands. Wir kaufen uns das Busticket bei einem ziemlich provisorisch wirkenden Ständchen an der Straße. Der Verkäufer trägt einen sehr großen und wild glitzernden Brillie im Ohr und hat einen extrem langen Fingernagel am kleinen Finger der linken Hand. Was er damit macht, möchte ich mir nicht vorstellen. Die linke Hand gilt in Thailand als schmutzig, weswegen man mit ihr so gut wie nichts machen sollte: essen, Hände schütteln etc. Das Ticket ist mit knapp sieben Euro für 300 bis 350 Kilometer extrem billig. Als wir den Verkäufer fragen, ob es sich dabei auch um das »richtige« Koh Chang handelt oder ob dies das Koh Chang bei Ranong an der Westküste sei, macht er »special for you« einen Sonderpreis: Nun kosten unsere Tickets nur noch knapp 5,60 Euro pro Person. Ob es jetzt tatsächlich das Koh Chang nahe der kambodschanischen Grenze ist, werden wir allerdings wohl erst morgen erfahren …

Die Kräfte schwinden langsam und der Hunger wächst. Nach einem kleinen Spaziergang landen wir in einem anderen Restaurant und essen zum ersten Mal richtiges Thai-Food auf thailändischem Boden. Und es schmeckt großartig! Ist allerdings auch chön charf … »Nicht so scharf« heißt auf Thailändisch übrigens »mai pet«. Rebekka wird diese Bitte in Zukunft öfter äußern, während ich mich langsam gen »deadly stomach exploding thai hot« vorarbeiten werde.

Unsere Köpfe liegen schon fast auf den Tischen: Feierabend.

Die Matratze ist steinhart (aber eigentlich gar nicht mal ungemütlich) und der Ventilator bläst die ganze Nacht lang. Es ist wirklich extrem schwül. Nachts um vier werde ich mal wach. Draußen auf der Soi Rambuttri ist noch immer was los. Allerdings scheinen nun nur noch die Einheimischen zu essen und sich zu unterhalten.

Von Bangkok zum White Sand Beach
Tag 2: 25. Februar 2010

Morgens um halb acht klingelt der Wecker. Um acht Uhr fährt unser Bus nach Koh Chang. Der Mann mit dem langen Fingernagel hat uns gestern gesagt, dass wir in einem schmalen Gässchen direkt vor seinem Ticketstand auf den Bus warten sollen. Kaum haben wir uns an der »Bushaltestelle« hingesetzt, kommt auch schon eine hektische Thailänderin und ruft uns: »Bus? Koh Chang!«, entgegen. Wir springen auf und folgen der kleinen Dame. Ich frage mich schon, ob wir die einzigen Fahrgäste sind, als die flotte Frau auf den nächsten 50 Metern aus allen möglichen Winkeln und Verschlägen weitere Fahrgäste herausbrüllt. »Bus? Koh Chang!«
Jetzt sind es immerhin schon knapp 20 Leute, die mit dem Bus fahren wollen. Todesmutig überquert die Sammlerin eine stark befahrene Straße inmitten einer Kurve, der Tross der Bleichgesichter, einer Entenfamilie gleich, dicht hinter ihr. Allerdings weit ehrfürchtiger. Ein kleiner Roller kommt um die Kurve geschossen, schafft es aber – wenn auch relativ knapp – niemanden mitzureißen. Die Straße ist überquert, alle leben noch.
»Koh Chang?«, fragt die Kamikazespaziergängerin noch einmal und klebt nach erfolgtem Nicken jedem, egal ob Mann oder Frau, zwei runde Aufkleber auf die Brust. Dann werden die Rucksäcke und Koffer in einen der beiden wartenden Busse verfrachtet. Irgendwer kommt auf die Idee zu fragen, ob dies auch wirklich der Bus nach Koh Chang sei. Der Gepäcksortierer verneint dies, woraufhin unser Fräulein schnell zur Hilfe springt und auf den vorderen Bus zeigt: »Koh Chang!«
Geschafft, wir und unsere Rucksäcke sitzen im richtigen Bus. Der Bus ist sehr stylish: Wir fahren in einem Doppeldecker. Der Busfahrer ist in seiner Kabine vollkommen abgeschirmt. Der untere Teil wirkt wie eine Lounge oder der Tourbus einer Band. Es gibt keine gewöhnlichen Zweierbänke, sondern eine einzige herumgehende Sitzbank, die auch mehr wie ein Sofa wirkt. Oben sieht es dann schon wieder gewöhnlicher aus, wobei hier die Sitze noch eine Fußstütze ausfahren, wenn man sich nach hinten lehnt und die Decke aus einem bunt bestickten Stoff mit eingeflochtenen Perlen besteht! Zudem gibt es noch farbenfrohe Lichter. Extrem stylish!
Mittlerweile haben wir auch feststellen dürfen, dass wir das »richtige« Koh Chang ansteuern. Die Fahrt ist beeindruckend: Es dauert ewig, bis wir Bangkok hinter uns lassen. Diese Stadt ist wirklich riesengroß und jede Ecke sieht höchst interessant aus. Auf dem Highway, der »über« der Stadt entlang führt, passieren wir auch unzählig viele Tempel und erstmals verstehe ich, weshalb Gold bei so vielen Menschen solch eine Faszination auslöst. Die Sonne scheint auf die goldenen Kuppeln der Tempel und überall in der Stadt leuchtet das Gold der Tempel kurz auf und strahlt zu uns in den Bus hinein. Es wirkt so

erhaben und heilig, zudem noch freundlich und hell, da kann keine Kirche in Europa mithalten.

Ich habe schon des Öfteren gehört, dass man Bangkok entweder liebt oder hasst. Ich denke, obwohl ich quasi noch nichts von der Stadt gesehen und erlebt habe, dass ich zur Fraktion der Liebhaber gehören werde. Allein schon, weil ich die T-Shirts mit dem »I ♥ Bangkok«-Aufdruck so cool finde: Man kennt ja die »I ♥ NY«-T-Shirts, die spätestens seit dem 11.9.2001 jeder Fünfte im Schrank hängen hat. In Bangkok war man so cool und hat den Aufdruck spiegelverkehrt auf die Shirts gedruckt. !hɒəY

Irgendwann müssen wir dann Bangkok verlassen haben, was man allerdings auch nicht wirklich mitbekommt. Zum einen kann man nicht jedes Schild entziffern, zum anderen geht Bangkok anscheinend nahtlos in das südöstlich gelegene Chonburi über.

Plötzlich stoppt der Bus und ein Thai kommt die Stufen hinauf geklettert: »Ah, the bus break.«

Rebekka hat ihn, im Gegensatz zu mir, richtig verstanden. Es handelt sich hierbei nicht um eine Panne, sondern um eine kleine Pause. Lustigerweise sind wir noch kaum eine Stunde gefahren und pausieren direkt vor einer kleinen Snackbar mit Mini-Supermarkt. Die Betreiber müssen Verwandte vom Busfahrer sein oder werden von der Reisebusfirma selbst betrieben. Zumindest kostet hier alles dreimal so viel wie in Bangkok. Ich befürchte schon, dass uns nun eine ewig dauernde Kaffeefahrt bevorsteht. Jede Stunde eine Pause mit immer teureren Getränken und Speisen. Zum Glück irre ich mich und nach einer knappen halben Stunde endet unsere erste und einzige eingeplante Pause.

Die Landschaft ist großartig. Man kann wirklich die komplette Fahrt über nach draußen schauen und sich diese großartige, grüne Landschaft anschauen … mehr als 300 Kilometer beziehungsweise sechs Stunden lang.

Der Bus stoppt mitten im Nichts. Ich vermute, dass der Busfahrer eine Pinkelpause einlegt, als es auf einmal heißt: »The Bus break.«

Diesmal ist es dann doch eine Panne … fünf Kilometer vor dem Ziel. Im Nullkommanichts stehen zwei »Minibusse« bereit und übernehmen den Transport der Fahrgäste und des Gepäcks. Die »Minibusse« sind zwei Pick-ups mit selbst draufgeschraubten Bänken links und rechts und Haltegriffen an den Decken. Der Fahrer hat keine Angst vorm Tod und vermutlich nicht so viel Erfahrung mit Personenbeförderung und heizt wie ein Bekloppter um die Kurven. Wir wirbeln ordentlich Staub auf, tun ordentlich was für den Klimawandel und versuchen die Fähre nach Koh Chang noch zu erwischen. Letzteres hat anscheinend nicht funktioniert. Jetzt sitzen wir in einem lustigen, offenen Haus und warten darauf, dass die nächste Fähre eintrudelt.

Wir trotzen bereits jetzt allen Hygienevorschriften, riskieren unsere gesunde Darmflora und bestellen uns Fruit Shakes, die aus frischem Obst und gecrushtem Eis bestehen, welches vermutlich nicht aus gekauftem Quellwasser, sondern vielmehr aus Leitungswasser besteht. Rebekka hat bereits in Bangkok einen solchen Shake getrunken, der bei ihr sehr gut ankam. Heute bestelle ich mir, solange wir auf die Fähre warten, auch einen und bin begeistert. Wie unglaublich genial das doch schmeckt! Und es tut so gut, denn Thailand ist wirklich unglaublich schwül.

Die Fähre kommt! Da weit und breit kein Anleger zu sehen ist, besteigen wir wieder die Minibusse. Diesmal müssen sogar noch zusätzliche Passagiere eines anderen Busses bei uns mitfahren. Die passen allerdings nicht mehr alle in die Minibusse, weswegen sich zwei Kollegen und einer der Minibus-Thais auf das angeschraubte kleine Ladegitter über dem Auspuff stellen müssen. Der Bus ist maßlos überladen und das Gitter schwebt lediglich 20 Zentimeter über dem Asphalt. Höchstens 20 Zentimeter. Manchmal schwebt es auch gar nicht mehr, sondern schlägt auf, was vor allen Dingen den jungen Thai zu kleinen »Uh!«- und »Ah!«-Schreien animiert. Ach so, und ein Thai, der keinen Platz mehr auf dem Gitter gefunden hat, sitzt oben auf den nicht gesicherten Rucksäcken … und der Fahrer kennt immer noch kein Morgen.

Wir erreichen den Fährhafen. Alle haben überlebt.

Die Überfahrt dauert etwa eine Stunde. Auf Koh Chang angekommen heißt es schnell ein Sammeltaxi erwischen, bevor keins mehr da ist und man im schlimmsten Fall auf die Ankunft der nächsten Fähre, die erst in einer Stunde kommt, warten muss. Die Sammeltaxis auf der zweitgrößten Insel Thailands, die noch als Geheimtipp gilt, aber garantiert bald endgültig touristisch boomen wird, sehen genauso aus, wie die Minibusse auf dem Festland. Wieder quetschen wir uns mit viel zu vielen Menschen auf die Ladefläche des Pick-ups und ächzen los.

Wir steigen am White Sand Beach (Hat Sai Kao) aus. Unser Ziel ist das Independent Bo. Ein Hippie-Hüttenkomplex, der wohl einen gewissen Kultstatus genießt. Wir suchen nicht lange und stehen vor einem knallbunten selbst gebauten Strandhäuschen, vor dem schon zwei Hippies sitzen und uns mit: »Come here! It's nice!«, begrüßen. Na dann: rein da. Wir wissen nicht so genau, wo wir hin sollen. Eine Art Rezeption können wir auf den ersten Blick nicht ausmachen und keiner der Anwesenden sieht aus, als würde er hier arbeiten. Wir müssen aber auch nicht groß suchen, da die Kollegen bereits den Chef für uns organisieren. Hippie Nr. 1: »Hey! Customers!«

Hippie Nr. 2 (eine Etage höher): »Felix! Move your ass! New guests!«

Dann kommt Felix die bunte Holztreppe herunter und begrüßt uns mit: »Welcome home!«

Rock und Roll!

Das Independent Bo ist zweifellos total grandios. Die 27 Hütten ziehen sich direkt am Strand den Hügel hinauf, hinein in den Urwald. Jede Hütte sieht anders aus, ist bunt und durch enge selbst asphaltierte Wege und Stufen mit Bambuszäunen miteinander verbunden.

Wir sollen Hütte 7 bekommen. Als Felix aber die Tür öffnet, ist die Verwunderung recht groß: Hier wohnt anscheinend noch wer. »Who the hell …?«
Schnell sprintet er wieder runter und schaut nach, ob und wo noch eine Hütte frei ist. Hütte 26 ist noch frei. Also wieder rauf auf den Hügel, was bei diesen Temperaturen und der Luftfeuchtigkeit wirklich anstrengend ist. Wir stehen vor der nächsten Hütte, als sich Felix – ein Engländer aus Newcastle – am Kopf kratzt: »That's not 26. Where is 26? Excuse me.«
Erneut rennt er die Stufen zur Bar hinab und schaut sich den Lageplan an. Kurz darauf ist er wieder oben bei uns und diesmal findet er die Hütte auch.
Wir haben ein eigenes Klo, welches allerdings keine Spülung hat. Die Schüssel steht zudem mitten im Raum. Also, nicht im Schlafraum, aber mitten in der Dusche … quasi. Wenn man mal mehr als nur Pipi gemacht hat, tritt das Independent Bo Toilettengesetz in Kraft: »Please do not put anything down the toilet that you did not produce internally.«
Also entsorgt man das Papier entweder in einer selbst organisierten Tüte, die man dann unten neben der Bar wegwerfen kann oder man spült sich mit einem Schlauch die Rosette sauber. Gespült wird dann auch mit dem Schlauch. Neben dem Spülungsschlauch gibt es aber auch noch einen Duschkopf. Und wenn man duschen will, klappt man besser den Klodeckel runter.
Das Bett ist wie in Bangkok hart, aber durchaus nicht ungemütlich. Das Moskitonetz ist nahezu perfekt und einen Ventilator haben wir auch. Dazu noch einen Balkon und eine kleine Terrasse mit Tisch und Klavierhocker. Was will man mehr? Vor allem für 500 Baht, also zehn Euro. Es gefällt uns wirklich sehr gut hier und Felix macht uns das Angebot, dass wir eine Nacht geschenkt bekommen, wenn wir ihm heute oder morgen noch zusagen, eine Woche zu bleiben. Das wird wohl aber nichts, da wir ja »nur« acht Wochen Zeit haben, um uns möglichst viel von Thailand anzusehen. Aber verlockend ist es schon.
Kaum haben wir es uns gemütlich gemacht, wundern wir uns über seltsame Geräusche auf unserem Dach. Ich schaue nach und lerne unseren Nachbarn kennen … einen Affen!
Dass es auf Koh Chang Affen geben soll, haben wir bereits gehört. Dass unsere Verwandten aber im selben Bungalowkomplex wie wir leben und nicht etwa im Dschungel im Inselinneren, überrascht dann schon … und ist total geil.
Der Strand ist der Wahnsinn! Feinster weißer Sand und das Meer quasi direkt vor der Tür. Morgens ist das Meer übrigens tatsächlich direkt vor der Tür, gegen Abend dann 20, 30 Meter weiter draußen. Wir wollen uns abkühlen und rennen ins kühle Nass. Allerdings müssen wir feststellen, dass das kühle Nass überhaupt nicht kühl ist, sondern nur knapp unter Körpertemperatur. Abkühlung bekommt man also erst, wenn man sich aus dem flachen Wasser wieder erhebt und vom leichten Wind gestreichelt wird. Es wird immer paradiesischer hier …
Nach einem fantastischen Sonnenuntergang überfressen wir uns abends für wenig Geld im Tantawan Restaurant direkt am Strand. Es gibt Red Curry für

mich, Pad Thai für Rebekka und zum Nachtisch Bananas Fritters – extrem köstlich!

Sobald es dunkel wird, verwandelt sich der Strand zur Restaurantmeile. Man kann sich in den Sand auf Matten legen und auf kleinen Tischen seinen Curry futtern. Irgendwann kommen dann zwei junge (16–20) und ein ganz junger Thai (maximal fünf!) vorbei und jonglieren eindrucksvoll mit Feuerstäben. Vor allen Dingen der Klitzekleine amüsiert mit seinem fast schon gelangweilten Gesichtsausdruck, während er die Feuerlanzen schwingt.

Ich glaube, wenn ich mal nicht mehr bin und wider Erwarten vor so einem bärtigen Typen stehe, der zu mir sagt: »Lieber Dennis, du warst soweit ganz okay. Was für eine Art Paradies hättest du denn gerne?«, würde ich momentan sagen: »Thailand wäre nicht schlecht.«

Ich lausche weiter der Brandung, die man bis zu uns hinauf in die Hütte hört, und schlafe ein …

Khlong Phrao Beach
Tag 3: 26. Februar 2010

Heute geht's zu Fuß zum benachbarten Khlong Phrao Beach, der immerhin knapp sieben Kilometer entfernt ist. Man kann deutlich sehen, dass Koh Chang aufrüstet und man die Insel, würde man in ein, zwei oder fünf Jahren wiederkommen, nicht mehr wiedererkennen wird. Einige Hundert Meter vor dem Strand entdecken wir auf der Straße eine sehr stylishe Bambusbar namens Gecko. Da die Sonne wieder ordentlich auf uns herunterbrutzelt, kehren wir hier ein und trinken unsere neuen Lieblingsgetränke: Fruit Shakes, frisches Obst mit einer vermutlich ordentlichen Portion Zucker und crushed Ice. In der Gecko-Bar klebt, um den Style für mich noch zu perfektionieren, ein »St. Pauli-Fans gegen Rechts«-Aufkleber auf der mittleren Säule des Raumes. Als wir die Bar wieder verlassen, dröhnt zudem noch »Hells Bells« von AC/DC aus den Boxen. Der Song, bei dem die Mannen des FC St. Pauli das Millerntor betreten, das Stadion, in dem ab nächster Saison wieder Erstligafußball gespielt wird! Yeah!

Der nördliche Teil des Khlong Phrao Beach ist nicht ganz so schön, wie der White Sand Beach. Er ist zwar insgesamt größer – sechs Kilometer gegenüber zweieinhalb Kilometern – und hat eine sehr malerische Halbmondform mit vier vorgelagerten Miniinseln, dafür ist der Khlong Phrao Beach aber an manchen Stellen recht steinig und erstaunlicherweise auch etwas dreckiger – wobei die Vermüllung hier wirklich nicht der Rede wert ist.

Richtig schön wird der Khlong Phrao Beach, wenn man etwas weiter nach Süden vorstößt: Ein kleiner Fluss mündet hier ins Meer, den man durchwaten kann beziehungsweise muss, wenn man dem Strand weiter folgen möchte. Man kann auch durch den kleinen Strom schwimmen und bei einem Restaurant wieder aus dem Wasser klettern. Hier, am wie gesagt schönsten Abschnitt des bisherigen Strandes, haben sich auch glücklicherweise die Bambushüttenresorts halten können. Hier verhält es sich also so wie am White Sand Beach: Der schönste Strandabschnitt ist auch gleichzeitig der preiswerteste. Wieder erfrischen wir uns im Strandrestaurant des Bambushüttenresorts Tiger Hut mit frischen gemixten Fruit Shakes, die umgerechnet übrigens knapp 60 bis 80 Cent kosten.

Auf dem Nachhauseweg erspäht Rebekka plötzlich Elefanten! Auf der anderen Straßenseite weiden fünf, sechs Kolosse. Kein Zaun, keine Leinen oder Ketten. Dennoch ist offensichtlich, dass diese Tiere für Elefantentouren gehalten werden. Auch allein schon aufgrund der Tatsache, dass wir uns mitten in einem Dorf befinden. Wir betreten das Gelände des Elefanten-Camps und schauen uns etwas um. Eine einstündige Tour mit den Dickhäutern kostet umgerechnet zwölf Euro, eine zweistündige Tour inklusive eines Bads im See mit den Elefanten, kostet 18 Euro.

In einem Bambusgehege weiter hinten sehen wir ein Elefantenbaby mit seiner Mutter. Mit thailändisch tun wir uns noch etwas sehr schwer, weswegen wir uns den Namen des Baby-Elefanten nicht merken konnten. Übersetzt heißt der kleine wohl aber »Glücksbringer« und ist am 9. Januar geboren worden.

Gerade als wir wieder gehen möchten, kommt uns ein europäisch aussehender Mann mit einem Affenbaby auf der Hand entgegen! Der Kleine wurde gefunden und hier abgegeben. Er ist unglaublich süß, klettert auf uns herum und spielt mit dem Trageriemen meiner Kamera. Noch süßer wird die Situation, als der Mann uns zeigt, wie ein anderer Affe, der schon länger im Elefanten-Camp an einer Leine lebt, auf das Baby-Äffchen reagiert. Kaum kommen wir mit dem etwa 20 Zentimeter kleinen Affen in die Nähe des ungefähr dreimal größeren, kommt dieser voller Neugierde auf ihn zu und beginnt den Kleinen zu entlausen und mit ihm zu schäkern. Wie bei Menschen, die ein Baby im Kinderwagen sehen, schneidet der Affe erheiternde Grimassen, spitzt die Lippen und bewegt den Kopf auf und ab. Eine wunderbare Szene!

Der europäisch aussehende Mann kommt übrigens aus Düsseldorf und heißt Klaus Sebastian. Der sympathische Rheinländer bereist bereits seit einiger Zeit Südostasien und schreibt, so wie wir, das Erlebte nieder. Allerdings mit dem spektakulären Unterschied, dass er Kriminalromane daraus macht. Dieses Jahr erscheint nach »Pepsi Buddha«, »Schatten über Burma« und »Klein Nick – Der Pattaya-Detektiv« mit »Black Moon Party« bereits sein vierter Roman. Klaus Sebastian plant langsam aber sicher seinen Ausstieg nach Thailand, genauer nach Koh Chang.

Und wir werden langsam aber sicher das Gefühl nicht mehr los, gleich zu Beginn unserer Reise einen der schönsten Orte Thailands angesteuert zu haben. Trotzdem kann uns Klaus Sebastian noch einen Tipp für unsere weitere Tour geben: Das Städtchen Kanchanaburi, welches circa 130 Kilometer nordwestlich

von Bangkok liegt. Es soll nicht nur wunderschön sein, sondern ist auch weltberühmt für seine Brücke: die Brücke am Kwai!
Da Kanchanaburi sowieso in etwa auf unserer geplanten Route Richtung Südwesten liegt, ist unser nächstes Ziel somit klar.
Mittlerweile brennen unsere Flip-Flop- beziehungsweise Sandalenfüße schon ordentlich, weswegen wir uns für zwei Euro ein Taxi zum White Sand Beach leisten. Abendessen gibt es heute direkt neben dem Independent Bo im gemütlichen Restaurant von Pen's Bungalows. Die Kellnerin ist der erste Ladyboy, der uns begegnet. Und das Essen ist großartig: Ich kann den Panaeng Curry wärmstens empfehlen.
Später gehe ich noch an die Bar unserer Anlage und lerne Danielle aus München und John aus England kennen, die schon zum mindestens fünften Mal im Independent Bo residieren und hier eine alljährliche Urlaubsliebesbeziehung führen.
Das Independent Bo hat eine sehr treue Stammkundschaft, die auch schon mal fünf Monate am Stück bleibt!
Besonders am Independent Bo ist sicherlich auch die Geschäftsphilosophie. Für die Sauberkeit der Bungalows ist der Gast selbst verantwortlich. Genauso verhält es sich auch mit den Getränken an der Bar: Wer Durst hat, geht hinter den Tresen, holt sich sein Getränk aus dem Kühlschrank, schnappt sich sein Rechnungsbuch, schreibt auf, was er genommen hat und macht einen Strich dahinter. Nach: »Welcome home!«, lud uns Felix gestern übrigens auch mit den Worten: »Mi casa es su casa«, ein. Dieser Ort ist so grandios!

Khlong Phlu Waterfall
Tag 4: 27. Februar 2010

Wir verhandeln kurz mit dem Taxifahrer und lassen uns dann zum heutigen Ziel, dem Khlong Phlu Wasserfall, fahren. Wir gehen eigentlich davon aus, dass der Taxifahrer uns nur bis zum Khlong Phrao Beach fahren wird und wir die restliche Strecke zum Wasserfall laufen werden, doch dann biegt unser Taxi links ab und wir werden bis zur Kasse des Wasserfalls gefahren. Ups, denke ich mir. Da wollte der gute Taxifahrer uns gar nicht für einen übertreuerten Preis zum Beach fahren. Der mag uns jetzt bestimmt nicht mehr …
Der Eintritt zum 22 Meter hohen, aber ziemlich schmalen Wasserfall zu dem ein 500 Meter langer Pfad durch den Dschungel führt, kostet vier Euro pro Person. Das ganze Koh-Chang-Archipel ist übrigens ein Nationalpark. Eintrittsgeld wird aber nur in Bereichen wie beispielsweise diesem hier verlangt.
Für Botaniker hat man diversen Bäumen Namensschilder verpasst. Mich fasziniert indes viel mehr eine kleine Liane! Egal wie ihr botanischer Name auch lauten mag: Schwingen und meine 75 Kilo muss sie aushalten können. Wie

Tarzan schwinge ich todesmutig knappe 35 Zentimeter über dem Boden. Vor und zurück. Vor und zurück. Rebekka muss, seltsamerweise peinlich berührt, Fotos schießen. Ihr: »Du musst nicht alles machen, was dir die kleinen Kinder vormachen«, überhöre ich und beginne wie Tarzan durch den Urwald zu johlen. Im Becken unter dem Wasserfall kann man im kühlen Süßwasser schwimmen. Den Geheimtipp haben aber außer uns auch andere irgendwie mitbekommen und so ist das Becken bereits voll von Touristen, als wir ankommen. Immerhin sind hier aber die, gegenüber den Europäern, weitaus amüsanteren Asiaten in der deutlichen Mehrheit. Wir vermuten, dass es sich um Hongkong-Chinesen oder Taiwanesen handelt. Warum auch immer …

Von einem knapp drei Meter hohen, kleinen Felsvorsprung kann man ins Wasser springen, was die höchst unterhaltsamen Chinesen auch ausgiebigst zelebrieren. Besonders amüsant sind dabei zwei etwas dickere Chinesen, von denen einer regelmäßig auf dem Weg nach oben ausrutscht und dementsprechend früher als geplant bereits im Wasser landet. Auch putzig ist die von uns liebevoll getaufte »kleine Showmakerin«, die bestimmt zwanzigmal ins Wasser springt, aber bei jedem Sprung von neuem so tut, als würde sie vor Angst sterben. Alle anderen Chinesen – und das sind sehr viele – bejubeln jeden mutigen Springer und schießen Fotos. Die halsbrecherischen Heldinnen posen hierfür in typisch asiatischer Manier mit auf die linke Seite ausgefahrenem Becken und dem mit der rechten Hand geformten Victory-Zeichen. Die harten Kerle indes versuchen auf den Fotos *noch* ängstlicher auszusehen.

Drei Österreicher sitzen auch am Becken und halten Rebekka und mich wohl ebenfalls für Chinesen. Anders kann ich mir nicht erklären, dass einer der drei Burschen Rebekkas Vorbeischweben im Bikini mit: »Jetzt schau dia die Mööpse oan!«, kommentiert. Hm?

Auf dem Weg zum Wasserfall gibt es neben den Baumnamensschildern noch diverse andere Schilder zu lesen. Seltsamerweise steht auf den größten Texttafeln der immer gleiche Text über den Urwald. Dies soll wohl dazu beitragen, dass man schnell wieder vergisst, dass am Eingang eine Karte hing, die eindeutig einen Rundweg zeigt. Hier am Wasserfall ist aber an einem »No Entry«-Schild Schluss und alle Gäste müssen wieder den gleichen Weg zurückgehen. Da wir uns aber nicht ins Bockshorn jagen lassen, suchen wir am Eingang nach dem Ausgang des Rundwegs. Wir gehen eine kleine, steile Schotterpiste hinauf, die sich oben nach links und rechts gabelt. Glücklicherweise sitzt ein recht überrascht dreinblickender Thai mit ein paar Hühnern auf dem Weg und deutet uns den Weg. Wir verstehen seine Zeichen aber nicht so recht und gehen erst einmal in die falsche Richtung. Als er zu protestieren beginnt, erinnere ich mich wieder daran, gelesen zu haben, dass Thais, wenn sie einen zu sich winken wollen, das Gegenteilige tun, also eine für unsere Augen eher nach: »Hau ab!«, aussehende Geste vollführen. Dementsprechend gehen wir nun auf den freundlich grinsenden Thai zu, woraufhin er aber erneut anfängt, zu lamentieren. Ja, was denn nun? Sollen wir etwa doch gehen? Auf einmal deutet er mit seinen Fingern schräg hinter sich auf den dichten Urwald. Ja, da wollen wir hin. Ich gebe auf und deute ihm mit meinen Armen und Schultern an, dass ich offensichtlich auf der Leitung stehe. Er wiederholt seine Auf-die-Bäume-Zeigerei und siehe da, eine bereits ziemlich zugewachsene, kleine, unasphaltierte Treppe führt in den Wald hinein.

»Aaah!«, kommt es aus mir heraus. Na, nichts wie rein da!

Wir dürften die ersten Menschen oder zumindest Europäer seit der Herrschaft von Sukhothai sein, die diesen Pfad betreten. Immer tiefer dringen wir mit unseren kurzen Hosen und den sockenlosen Sandalen in den Dschungel vor. Ich entdecke eine historische Schrifttafel, auf der dasselbe steht, wie auf dem Weg zum Wasserfall. Merkwürdig, auch Plastik hatten die Thais damals schon. Ein Spinnennetz versperrt uns den Weg! Jeder einzelne Faden ist seildick. Ohne Angst zu verspüren, entferne ich das Netz. Rebekka sichert mir derweil den Rücken, falls die Riesenspinne zum hinterhältigen Angriff auszuholen gedenken sollte.

> **Anmerkung von Rebekka**
> Ach was, *Du* hast das Netz entfernt?!

Vollbracht! Der Weg ist wieder frei und wir dringen weiter in den Urwald vor. »Denkst du nicht, dass es hier Schlangen geben könnte?«, fragt mich mein ängstliches Weib, verunsichert durch einen Bericht in einem Reiseführer, der auf Schlangen im Dschungel hinweist und empfiehlt, in Gruppen von mindestens vier Personen die Wildnis zu erforschen. Vermutlich, damit man dem gefräßigen Getier Kameraden überlassen kann, sodass wenigstens einer der Gruppe den Triumph des endgültigen Erforschens genießen kann. Lässig überhöre ich das Narrengeschwätz und setze unbeirrt meine Entdeckertour fort. Plötzlich trete ich auf etwas! Es zischt und hört sich irgendwie verärgert an. Als ich – noch immer die Ruhe selbst – wieder auf dem Boden lande, beschließe ich, das junge Leben meiner holden Begleiterin zu retten und sie wieder in die Zivilisation zurückzuführen. So eine Dschungelerforschung in Sandalen und ohne Machete ist halt nichts für jeden … Wir gehen die 30 Meter zur Schotterpiste zurück und sind froh, dass der Thai mit seinen Hühnern nicht mehr da sitzt. Es wäre ihm sicherlich peinlich gewesen, dass er uns einen solch blöden Weg gezeigt hat. In ein paar Jahren werden wir mit langen Hosen und festem Schuhwerk zurückkehren und dem Dschungel zeigen, wer hier der Boss ist.

Irgendwie haben wir vergessen, Geld mitzunehmen. Mit nur noch 90 Baht in der Tasche stehen wir vor den Taxifahrern. Unter ihnen befindet sich auch der Kollege, der sich schon auf dem Hinweg auf 100 Baht herunterhandeln ließ. Noch einmal scheint es jedoch nicht zu funktionieren … Tja, nach einem peinlichen Moment des beidseitigen Schweigens ziehen Rebekka und ich zu Fuß von dannen. Dieser Spaziergang lohnt sich allerdings! Auf einer kleinen Brücke sehen wir auf einmal Elefanten einen Weg herunter in Richtung Straße kommen.

Abends essen wir bei Maylamean, was sich in der direkten Nachbarschaft unseres heiß geliebten Independent Bo befindet und von einer Deutschen betrieben wird. Hier sitzt man auf einer acht bis zehn Meter hohen überdachten Terrasse und hat einen wunderbaren Ausblick aufs Meer. Das Essen ist wie immer billig und es gibt Cocktails zu nahezu lächerlichen Preisen: So kostet ein Strawberry Daiquiri, der extrem lecker ist, da er auch mit frischen Erdbeeren und nicht etwa mit fertigem Erdbeersaft zubereitet wird, gerade einmal 80 Baht. Danach gibt es noch einen Thaipirinha für 70 Baht. Als wir die Rechnung bekommen, wundern wir uns noch mehr: Da kann wohl jemand nicht rechnen. Weil alles so preiswert ist und es wirklich nett bei Maylamean ist, machen wir die Bedienung auf den Rechenfehler aufmerksam und werden dafür gefeiert.

Danach setzen wir uns noch in unsere hauseigene Bar, wo wir unter anderem auch wieder Danielle und John treffen, sowie die 40-jährgie Katharina aus Wiesbaden kennenlernen. Der Abend ist sehr lustig, da die drei Independent-Bo-Stammgäste die ein oder andere Anekdote zu erzählen haben. So gibt es zum Beispiel eine kleine Schaukel vor dem Independent Bo, auf die sich gerne mal Touristen setzen, die nicht im Independent leben. Einer der Dauergäste kam dann eines Tages auf die glorreiche Idee, die Schaukelnden erschrecken zu wollen. Und so kann man nun von der knapp 20 Meter entfernten Bar aus eine Angelleine, die an einem Nagel befestigt ist, lösen, an deren anderem Ende eine eklige Latex-Zombiemaske im Wasserleichenlook hängt, die dem Schaukelnden aus dem Baumwipfel heraus direkt vors Gesicht fällt. Was für einen Spaß die Leute damit schon hatten, kann man sich vorstellen. Allerdings geht einer guten Idee und einer architektonischen Meisterleistung stets der ein oder andere, nennen wir es einmal »Fehlversuch« voraus. Bevor der Plastikkopf herunterschnellte, versuchte man es hier mit anderen Mitteln:

Versuch Nummer 1 war eine ziemlich echt aussehende Plastikschlange, die die Touristen unter Panikattacken ins Wasser rennen ließ. Klingt auch nicht schlecht, musste aber noch perfektioniert werden.

Die Perfektion wurde dann bei Versuch Nummer 2 erst einmal böse verfehlt, als man eine Kokosnuss an die Leine hing und einen kleinen Jungen damit K.o. schlug. Tja, und danach kam dann bereits der weitaus ungefährlichere Plastikkopf ...

Beachen am White Sand Beach
Tag 5: 28. Februar 2010

Der heutige Tagesplan besteht nur aus einer »Aktivität«: Beachen! Allzu Spektakuläres gibt es von daher nicht zu berichten … bis auf die Tatsache, dass ein ausgewachsener Affe heute Morgen auf das Dach der Hütte direkt vor uns, in knapp fünf Metern Entfernung, gesprungen ist, als Rebekka und ich gerade auf unserem kleinen Balkon sitzen.
Heute ergibt sich somit die Möglichkeit, unsere ersten kleinen Eindrücke von den Thais kundzutun:
Zunächst einmal fällt auf, dass hier alle, sowohl Touristen als auch Thailänder, ein motorisiertes Zweirad steuern. Tankstellen sind allerdings eher eine Seltenheit beziehungsweise primär auf den großen Straßen auf dem Festland anzutreffen. Wo tanken all die Mofa- und Rollerfahrer also auf? Die Antwort ist erneut sehr stylish: So mancher Laden – es scheint wohl egal zu sein, was man eigentlich dort verkauft – bietet auch selbst abgefüllten Sprit in Glasflaschen an … meist in Flaschen mit ursprünglich hochprozentigem Inhalt. Für wenig Geld (Sprit ist hier sehr billig: umgerechnet knapp 50–60 Cent pro Liter) kann man also mal eben hier und da eine Flasche Rum, gefüllt mit Benzin, am Straßenrand erwerben.
Es fällt auch auf, dass der gemeine Thailänder anscheinend (noch) nicht dem Handywahn verfallen ist. Zumindest wird man von Thais nicht mit nervigen Klingeltönen penetriert. Sieht man mal einen Einheimischen mit einem Mobiltelefon am Ohr, sitzt er lustigerweise meistens gerade auf seinem Roller … und fährt.
Was die Thais ebenfalls beim Roller fahren hinbekommen ist, zurückzulächeln, wenn man sie zum Beispiel gerade mit einem Taxi überholt und von der Ladefläche aus anlächelt. Überhaupt lächeln einen die Thailänder *immer* freundlich an, wenn man ihnen einen wohlgesonnenen Gesichtsausdruck entgegenwirft. Das ist sehr sympathisch.
Auch sympathisch ist der thailändische Umgang mit Hunden. Es wimmelt nur so von umherstreunenden Hunden, mit denen der Thai gerne mal spielt oder sie füttert. Einen spanischen Arschtritt oder wildes Herumgefluche über einen »scheiß Köter« haben wir noch nicht mitbekommen. Dementsprechend gepflegt und gesund sehen die Hunde hier auch aus.
Eigentlich wollten wir morgen Koh Chang verlassen und in Richtung Kanchanaburi, zur Brücke am Kwai weiterreisen. Da der White Sand Beach und unser Independent Bo aber so unglaublich genial sind, beschließen wir doch noch einen Tag länger zu bleiben. Trotzdem erkundigen wir uns bereits bei einer der vielen Travel Agencies in »Manhattan«, wie unsere weißblonde Dreadlock-Freundin Danielle die sehr geschäftige Hauptstraße oberhalb des White Sand Beach nennt, wie wir von Koh Chang am einfachsten nach Kanchanaburi kom-

men. Die Frau bei der Reiseagentur ist – typisch Thai – sehr freundlich und kompetent. Morgen wollen wir dann die Bus- und Fährtickets bei ihr kaufen. Mal wieder zu einem, verglichen mit der DB, lächerlichen Preis.

Same same, but different
Tag 6: 1. März 2010

Heute beachen wir zum Abschluss unseres Koh-Chang-Aufenthaltes wieder. Zeit genug also, um Felix' Story zu erzählen:
Felix arbeitet seit knapp acht Monaten im Independent Bo und passt eigentlich so überhaupt nicht hier rein. Der Engländer ist 23 Jahre alt und wirkt mehr wie ein typisch englischer Hooligan. Er ist sehr groß – irgendwo zwischen 1,90 Meter und zwei Metern – hat kurz rasierte Haare, ist tätowiert, läuft prollig, klingt prollig, ja und eigentlich ist er auch ein ganz schöner Proll. Zudem ziert eine Narbe seinen Brustkorb, die so aussieht, als hätte ihn mal ein kleiner weißer Hai geküsst. Der erste Eindruck stimmt ja oftmals und so muss ich jetzt gar nicht viel von Obengenanntem revidieren: Felix *ist* ein Proll, der allerdings wohl nicht unbedingt ein Fußballhool war oder ist, sondern einer Gang angehörte, die seinen versuchten Ausstieg nicht akzeptieren wollte und ihn daraufhin halb tot geprügelt hat. Die Haibissnarbe ist also keine und man kann den armen Kerl regelmäßig dabei beobachten, wie er anscheinend versucht sein Schultergelenk wieder einzurenken. Vor einigen Monaten gab es dann wohl eine Gerichtsverhandlung und nach deren Abschluss sah er offenbar nur eine Möglichkeit, um der Gang zu entkommen: Flucht ins Ausland. Fiona, die Chefin vom Independent Bo, hat den anscheinend umherstreifenden Kerl dann unter ihre Fittiche genommen und nun arbeitet er also als eine Art Rezeptionist und »Mädchen für alles« im Paradies. Manche bringen sich in ausweglosen Situationen um, andere fangen einfach noch mal von vorne an. So kann's gehen.
Wir besuchen wieder die kleine Dame von der Travel Agency und entschließen uns spontan dazu, doch noch nicht nach Kanchanaburi zu reisen, sondern erst einmal nach Koh Pha Ngan, die Insel, die durch ihre regelmäßig stattfindenden Full-Moon-, Half-Moon- und was es sonst noch für Monde gibt Partys weltberühmt wurde. Die Full-Moon-Partys locken allmonatlich Tausende Touristen und Einheimische auf die fünftgrößte Insel Thailands, um den größten Rave Südostasiens zu feiern. Darauf können Rockin' Bekki und Punky D jedoch verzichten. Uns reizt es mehr, dass unsere Freunde Corinna und Thorsten auf ihrem Trip durch Thailand, vor einigen Jahren, als Erstes im Norden von Koh Pha Ngan gelandet sind ... und die Insel daraufhin für den Rest ihres Urlaubs erst gar nicht mehr verlassen haben. Die Partys finden im Süden der Insel statt. Die freundliche Travel-Agency-Angestellte erkennt uns sofort wieder und will schon die Tickets für Kanchanaburi ausfüllen, als wir sie mit unserer Planände-

rung überraschen, was sie ziemlich amüsant findet. Für sechs Euro pro Person reisen wir also morgen wieder nach Bangkok in die Khaosan Road und schauen dort, wie es nach Koh Pha Ngan weitergeht. Die deutsche Übersetzung des Inselnamens lautet notabene »Die Insel, vor der Sandbänke liegen«.

Traet, einer der Thais, die im Independent Bo arbeiten, hat heute Geburtstag. Das erfahren wir, als wir uns gerade zum Nachbarn, Pen's Bungalows, zum Abendessen aufmachen. Fiona und der Rest der Independent-Crew warten schon seit Stunden auf das bestellte Essen, das mit der Fähre angeschippert kommen soll. Allerdings ist heute die Tide etwas seltsam – muss am Vollmond liegen –, weswegen die Fähre auf eine Sandbank aufgelaufen ist und nicht mehr weiterkommt.

Am Abend ist die Party – inklusive Futter von der Fähre – in vollem Gange und Traet himself und einer seiner Kumpels schwingen Feuerstäbe. Das können anscheinend alle Thais ... genauso wie kochen, freundlich sein, beim Roller fahren telefonieren und lächeln.

Später in der Nacht sitze ich mit einigen Engländern und einem Thai, der ebenfalls hier arbeitet, an der Bar. Die Engländer nennen Koh Chang immer [Ko Tschäng]. Also frage ich den 49-jährigen Thai mit dem lustig gezwirbelten Schnurrbart, wie es denn nun richtig ist: [Ko Tschang] oder [Ko Tschäng]. Seine Antwort: »Same same ... but different.«

Über Bangkok in Richtung Süden
Tag 7: 2. März 2010

 S. 184

Es heißt Abschied nehmen. Gegen neun Uhr verlassen wir das Independent Bo und gehen ein letztes Mal den Strand entlang in Richtung 7-Eleven, der übrigens offensichtlich das absolute Supermarktmonopol in Thailand zu besitzen scheint. Im Supermarkt einzukaufen macht hier richtig Spaß, weil alles so billig ist. Außerdem bietet der thailändische 7-Eleven auch so interessante Dinge wie gezuckerte Tamarinde oder gezuckerte »Lookye« – was auch immer das für eine Frucht ist – an. Auch geil: scharf gewürzte Erdnüsse mit Knoblauch, Zitronengras, Chili und Limettenblättern. Die seltsamsten und exotischsten Getränke gibt es auch bei 7-Eleven. Sojamilch mit schwarzem Sesam schmeckt beispielsweise wie ein lecker angebranntes Brötchen. Tamarindensaft muss gesund sein, zumindest schmeckt er wie Hustensaft und ist – ähnlich wie Sauerkrautsaft – nur in kleinen Dosen zu konsumieren ... dabei aber dann doch wesentlich genießbarer. Und ich weiß, wovon ich rede, denn ich habe mal Sauerkrautsaft getrunken. Buha! Der Saft einer jungen Kokosnuss mit kleinen Kokosbröckchen darin ist auch sehr zu empfehlen. Mehr kennen wir noch nicht. Wir werden aber im Namen der Wissenschaft weiter probieren.

Nicht im 7-Eleven, dafür aber stets auf den provisorisch wirkenden Rastplätzen der Busunternehmen zu finden, sind diverse Pringles-Geschmackssorten, die man in Deutschland nicht kennt. Bisher untergekommen sind uns Wild Spice, Krabbe, Krebs, Jalapeño und die bislang einzige Geschmacksrichtung, die wir bereits ausgetestet haben: Seegras. Die sind grün! Also, nicht nur die Verpackung, die übrigens wesentlich kleiner ist, als die in Deutschland, sondern die Kartoffelchips an sich sind grün. Schmecken ganz nebenbei auch sehr gut. Die Krabben-Pringles sind im Übrigen rosa.

Zurück zum eigentlichen Thema: Wir erreichen den 7-Eleven, um uns ein Taxi zum Fährhafen zu organisieren. Das ist aber überhaupt nicht nötig, da die kleine Dame von der Travel Agency bereits mit einem Taxi auf uns wartet! Zur Erinnerung: Wir haben der Frau sechs Euro pro Person bezahlt. Dafür fahren wir 30 bis 60 Minuten auf einer Fähre, legen über 300 Kilometer mit einem, nach »westlichen Standards«, wirklich guten Bus zurück, was knapp sechs Stunden dauern wird und jetzt wartet sie auch noch mit einem Taxi auf uns! Was ein Service!

Am Festland angekommen verlassen wir die Fähre, wissend, noch knapp 90 Minuten auf den Bus warten zu müssen. Wir setzen uns von daher in das Restaurant direkt am Pier. Restaurant ist allerdings eher die falsche Bezeichnung. Imbiss oder Snackbar trifft es aber auch nicht hundertprozentig. Es gibt keine Wände, sondern nur ein Dach und man sitzt auf Stein- oder Plastikstühlen. Das Sortiment reicht von Chips über Zigaretten – die hier übrigens mit Ekelbildchen vom Rauchen abzuschrecken versuchen und dies meiner Meinung nach auch wesentlich effektiver als die in Europa üblichen Slogans hinbekommen – bis hin zu einer recht ordentlichen Speisekarte. Die Preise sind überall sehr ähnlich. Egal ob Strandrestaurant, Pierimbiss oder schicke Lounge im Grünen, wie wir sie am Khlong Phrao Beach gesehen haben: Eine Hauptmahlzeit kostet stets 1,40 Euro bis zwei Euro. Vorspeisen kosten lustigerweise meistens genauso viel. Zurück zum Piersnackimbissrestaurantkiosk: Als wir den Laden betreten, kommt sofort der Kellner auf uns zugerannt und bietet uns einen Tisch an. Eine zweite Kellnerin kommt hinzu und bietet uns einen völlig anderen Tisch an. Wir sind leicht verwirrt, entscheiden uns dann aber für den Tisch, den uns der Kellner angeboten hat. Wer zuerst kommt, mahlt zuerst. Wir beobachten dieselbe Szene noch bei allen anderen Gästen, die das Geschäft betreten und bemerken, dass es neben einem zweiten Kellner auch eine zweite Kasse gibt. Oha! Da teilen sich also Konkurrenten den gleichen Raum. Die Grenze ist wohl die Mitte des wandlosen Raumes. Entscheidet sich ein Gast für eine der beiden Seiten, nimmt die »Verliererseite« wort- und emotionslos die Niederlage hin. Gleichzeitig bricht die Seite des »Gewinners« nicht in Jubel aus. Fair Play also und keine (offene) Missgunst.

Die Fahrt nach Bangkok beginnt und schon bekommen wir eine raubkopierte Version von »Transformers 2« auf dem bordeigenen Fernseher vorgespielt. Später zeigt man uns noch eine Raubkopie von »Transporter 3«. Sonst kommt es zu keinen besonderen Vorfällen.

Lediglich meine Sitznachbarin auf der anderen Seite des Ganges geht mir ein wenig auf die Nerven: Zweimal bereits hat sie mir ihren dicken Hintern ins Gesicht gedrückt! Als wir in Bangkok zum ersten Mal stoppen, fragt sie mich, ob dies die Khaosan Road sei. Ich verneine und biete ihr an, sich nach Rebekka und mir zu orientieren, da auch wir in der Khaosan Road den Bus verlassen werden.

Als wir einige Minuten später an der Khaosan Road vorbeifahren, um eine Ecke weiter zu halten, teile ich der knapp 60-jährigen Frau mit, dass diese Straße die Khaosan Road sei. Die Frau schaut mich daraufhin nur missgünstig und klugscheißerisch an und nickt arrogant. Wusste sie anscheinend schon.

Kaum steht der Bus drückt die Alte mir wieder ihren dicken Arsch ins Gesicht und prescht nach vorne. Nichts wie raus hier. Anscheinend hat sie Angst kein Taxi mehr zu bekommen. Höhö! Die Bustüren öffnen sich und: »Taxi! Taxi!«, hallt es hinein. Die Nervkuh bleibt mitten in der Tür stehen und *brüllt* schon fast: »No! But ... where is Khaosan Road?«

Ich glaube es fast nicht, schließlich habe ich ihr 200 Meter zuvor mit meinem Finger die Straße gezeigt. Vielleicht war sie gar nicht arrogant und neunmalklug, sondern auf Valium. Das hat nun aber offensichtlich seine Wirkung verloren: Die Dicke ist mit ihren Nerven vollkommen am Ende.

Vor dem Bus gehe ich wieder auf die Valiumtante zu. Man muss ja schließlich was für sein gutes Karma tun: »Gute Frau, die Khaosan Road ist da vorne. Einmal um die Ecke, nach nicht mal 200 Metern die erste Straße auf der rechten Seite. Da wo die Menschenmassen sich herumdrücken.«

»Oh Gott! Wie komme ich da hin!?«

»Sie gehen hier über die Straße und da um die Kurve.«

»Oh Gooott! Ich nehme mir ein Tuk-Tuk!«

»Welch Quatsch, meine Dame. Sehen sie denn nicht, dass es sich hierbei um eine Einbahnstraße handelt und sie somit um den kompletten riesengroßen Block gefahren werden müssten?«

Wäre ich ein Tuk-Tuk-Fahrer, würde ich mich über ihre grenzenlose Dummheit so sehr amüsieren, dass ich sie erst einmal bis nach Pattaya und wieder zurückfahren würde, um sie dann an genau dieser Stelle mit ihrem dicken Arsch wieder herauszuschmeißen.

»Oh Gott!«

Nachdem ich der Frau erneut helfen konnte, ziehen Rebekka und ich weiter. Wir steuern wieder das »Reisebüro« an, bei dem wir bereits die superbilligen Tickets nach Koh Chang erworben haben. Der dicke Thai mit dem langen Fingernagel am kleinen Finger seiner linken Hand sitzt wieder hinter dem Stand.

»Sawadie krap«, begrüße ich ihn freundlich. »We'd like to go to Koh Pha Ngan. Tonight, if possible?«

Der Wunsch wird erfüllt und nach wenigen Sekunden überreiche ich ihm

1200 Baht für zwei Tickets nach Koh Pha Ngan. Um mal wieder darauf hinzuweisen: Für zwölf Euro reist eine Person ungefähr 600 Kilometer mit dem Bus und knappe 60 Kilometer mit der Fähre!
Wir essen für 50 Cent jeder noch eine Portion »Pad Thai No Egg« bei einem Straßenimbiss und lassen uns dann vom Fingernagelmann zu unserem Bus führen.

Surat Thani, Donsak und rüber nach Koh Pha Ngan
Tag 8: 3. März 2010

S. 182/184

Von der Fahrt gibt es nichts Besonderes zu berichten. Draußen ist es dunkel und ich versuche so viel es geht zu schlafen. Die Fahrt soll zwischen zehn und 15 Stunden dauern. Und wir haben bereits über acht Stunden Reise von Koh Chang nach Bangkok hinter uns. Uff.
Thailand sieht auf der Landkarte ein wenig wie ein Elefantenkopf aus. Koh Chang liegt im »Stoßzahnbereich« und Bangkok dort, wo der Übergang von Mund zu Rüssel anzusiedeln wäre. Unsere Busfahrt geht etwas mehr als die Hälfte des »Rüssels« entlang in Richtung Süden. Wir kommen an Thailands schmalster Stelle vorbei, von wo aus es nur noch ein Katzensprung rüber nach Myanmar, dem ehemaligen Burma, ist.
Nach über zehn Stunden erreichen wir Surat Thani, was übersetzt so viel wie die »Stadt der guten Menschen« heißt. König Rama VI. verlieh der Stadt vor knapp 100 Jahren diesen Titel, da die Einwohner wohl ganz besonders gute Buddhisten waren.
Surat Thani ist ein Verkehrsknotenpunkt. Hier treffen die Busse am »Wait for the Bus«-Restaurant zusammen, um dann die Passagiere der einzelnen Busse neu zu sortieren. Wir erwarten keine größere Busfahrt mehr, da Surat Thani am Meer liegt und von hier aus wohl auch die Fähren nach Koh Samui, Koh Pha Ngan und Koh Tao ablegen. Andere »Farangs«, so die Bezeichnung für westliche Ausländer in Thailand, fahren von hier aus weiter nach Süden (nach Phuket oder Krabi) beziehungsweise in Richtung Norden (Bangkok etc.) weiter.
Diese »Wait for the Bus«-Restaurants haben ihren ganz eigenen Charme. Dieses ist sicherlich das bislang krasseste auf unserer Reise: Der Raum ist circa 50 m² groß und beherbergt neben Tischen, Stühlen und einer Theke noch einen Ticketschalter für die Weiterreise. Hier wird man als Erstes hingebeten, gibt sein fälschungsunsicheres Ticket ab und bekommt dafür einen handbeschriebenen Aufkleber auf die Brust. In unserem Fall steht »PNG« auf dem kleinen Aufkleber. Zusätzlich bekommen wir noch einen leuchtend rosa Fährenaufkleber, der tatsächlich mal *bedruckt* ist.
Um uns die Wartezeit zu verkürzen, legt man noch schnell eine gebrannte DVD von Roland Emmerichs »2012« ein. Der Handel mit gebrannten DVDs und

gefälschten Marken boomt in Thailand. Überall sieht man kleine Stände oder sogar Läden in gemieteten Geschäftsräumen, die die bei uns illegale Ware für kleines Geld verscherbeln. In Thailand scheint der Verkauf von Raubkopien nicht geahndet zu werden. Vor solchen DVD-Ständen sitzt meist der Verkäufer, der ausgedruckte Cover zusammenfaltet und zusammen mit den Rohlingen in kleine Plastiktütchen packt.

Es warten knapp *200* Leute in und vor dem Warterestaurant! Dafür gibt es lediglich eine Toilette, die sich zudem noch als ein Loch im Boden entpuppt, also ohne Schüssel. So kann wenigstens keiner behaupten, dass der Vordermann oder die Vorderfrau die Klobrille besudelt habe.

Sobald eine Busladung bereit ist, weitertransportiert zu werden, spaziert ein Thai laut singend durch den Raum: »Koh Tao, Koh Tao, Koh Tao! Tao, Tao, Tao! Koh Taooouuu! Koh Tao!«

Eine kleinere Gruppe wird von einem Pick-up-Taxi abgeholt, welches seltsamerweise zehn Minuten später mit gleicher Ladung wieder am Restaurant ankommt und unter anderem uns noch miteinlädt. Wir fahren wenige Kilometer aus der Stadt heraus und erreichen einen Holzpier, welcher nicht etwa am offenen Meer, sondern an einem Fluss liegt. Ein kleiner Schlepper zieht gerade fünf fette Schiffe den Fluss entlang, was unglaublich langsam vonstattengeht. Nach einer knappen halben Stunde werden wir auf einmal wieder aufgefordert, einen Bus zu besteigen!? Dieser Bus ist bei Weitem nicht so komfortabel wie die Langstreckenbusse. Dafür läuft die Klimaanlage auf Hochtouren, wogegen wir nichts unternehmen können, da der Regler über uns zerbrochen ist. Wir kühlen also ordentlich ab und fahren tragischerweise noch eine knappe halbe bis dreiviertel Stunde mit dem klapprigen Teil, bis wir endlich in Donsak, dem endgültigen Pier, ankommen. Hier steht ein knappes Dutzend Fischer mit Netzen in der Hand auf dem Kai und schaut wartend unter sich ins Wasser. Zu meinem Erstaunen und meinem veganen Entsetzen ist die Ausbeute nicht schlecht. Einer der Fischer hat sogar eine Sepia gefischt, die nun, gemeinsam mit anderen Fischen, elendig in der prallen Sonne erstickt.

Es dauert wieder eine halbe Ewigkeit, bis endlich die Schnellfähre ankommt und Menschenmassen auf die Landungsbrücke wirft. Die letzte Full-Moon-Party auf Koh Pha Ngan ist gerade zu Ende gegangen. Das merkt man.

Ein Italiener geht auf einen Polizisten zu, der sich gerade neben mich gestellt hat, und fragt ihn, wie viele Fähren hier zwischen den Inseln hin- und herfahren. Plötzlich dreht sich der Polizist herum und zeigt auf mich: »Hä?«, fragt der Uniformierte. Ich, etwas verunsichert, versuche mit Händen und Füßen zu antworten, denn englischer als der Italiener kann ich diesen Satz auch nicht formulieren: »Uhm, he [ich zeige auf den Italiener] wants to know [Finger auf meinen Kopf] how many [ich zähle die Finger meiner rechten Hand ab] ferries [ich forme mit beiden Händen ein Boot] there are driving between Koh Samui and … uhm … yes.«

Der Polizist grinst breit, nickt mit dem Kopf, deutet auf mich und sagt: »Yes, yes. You know!«

Äh … nö. Dann lacht er laut auf, sagt: »One hour and half«, und weg geht er. Nun sind wir dran. Das Gepäck wird an Deck zu einem großen Haufen getürmt und mit einer Plane befestigt. Beim Ablegen sehen wir tatsächlich noch den Rücken eines Delfins (oder gar eines Wals?), bevor die Überfahrt beginnt. Der Golf von Thailand ist wirklich ein so wunderschönes und großartiges Gewässer! Überall ragen kleine und größere grüne Inseln mit traumhaft weißen Sandstränden aus dem Wasser. Das Wasser selbst ist ruhig wie ein Ententeich, durchweg kristallklar und schimmert türkisblau. Nach etwas mehr als einer Stunde erreichen wir Koh Samui. Die Meisten verlassen hier das Schiff, neue Fahrgäste steigen auf.

Nach insgesamt 25 Stunden Anreise landen wir dann letztendlich in Thong Sala, Koh Pha Ngans größtem Ort, der im Süden der Insel liegt. Kaum legen wir an, bricht ein ohrenbetäubendes Stimmengewirr aus. Auf dem Steg stehen massenhaft Thais, die, sobald man Blickkontakt mit einem von ihnen hat, auf einen zeigen und: »Hey Sir! Taxi! Where you going?«, rufen.

Kaum betrete ich den Pier, bricht mir die Sohle meiner einstmals teuren Jack-Wolfskin-Sandale ab. Ich wollte mir sowieso Neue kaufen. Das war dann wohl das Zeichen, es auf Koh Pha Ngan zu tun. Mein Kumpel Thorsten bittet darum, ihm irgendwelche besonderen Flip Flops von hier mitzubringen, die wohl extrem toll sein sollen. Welche genau das sind, muss ich noch in Erfahrung bringen … dann hole ich mir vielleicht auch diese Wunderschlappen.

Der Steg ist relativ schmal, zumindest zu schmal für all die Touristen, Taxifahrer und Schlepper, die sich darauf tummeln: Quetschen und sich Durchzwängen ist also angesagt.

Vom Pier kommt man direkt auf einen ungepflasterten Kreisverkehr. Einen Bürgersteig gibt es nicht, aber die Überquerung ist nur mäßig gefährlich. Thong Sala erinnert von seinem Aufbau und der Architektur irgendwie an eine Stadt aus einem Robert-Rodriguez-Film mit asiatischem statt mexikanischem Flair. Durch den ungepflasterten, rotbraunen Boden des Kreisverkehrs wirkt Thong Sala trocken und staubig. Auf den Straßen des Örtchens herrscht jedoch ein wirklich reges Treiben: Überall bieten sich Pick-up-Taxis an und es gibt viele kleine Restaurants und Geschäfte. Vor allen Dingen Tücher, T-Shirts, Strandmatten und Flip Flops gibt es hier.

Auf Traets Geburtstagsparty auf Koh Chang habe ich Caipi aus Deutschland kennengelernt, der mir den Tipp gegeben hat, auf Koh Pha Ngan ins Coconut Beach zu ziehen. Die Coconut-Beach-Bungalows liegen im Norden der Insel und gehören zum Örtchen Chaloklum. Sie liegen etwas außerhalb des Dorfes am Hat Khom. »Hat« heißt Strand. Für 300 Baht fährt uns ein Taxi die zehn Kilometer auf die andere Seite der Insel. Koh Pha Ngan ist an seiner längsten Stelle 19 Kilometer lang und bis zu zwölf Kilometer breit.

In Chaloklum fährt uns das Taxi quasi auf den Strand. Die Straße ist auf den letzten Metern nicht mehr asphaltiert und der Bodenbelag geht bereits in weißen Sand über. Wir passieren das einzige Haus, das uns noch vom Strand trennt und stehen vor einer Posterwand: Dutzende bunte Longtailboote, die auf vollkommen flachem, türkisblauen Wasser liegen und von einer weitläufigen, grünen Bucht umsäumt werden.

Wir wollen erst einmal unser Gepäck loswerden und wandern in Richtung Osten über den Strand. Wir wissen nicht genau, ob und wo eine Straße zum Hat Khom führt, gehen aber davon aus, dass es über den Hat Chalokum am kürzesten sein dürfte. Wir durchwaten mit unseren Rucksäcken einen kleinen Fluss, der hier ins Meer mündet, durchqueren dann, gestoppt von Felsen, ein teureres Bungalow-Resort, hinter dem wir einen Trampelpfad durch das Gestrüpp finden, der zu einer gepflasterten Straße führt. Es geht bergauf und das Klima auf Koh Pha Ngan ist noch mal eine Nummer drückender als auf Koh Chang. Die Luft steht und es ist heiß.

Klatschnass geschwitzt überholt uns ein Thai auf seinem Roller: »Where you wanna go?«, fragt er lächelnd.

»Coconut Beach. Is it far?«

»Oh, well: We have room. See you!«

… und fährt davon. Wir lauschen dem Geräusch seines Motors und stellen fest, dass es nicht mehr weit sein kann.

Coconut Beach besteht aus pastellgrünen, nicht allzu hübschen Steinbungalows mit blau glänzenden Wellblechdächern, die irgendwie an Club-Urlaub erinnern. Dafür entschädigen ein hübsches, offenes Bambusrestaurant direkt am wieder einmal sehr schönen Strand und die wahnsinnig gastfreundlichen, sympathischen und lustigen Betreiber dieser Anlage für den etwas verloren gegangenen Style der Bungalowsiedlung.

Bungalows kosten hier zwischen sieben und 20 Euro pro Nacht. Wir bekommen noch eins für zehn. Die Bungalows sind einfach, aber für diesen Preis gut ausgestattet. Wir haben zu drei Seiten Fenster samt Moskitoschutz, ein eigenes gekacheltes (aber nicht gut riechendes) Badezimmer, den üblichen Ventilator und eine acht Quadratmeter große Terrasse.

An der Badezimmertür hängt ein Zettel: Strom gibt es nur zwischen »ungefähr 14 und 24 Uhr«. Außerdem sollen wir bescheid geben, falls sie vergessen sollten uns das Wasser anzustellen. Lustigerweise mache ich das dann auch schon wenig später. Und Strom gibt es heute erst ab 19 Uhr. – Dafür gibt es ihn aber auch länger als bis 24 Uhr.

Damit wir uns keinen Jetlag einfangen, gehen Rebekka und ich erst einmal ins Meer. Der Sand ist strahlend weiß und pudrig weich. Es fühlt sich an, als ob man durch Puderzucker läuft! Zum Wasser hin und im Wasser selbst liegen dafür massenhaft Steine, Muscheln und tote Korallen. Leider ist es hier jedoch noch seichter als auf Koh Chang. Man kann sehr weit hinauslaufen und wird maximal bis zur Hüfte nass. Und natürlich gibt es den obligatorischen Strandhund, der sich zu einem legt.

Beim Abendessen bestätigt sich der Eindruck, dass die Betreiber des Coconut Beach supercool sind. Da hätten wir zum einen den – wie wir vermuten – Chef, ein etwa 30-jähriger Thai, der sich total über Abschiedsgruppenfotos freut, sich hierfür sein hölzernes »Coconut Beach«-Schild schnappt, in die Luft springt und sich zum Foto bereitstellt. Der Kellner, etwa gleiches Alter wie der vermeintliche Chef, rennt in einem Fußballtrikot herum, das er sich ab und an beim Bedienen bis über den Bauch hochzieht. Außerdem setzt er sich auch mal zu den Gästen an den Tisch, erzählt kurz mit ihnen und erkundigt sich quer durch das Restaurant, ob das Essen schmeckt: »You like? Is good?«

Die kleine Köchin rennt in einem Polohemd mit dem Berliner Bären hinten drauf herum, trägt eine weiße Ballonmütze und macht manchmal zusammen mit dem Kellner Zigarettenpausen im Restaurant. Außerdem salutiert sie einem Franzosen zur Begrüßung und spielt mit dem Hund beziehungsweise lässt ihn Kunststückchen aufführen, während sie ihn füttert.

Bestellen ist hier auch eine urkomische Angelegenheit. Wie im Independent Bo gibt es Büchlein mit der Zimmernummer darauf, die der Gast selbst führt. Darin werden sämtliche Bestellungen eingetragen. Im Independent Bo darf man ja selbstständig an den Kühlschrank gehen und sich seine Getränke nehmen. Dies geht im Coconut Beach auch, wird allerdings noch dadurch getoppt, dass man sich beim Abendessen sein Büchlein schnappt und selbst die Bestellung hineinschreibt. Dann kommt der Kellner vorbei und checkt, ob er die Schrift entziffern kann, bevor er den Auftrag der Köchin bereits auf dem Weg zur Küche zuruft.

Vom Meer aus leuchtet es unglaublich hell an Land: Bestimmt ein Dutzend Fischerboote mit mehreren Masten voller extrem heller *Glühbirnen* liegt vor der Bucht. Und ab und an rattert lautstark ein Longtail Boat vorbei.

Ich habe es getan! Bereits in der letzten Nacht im Independent Bo wurde ich in diese Situation gezwungen. Heute tat ich es freiwillig … Auch im Coconut Beach darf man nichts die Toilette herunterspülen, was nicht aus einem selbst gekommen ist. Der Rosettenschlauch blickt mich an und ich wage es. Keine Lust mehr, benutztes Klopapier in einer Plastiktüte zu entsorgen, die dann noch im Badezimmer herumsteht und Ameisen anlockt! Genug damit! Es reicht. Ich teste den Strahl des Arschabputzers über dem Abguss in der Ecke des Bades; ein Loch im Boden, in das das Duschwasser fließt. Eine Duschkabine gibt es auch hier nicht. Der komplette Raum ist die Dusche. Aber ich schweife ab … Um es kurz zu machen: Es hat funktioniert – keine Sauerei und es fühlt sich zudem noch sauber und frisch an. Rebekka ist geschockt. It's the thai way it is, Baby: Same same … but different.

Chaloklum und der Chàang-dt<u>a</u>t-phóm
Tag 9: 4. März 2010

Heute spazieren wir durch Chaloklum, das sich seinen asiatischen Charme größtenteils noch erhalten konnte. Es gibt zwar auch hier einen 7-Eleven, weitere Gästezimmer werden gebaut und jeder zweite Rollerfahrer ist ein Farang, aber die zwei Straßen, aus denen der Kern Chaloklums besteht, sind Authentizität pur. Chaloklum ist ein Fischerdorf. Überall gibt es kleine Fischläden, vor denen man fleißig am Ausnehmen und Zerschnippeln ist. Tintenfischfilets, so dünn wie Carpaccio werden über Gitternetzen in der Sonne getrocknet und auf dem Wasser tummeln sich die vielen bunten, hölzernen Fischerboote mit den Glühbirnenmasten neben den ebenso bunten und hölzernen Longtail Booten. Diese werden von einem oftmals freiliegenden Motor angetrieben, der wie ein pervers lauter Rasenmähermotor rattert und auf einer Stange befestigt ist, an deren anderem Ende die Schraube, bestimmt noch mal zwei Meter hinter dem Motor und dem fünf bis zehn Meter langen Boot, im Wasser liegt. Deswegen heißen diese Boote auch Longtail, also »langer Schwanz«. Das Boot selbst ragt vielleicht einen halben Meter über dem Wasser heraus und dient oftmals als Taxi zwischen den Stränden. Außerdem gibt es gut drei Tauchschulen, mindestens ein Spa-Haus und viele Massagehäuser und -bambusgestelle, wie man sie auch an jedem Strand vorfindet.

Ich will zum Friseur. Meine Wolle auf dem Kopf muss gekürzt werden. Also schauen wir in unserem Thai-Kauderwelsch-Lexikon nach und machen uns auf die Suche: »Y<u>uu</u> thìi-nái chàang-dt<u>a</u>t-phóm?«, frage ich höflich die Kassiererin im 7-Eleven. Hier denken wir uns, kann man uns auch auf Englisch weiterhelfen, falls mein Thai noch nicht … perfekt klingen sollte.

»Hä?«, antwortet die offensichtlich Schwerhörige.

»Chàang-dt<u>a</u>t-phóm?«, sage ich noch eine Nuance nasaler, als ich sowieso schon spreche – der Authentizität wegen. Der Kollege eilt zur Hilfe.

»Chàang-dt<u>a</u>t-phóm!?«

Er greift nach meinem Wörterbuch. Ich lasse es los und zeige ihm die Zeile, in der »Friseur« steht.

»Ah! Chàang-dt<u>a</u>t-phóm!«, wiederholt er Silbe für Silbe, in ähnlich gutem Thai wie dem meinigen meine Frage. »You go here. Fifehunha left.«

Ich merke, dass ich auch langsam des Thai-*Verstehens* mächtig werde und schreite mit einem: »Kop khun krap«, von dannen.

Der Friseur, knapp über 50 Meter weiter, hat geschlossen. Wir spazieren also weiter und Essen in einem kleinen, offenen Straßenrestaurant zu Mittag. Wie immer äußerst lecker und hier extrem billig: zwei Hauptgerichte (Pad Thai No Egg with Tofu und Fried Rice with Tofu), ein Wasser (0,9 Liter) und eine Dose *Erdbeer*-Fanta für insgesamt 2,20 Euro.

Wir sehen einen Baum mit Plastiktüten um die bald fallreifen Früchte herum und kommen kurz darauf an einem Obststand vorbei, wo wir weitere uns bislang unbekannte Früchte entdecken. Wir erkundigen uns, ob sie auch Durian haben. Eine Frucht, von der unser Nachbar Alex immerzu schwärmt. Haben sie nicht, dafür »Thai Red Apple«, wenn wir das richtig verstanden haben. Dieser Apfel (?) sieht aus wie eine kleine rote Wachsbirne, die tatsächlich apfelähnlich schmeckt. Dazu gibt es noch eine junge frisch geköpfte Kokosnussmilch aus der »Originalverpackung«. Einen Roller vermieten die Damen vom Obststand auch noch: vier Euro für 24 Stunden.

Auf dem Rückweg sehen wir, dass der Friseur wieder geöffnet hat. Um beim Finanziellen zu bleiben: für fünf Euro gibt es eine dreifache Haarwäsche – ich war vorher duschen – und einen Haarschnitt in Rekordzeit. Nach keiner viertel Stunde sind wir wieder draußen ... und nun sehe ich auch aus wie ein Thai.

Wir trinken noch einen Fruit Shake in einem Strandrestaurant und treffen beim Hinausgehen ein kleines thailändisches Mädchen von vielleicht zwei Jahren, das uns ununterbrochen zuwinkt. Die Erwachsenen drum herum animieren es freudig und elanvoll dabei: »Bye bye! Bye bye! Make bye!«

Die Sonne geht bald unter und so machen wir uns auf den Heimweg. Und jetzt sitze ich hier nachts auf der Terrasse. Es ist schon bald drei Uhr und ich werde von den krassesten Tieren aus dem Urwald um uns herum heimgesucht: Vier kleine Geckos sind Standard. Heute aber waren schon zwei Riesengeckos hier auf der Terrasse. Die Kollegen sind etwa 40 Zentimeter lang! So weit so cool. Mir knallt aber auch ständig das ekeligste, fette Käferzeugs an die Hauswand und dann vor meine Füße. Buäh! Gerade eben hat sich ein Vogel oder eine Fledermaus im Vorbeifliegen den fetten Käfer, der wie eine Mischung aus Frosch und Wespe aussieht, geschnappt! Allerdings hat er ihn nur schwer verletzt und nun hat sich das bestimmt sieben Zentimeter lange Käfervieh zum Verrecken direkt vor unsere Tür gelegt ... Aaarrgh! Nachdem es mehrere Minuten regungslos auf dem Rücken lag, ist es wieder auferstanden!

Da kann ich eigentlich nur noch die Entdeckung des Tages verkünden und mich dann mal langsam in die Kissen legen: An den gelben Geldautomaten der Bank of Ayutthaya, die sich meistens neben den 7-Eleven-Supermärkten befinden, kann man mit der VISA-Karte Geld abheben, ohne Gebühren zahlen zu müssen. An anderen Automaten kostet es pro Transaktion drei Euro.

Rückzug. Und tschüss ... oder laa gon, wie der Thai zu sagen pflegt.

Hell's Dennis, Mama Pooh und der Fuck Bucket
Tag 10: 5. März 2010

S. 182

Da wir möglichst viel von Koh Pha Ngan sehen wollen, mieten wir uns einen Roller. Das kostet hier für 24 Stunden gerade einmal 200 Baht. Weder Rebekka noch ich haben Erfahrungen im Roller fahren, was die ganze Sache noch etwas spannender macht.

Roller kann man eigentlich überall mieten, was wir ja gestern beispielsweise beim Obstständchen in Chaloklum schon feststellen konnten. Außerdem kann man hier vor jedem zehnten Haus »Gasoline« in Flaschen, auf Koh Pha Ngan sogar an retrostylishen Glaszapfanlagen, kaufen.

Die Roller vom Coconut Beach sind bereits alle vermietet. Also laufe ich zum Nachbarn über den Strand und miete mir bei den sehr schön angelegten Coral Bay Bungalows unseren Roller. Durch das Resort spaziert übrigens immer ein angemaltes Schwein, auf dem Coral Bay draufsteht.

Ich übergebe der Angestellten, die vermutlich französischen Ursprungs ist, meinen Reisepass und frage, ob sie mir noch schnell erklären könnte, wie das Teil funktioniert.

»Not really?«, fragt sie mich – irgendwo zwischen geschockt und verwundert, wie mir scheint ...

Tja, das funktioniert weit simpler, als ich erwartet hatte und schon sitze ich auf dem heißen Ofen und plane den lässigen Abgang. Schlüssel rein, auf »On« drehen, Knöpfchen drücken, mit der rechten Hand Gas geben und wuuusch! Die Sache mit dem Gleichgewicht und dem Vertrauen, dass das Teil auch wirklich nicht einfach umkippt, lassen den lässigen Abgang nicht ganz so lässig aussehen. Ich knattere etwa zehn Meter schwankend den steilen Hang hinauf, bremse erst noch einmal und lenke etwas zu weit nach rechts, wodurch ich den steilen Hang plötzlich wieder herunterrolle! Meine Schuhe haben ja bekanntlich keine Sohlen mehr: Nachdem mir die Sohle am linken Schuh beim Betreten des Piers in Thong Sala abgefallen ist, habe ich mir die andere auch abgerissen ... und mir bislang auch keine neuen Sandalen geholt. Von daher laufe ich nur noch auf einer ein Zentimeter dicken Gummifläche herum, die natürlich weder Profil noch Härte besitzt. Mit den Füßen zusätzlich bremsen ist also nicht drin. Die Handbremsen funktionieren aber, trotz steiler und unasphaltierter Piste, soweit ganz gut, wie ich feststelle.

»Don't crash it«, ruft mir die »Not really?«-Frau zu.

»I try«, entgegne ich cool und diesmal gelingt mir der lässige Abgang, während ein weiterer Angestellter laut auflacht.

Ich sammle meine Perle im Coconut Beach ein, demonstriere ihr, dass ich ohne umzufallen geradeaus fahren kann, und schon geht es mit äußerst schicken Helmen in die wilde, weite Welt Südostasiens hinaus. Das Meer vor uns, den Dschungel an der Seite und der heiße Ofen unter uns. Ich versuche Rebekka bei »Born to Be Wild« zum Mitsingen zu animieren, was mir aber nicht gelingt. Sie scheint den Text nicht zu kennen und bittet mich stattdessen, das Headbangen zu unterlassen.

In Chaloklum tanken wir unser durstiges Pferd zunächst einmal an einer Glasflaschentankstelle auf. Drei 0,7-Liter-Whiskey-Flaschen voll Sprit kosten 180 Baht. Es geht auch billiger, wie wir während unseres Rides noch feststellen werden.

Wir verlassen die Town westwärts. Die Sonne des frühen Nachmittages brennt erbarmungslos auf den Asphalt nieder. Wir steuern den Wang-Sai-Wasserfall an, verpassen jedoch die Abzweigung, haben keine Lust den Roller wenden zu müssen und fahren einfach weiter. Die nächste Abzweigung nehmen wir dann einfach mal. Eine Karte haben wir nicht dabei. Das ist etwas für Autofahrer, nicht aber für Biker. Wir lassen uns einfach treiben … wohin uns die Straße auch führen mag. Diese führt uns am Hat Yao vorbei. Die Aussicht aufs Meer, von der kurvenreichen Hügelstraße aus, ist phänomenal. Wir stoßen weiter gen Süden vor und beschließen uns und der Maschine eine kleine Verschnaufpause zu gönnen. »Mama Pooh's Kitchen« scheint hierfür der perfekte Ort zu sein: Unweit des Laem Son Lake, dem größten Süßwassersee auf Koh Pha Ngan, der bei Ban Sri Thanu liegt, steht direkt an der Straße das kleine, offene Bambusrestaurant von Mama Pooh. Um nicht durch den Straßengraben gehen zu müssen, hat Mama Pooh Spanplatten von ihrem Eingang zur Straße gelegt. Über der Bambushütte hängt eine Bettlakenfahne, mit der Aufschrift: »Mama Pooh's Restaurant moved to here – Same taste, less expensive«

Die kleine Küche, die sich direkt hinter der Bambustheke, an der man auch bestellt, befindet, ist der reinste Saustall. Überall liegen Töpfe, Messer und Lebensmittel herum. Dazwischen schwirren die Fliegen umher. Das Crushed Ice kommt aus einem Styroporkarton, der gerade noch so unter dem Dach steht. Bereits im Freien, und somit auch mitten im Gestrüpp, steht ein klappriger, selbst gezimmerter Tisch, auf dem das (hoffentlich) gewaschene Geschirr trocknet. Die Getränke holt man sich in Thailand so gut wie immer selbst aus dem Kühlschrank. Hier ist das nicht anders. Was dagegen bei Mama Pooh anders ist, ist die Tatsache, dass man seine Coladose erst einmal unter dem ebenfalls im Getränkekühlschrank gelagerten Obst und Gemüse herausziehen muss.

Als ich bestelle, piepst mir Mama Pooh in einer unglaublich schrillen Stimme: »Number! Number!«, entgegen. Daraufhin zeige ich ihr auf der Karte die thailändischen Übersetzungen unserer Bestellungen. Fast überall gibt es Speisekarten, auf denen neben der englischen Übersetzung, meist in kleinerer Schrift, der Name der Mahlzeit auf Thailändisch steht. So ist es auch hier. Trotzdem fiepst uns Mama Pooh erneut: »Number! Number!«, entgegen.

»53 and 62.«

Bei meiner Bestellung geht dann was schief: Anstelle von Nudeln bekomme ich Reis serviert. Ist aber relativ egal, also sage ich nichts. Kurz darauf bemerken Mama Pooh und ihre Kellnerin, die vermutlich ihre Tochter ist, aber das Missgeschick. Sie stellen sich knapp drei Meter neben unseren Bambustisch und entschuldigen sich peinlichst berührt mehrfach lautstark, greifen sich abwechselnd an den Kopf oder umklammern ihre Oberschenkel, während sie ihre Köpfe schütteln.

»No problem, no problem«, beruhige ich lächelnd die beiden.

Den Reis bekommen wir am Schluss trotzdem noch als 30-Cent-Extrabeilage berechnet. Höhö, dreist. Zudem ist das Essen nicht allzu lecker. Mama Pooh kocht mit viel zu viel Zucker. Alles, sogar der Reis ist süß.
Die Straße hat uns wieder. Das Fahren macht wirklich Spaß, da die Straße tolle Ausblicke über das Meer und die Insel, viele Kurven, nicht zu verachtende Steigungen und ebenso heftige Gefälle vorweisen kann.
Der Westen Koh Pha Ngans hat durch seine Orte Ban Sri Thanu und Ban Hon Kong eine angenehme und ansehnliche Mischung aus Eastern und Western erschaffen. Anders als Chaloklum, das sich einen großen Teil seines rein thailändischen Charmes hat erhalten können, ist hier schon eindeutig der Einfluss aus dem Westen zu spüren: Es gibt Reggae-Bars, stylishe neue Bambusrestaurants, die auch mit »vegetarian« oder sogar mit »vegan« werben, und an den Stränden wie Hat Yao bemerkt man durch wenige größere Steinhäuser, dass der Tourismus hier bereits »westlicher« abläuft, als in Chaloklum. Trotzdem: eine schöne Atmosphäre.
In Thong Sala geht es dann auch wesentlich hektischer zu. Wohl genauso wie bei unserer Ankunft vorgestern. Wir durchqueren Thong Sala und fahren an der Südküste weiter in Richtung Osten. Diese Gegend ist bei Weitem nicht so schön wie der Norden und der Westen des Eilands. Hier ist alles zu laut und es gibt von allem zu viel.
Hinter Ban Kai sehe ich einen Wegweiser zu einem Wasserfall. Die Wegweiser hier sind allerdings allesamt grausam aufgestellt: Oftmals stehen sie nur zwei Meter vor der Abzweigung. Und wenn man dann wie ich mit 50 km/h anbrettert … Wir halten also an, um diesmal den Roller doch zu wenden und nicht wieder weiterzufahren. Die Straße ist nicht die breiteste, weswegen ich nicht mit laufendem Motor wenden möchte. Als ich den Roller dann wieder starten möchte, springt das scheiß Teil auf einmal nicht mehr an. Na super. Glücklicherweise sind im Umkreis von 40 Metern drei »Tankstellen«. Die werden schon wissen, was zu tun ist. Bei der ersten Tanke liegt die Chefin im Bett und teilt mir mit, dass es zu Fuß ungefähr zehn Minuten bis zu einer Werkstatt sind. Hm, blöd. Bei der zweiten Tankstelle ist niemand.
Ich probiere es bei der dritten. Dort sagt man mir, dass es in nur einer Minute Fußmarsch, in einer anderen Richtung als jener, in die mich die Frau von Tanke Nummer 1 schicken wollte, einen Menschen gibt, der sich mit so etwas auskennt. Das klingt doch schon viel besser. Also schieben wir uns in Richtung Helfer, als uns ein junger Thai auf einem alten Roller entgegenkommt. Er lächelt uns fragend an und ich grinse bittend zurück, woraufhin er auch tatsächlich stehen bleibt und absteigt. Es gibt zwei Probleme, mache ich ihm klar. Zum einen springt das Maschinchen nicht mehr an und zum anderen habe ich aus Versehen die Zündschlossverriegelung geschlossen, die Rebekka und ich nun nicht mehr aufbekommen, hehe …
Der junge Thai ist wesentlich geschickter als wir und hat binnen weniger Se-

39

kunden das Verriegelungsproblem gelöst. Er steckt den Schlüssel ins Zündloch, dreht ihn um, drückt das Knöpfchen und schwups: Der Motor knattert los.

»Uh!«, rufe ich und glücklicherweise zeitgleich auch Rebekka verwundert aus. Der Mann mit den goldenen Händen grinst uns lieb, aber dennoch mit einer feinen Nuance: »Ach, die Farangs«, in seinen Augen, an, wendet seinen Roller, fährt die Schotterpiste wieder in der Richtung zurück, aus der er gekommen ist und parkt vor einem kleinen Häuschen. Von der Hauptstraße aus wäre das ein Fußmarsch von ungefähr einer Minute gewesen … Haben die netten Leute von Tanke Nummer 3 etwa tatsächlich beim Rollerwunderheiler angerufen und uns angekündigt, woraufhin er uns entgegen gekommen ist? Da fällt mir der Slogan des Independent Bo wieder ein: »Good Place – Nice People«. Am White Sand Beach in Koh Chang haben wir auch einmal ein Schild gesehen, auf dem »We have room! We love you!« stand. Very good place – very nice People.

Wir holpern über die Schotterpiste wieder tiefer in den auf Koh Pha Ngan immer und überall vorhandenen Wald hinein. Der Regenwald nimmt etwa 80 % der Insel ein!

Eine Amerikanerin kommt uns auf ihrem Roller entgegen. Ich frage sie, ob wir noch auf dem richtigen Weg zum Wasserfall sind.

»Yes, it's so great! There are these pools in the rocks. Cold water. So nice!«

Klingt gut. Weiter geht's. Wir parken den Roller, da das Schottersträßchen zu einem besseren Trampelpfad zusammenschrumpft, und laufen die restlichen – laut Wegweiser – 200 Meter zum Wasserfall. Wieder begegnen wir einer Frau aus dem Westen, die uns mitteilt, dass es am – in Anführungsstrichen – »Wasserfall« total langweilig sei. Hm, klingt ja nicht mehr so gut. Trotzdem weiter. Links von uns türmen sich auf einmal riesige Felsblöcke den steilen Hang hinauf. Auf den Felsen stehen kleine Bungalows und zwischen ihnen gibt es, wie versprochen, größere und kleinere Pools voller Süßwasser. Von einem Wasserfall ist allerdings noch nichts zu sehen. Wir betreten das kleine Bungalowdorf. Offenbar ist dieses Resort noch im Entstehen, sodass sich – vermutlich größtenteils leer stehende – Urlaubshäuschen und das Bambusrestaurant mit seiner Terrasse, von wo aus man sicherlich einen wunderbaren Ausblick auf den Wald hat, mit den von wenigen Thailändern bewohnten, weit älteren Steinhäuschen abwechseln. Die Atmosphäre, die durch das Fels- und Waldpanorama erzeugt wird und die erstaunliche Stille lassen das Dorf wie eine vergessene Siedlung in den entlegenen Bergen wirken. Leider wird die Stille aber durch Bauarbeiten und Rollergeräusche regelmäßig unterbrochen.

Wir erklimmen die steilen Wege des Dörfchens und lassen es schließlich hinter uns. Vom Wasserfall ist noch immer nichts zu sehen. Das sind aber lange 200 Meter … Nach mehreren Hundert Metern steilsten Bergaufwanderns auf einem tiefsandig und steinigem Pfad, beschließen wir, die Suche nach dem Wasserfall in dieser Richtung aufzugeben und in der Felssiedlung nachzufragen.

Dort treffen wir auf einen Farang, der uns erklärt, dass der Wasserfall derzeit

nicht existiert. In der Regenzeit wird es ihn erst wieder geben.
Hm, »Wasserfall«.
Ich frage den in einer Badehose vor einem der Felsenpools Stehenden, ob wir zur Abkühlung mal in seinen Pool springen dürfen. Geht klar.
Die Felsenpools sind alle mit zusammengesteckten blauen Rohren verbunden, durch die das Wasser von weiter oben aus dem Wald in die Becken geleitet wird. In den Becken ist das Wasser erfrischend kühl und unter dem Strahl des gerade aus den Rohren einfließenden Wassers eiskalt. Grandios!
Der Roller will wieder nicht anspringen. Diesmal dauert es aber nur wenige Sekunden und Versuche und dann schnurrt das Kätzchen wieder. Wir beschließen noch schnell nach Hat Rin zu fahren. Hier wird monatlich die riesige Full-Moon-Party gefeiert. Der Weg nach Hat Rin ist extrem hügelig. Nach so mancher Steigung jubeln wir, dass unser Roller es geschafft hat, oben anzukommen, ohne vorher umzukippen. Hier gibt es 20-Prozent-Steigungen und -Gefälle!
Hat Rin ist an manchen Stellen ziemlich hässlich, speziell im Zentrum dann aber durchaus charmant. Enge Gässchen führen zum wunderschön gelegenen Full-Moon-Party-Strand, der allerdings vollkommen zugemüllt ist und mit massenhaft, seltsam beschrifteten Getränkeständen aufwartet:
»I don't give a fuck. I just want to fuck bucket.«
Oder:
»Rambo says: Drink it, lick it, suck it, fuck it. Have my fucking bucket.«
… Und schließlich:
»Fuck bucket. No bucket, no boom boom!«
Außerdem gibt es hier neben den unendlich vielen Taxivermittlern auch jede Menge kleiner Stände, an denen man sich kleine Eimerchen kaufen kann, die mit einer Flasche Hochprozentigem und einer Softdrinkdose gefüllt sind. Um sich ins Koma zu saufen, muss man hier also nicht unbedingt auf den Mondzyklus Rücksicht nehmen.
Also, hier wollten wir nicht liegen.
Es beginnt zu dämmern, als wir uns auf den Rückweg machen und ich versuche, mein Biker-Mäuschen bei »Höllenfeuerlicht« der D-Punk-Götter von »Casanovas schwule Seite« zum Singen zu bewegen:

»Ein heißer Ofen,
Hauptsache schnell!
In Richtung Hölle,
Auf dem Highway to Hell!
Ein sexy Burn-out – oder zwei
Und auch die Pump Gun ist wie immer mit dabei!
Die Sonnenbrille ist hier Pflicht!
Sie schützt die Netzhaut vor dem Höllenfeuerliiiicht!«

Vergeblich.

Dafür grüßen mich außerhalb von Hat Rin gleich ein Dutzend junger Thai-Frauen, die vor einer Bar namens Lady Club oder so ähnlich sitzen. Die Maschine ist ein Frauenmagnet.

In Chaloklum halten wir noch einmal vor dem 7-Eleven, vor dem eine Roller-Gang leger auf ihren geparkten Maschinen sitzt. Ich achte darauf, meinen Helm möglichst cool über meine Schulter hängen zu lassen. Die meisten hier fahren ohne Helm, weswegen Biker wie Rebekka und ich bei dem einen oder anderen Kollegen womöglich als »weich« betrachtet werden könnten. Da es bei uns aber eindeutig der Style und nicht die Angst ist, die uns zu Helmträgern macht – schließlich fahren wir ja auch in T-Shirt und kurzer Hose –, muss die Art, wie wir den Helm an der Gang vorbei tragen, mit unserer »attitude« stimmig sein. Rebekka will die Wichtigkeit dieser Selbstdarstellung vor den unbekannten Bikern allerdings nicht verstehen und hält den Helm dadurch ziemlich uncool.

Schlimmer jedoch ist, dass unser Automatikroller nach unserem Getränkekauf vor versammelter Biker-Gang mal wieder nicht mehr anspringen will. Der Hohn erschlägt uns, als die Gang ihre Motoren aufheulen lässt, wegfährt und uns ganz schön doof aussehend zurücklässt.

Der Kellner hat sich schon zweimal mit mir über meine super Frise gefreut, sich aber auch gleichzeitig darüber aufgeregt, dass ich den »Farangpreis« bezahlt habe. Ihn kostet ein Besuch beim Friseur keine 250, sondern nur 80 Baht. Was lernen wir daraus? Immer vorher nach dem Preis fragen und auch durchaus mal verhandeln. Wenn man nämlich bedenkt, dass man für 250 Baht durchaus auch zu zweit in einem Restaurant zu Abend essen kann, ist das schon ein heftiger Preis für einen Männerhaarschnitt.

Beim Abendessen sagt mir dann der Chef bereits zum *dritten* Mal, dass ich mit meiner neuen Frisur super aussehe. Yeah. Als Rebekka und ich uns gerade die Speisekarte anschauen, setzt er sich zu uns. Er kommt allerdings nicht etwa, um zu warten bis wir in unser Büchlein unsere Bestellung eingetragen haben, um dieses dann der Köchin zu übergeben. Nein, er will einfach ein wenig quatschen und erzählt uns von daher seine Geschichte:

Seit zweieinhalb Jahren lebt und arbeitet der 29-jährige Boat nun schon im Coconut Beach. Eigentlich kommt er aus Bangkok, wo seine Frau, sein vierjähriger Sohn und seine sieben Monate alte Tochter leben, die er in zwei Wochen endlich mal wieder besuchen wird. Wenn wir sein zwar relativ einfaches aber dennoch recht gutes, aber oftmals schwer verständliches Thai-Englisch richtig verstanden haben, ist der lustige, pummelige Kellner seit 20 Jahren bereits sein bester Freund, der schon in Bangkok sein Nachbar war. Boats Eltern sind die Besitzer der Coconut Beach Bungalows. Außerdem findet er es schön, dass wir mit ihm reden. Andere drehen sich oft nur irritiert zur Seite und unterhalten sich nicht mit ihm. Zwischendurch – der sympathische Kerl redet ununterbrochen – versuche ich von Rebekka zu erfahren, was sie essen und trinken will, damit ich es ins Bestellungsbuch eintragen kann. Nach einer viertel Stunde hat der Chef sich dann ausgequatscht und schaut sich an, was ich ins Büchlein geschrieben habe. Ich frage ihn, ob es heute wieder Tofu gibt, woraufhin er die Frage sofort an eine Küchenhilfe weitergibt, die kurz zuvor auf der Bambusbank neben unserem Tisch eine Telenovelapause angefangen hatte. Die von uns Gestörte verdreht kurz genervt die Augen, richtet sich dann langsam auf, geht in die Küche und kommt kurz darauf nickend wieder an die Tür getreten. Na dann: »With tofu, please.«

Wat Kuan Yin: Unser erster Tempel
Tag 11: 6. März 2010

Um 13:30 Uhr sind die 24 Stunden, für die wir den Roller gemietet haben, vorbei. Vorher wollen wir noch einen Wasserfall finden, der auch Wasser führt. Das ist zu dieser Jahreszeit allerdings ein bisschen schwierig. Auch, weil es hier anscheinend schon seit einiger Zeit nicht mehr geregnet hat.
Als Erstes steuern wir den Wang-Sai-Wasserfall im Nordwesten der Insel an. Das ist der Wasserfall, bei dem wir gestern die Ausfahrt verpasst hatten. Heute fahren wir richtig und befinden uns kurz darauf vor einem trockenen Flusslauf und trockenen Felsen. Das wäre er also gewesen. Wir versuchen unser Glück beim Paradise-Waterfall, der nur einen Katzensprung von Chaloklum entfernt ist. Die steile Schotterpiste zum Wasserfall ist auch hier leider das spektakulärste, was wir vorfinden. Ansonsten: kein Wasser. Dafür ein alter Mann, der hier ein Restaurant betreibt und mir auf ziemlich rüde Weise mit seinem Besen eine fette Kröte zum Fotografieren zurechtkehrt.
Wir haben noch genügend Zeit um uns unseren ersten Tempel anzusehen! Auf den Wat Kuan Yin hat man bereits von der Straße von Chaloklum nach Thong Sala aus einen wunderbaren Blick. Er befindet sich etwa 30 Meter über der Straße und sticht mit seinen knallbunten Farben und dem glänzenden Gold aus der grünen Wand rund um ihn herum heraus.
Steht man vor dem Tempel, hat man einen tollen Ausblick über den Regenwald nach Chaloklum. Den Tempel selbst kann man sich auch ausgiebigst anschauen, da man immer wieder neue Details in seinen Gemälden, Tafeln und Bauten entdecken kann.
Als wir den Roller zurückgeben, wird nicht etwa das Gefährt auf Schäden gecheckt, … sondern Rebekka und ich. Da wir keine Wunden aufzuweisen haben, geht man davon aus, dass der Roller noch heil ist und gibt mir meinen Reisepass wieder.
Uns ist aufgefallen, dass es zwei Sorten von Kellnern in Thailand zu geben scheint: Da gibt es die Kellner, die dem Kunden offenbar demonstrieren wol-

len, wie sehr sie um sein Wohl bemüht sind und rennen von daher schon fast durch die Restaurants, beobachten und sind sofort zur Stelle, wenn man etwas braucht.

Und dann gibt es noch die anderen, die das alles ein wenig lockerer sehen. Solch ein Kellner ist unser Coconut-Beach-Kellner, der sich übrigens in klobig unfiligraner, westlicher Schrift »Love Family« auf den Oberarm tätowiert hat. Dass die Belegschaft der Coconut Beach Bungalows gerne mal Kippen- und Telenovelapausen macht, habe ich ja bereits erzählt. Genau während solch einer Pause versuchen heute zwei Farangs ihre Bestellung aufzugeben. Unser Kellner liegt aber gerade gemütlich auf der Bambusbank und überhört die »Hello? Helloooo?!«-Rufe der beiden Hungrigen, die die Situation offenbar nicht ganz so amüsant finden wie ich.

Mit der Fähre nach Koh Tao
Tag 12: 7. März 2010

S. 184

Heute setzen wir nach Koh Tao über. Ich gehe tauchen!
Boat hat mir gestern angeboten, uns Tickets für die Fähre zu kaufen und ein Taxi zum Pier zu organisieren. Ein Taxi hat er allerdings nicht gerufen: Er fährt uns die 13 Kilometer … und kassiert dafür selbst den Taxipreis von drei Euro pro Person, höhö. Boat fährt uns auf der Ladefläche seines Pick-ups zum Pier nach Thong Sala. Auf der Straße liegt ein Hund. Die legen sich hier einfach überall hin. Da Boat anstelle der Bremse die Hupe benutzt, befürchten wir für den Wauwau das Schlimmste. Dem Hund ist Boats Gehupe aber so was von egal oder er deutet es als: »Bleib bloß da liegen und beweg dich nicht!«, einfach nur vollkommen richtig. Wir preschen Zentimeter an seinem Kopf vorbei, den er dann auch mal kurz anhebt, um uns hinterherzuschauen.
In Thong Sala kauft Boat uns noch schnell die Fährtickets und gibt uns am Pier den Tipp, da wir noch eine Stunde bis zur offiziellen Abfahrt der Fähre Zeit haben, unsere Rucksäcke beim »Check-in« unterzustellen, damit wir die nicht mit uns herumschleppen müssen.
Wir befolgen den Tipp und inspirieren dadurch knapp zehn weitere Wartende dazu, es uns gleichzutun. Und schon ist die Hütte voller Rucksäcke.
Wir essen auf dem Food Market sehr authentisch rudimentäres Thai Food. Auf dem Food Market ist alles nur auf Thailändisch beschriftet, was wohl viele Touristen abschreckt, dort zu essen. Das Essen ist spottbillig und schmeckt gut, sieht nur nicht unbedingt allzu lecker aus.
Es ist lustig zu beobachten, wie ab und zu ein neuer Stand auf den Marktplatz gefahren kommt, um sein Geschäft zu eröffnen. Die Thais haben manchmal sehr große Beiwagen an ihren Motorrollern, auf denen sich entweder zwei Bänke befinden, auf denen oftmals bis zu *vier* Mitfahrer im Beiwagen sitzen, oder

sie haben eben ihre Verkaufsstände an ihren Roller geschraubt. Und da ist oftmals wahrlich viel Zeugs drauf!

Es gibt auch Verkaufsstände, die mit einer kurzen lustigen Musik, die alle zehn Minuten mal ertönt, auf sich aufmerksam machen. Ebenfalls lustige Geräusche macht die elektronische Waage vor dem 7-Eleven in Chaloklum. Wer da drauf steht, lässt es die komplette Straße wissen.

Die Fähre hat eine knappe Stunde Verspätung. Das Wetter ist wie immer toll und so genießen wir die circa 90-minütige Überfahrt an Deck.

Wir nähern uns Koh Tao von Süden und können bereits von hier den Strand sehen, an dem wir die nächsten Tage verbringen wollen: Ao Chalok Ban Kao. Am Ende der Bucht ist eine Felsformation, die wie ein sitzender Buddha aussehen soll, was wir von dieser Perspektive aus nicht wirklich erkennen können. Kurz darauf legen wir in Ban Mae Hat an. Der Anleger ist bereits von einer anderen Fähre besetzt, weswegen sich jeder seinen Rucksack vom Rucksackhaufen an Deck selbst suchen muss und dann über die andere Fähre den sehr wacklig wirkenden, hohen Brettersteg dahinter betritt. Das Wasser ist glasklar und riesige Korallen ziehen sich bis kurz vor den Strand. Der Taucher in mir freut sich jetzt noch mehr ...

Mit dem Taxi geht's zum Ao Chalok Ban Kao. Vor unserem Abflug nach Thailand habe ich mich im Internet kurz über die Tauchschulen Koh Taos schlaugemacht und in den Reef Riders eine gefunden, die einen sympathischen Webauftritt hat und die mir speziell preislich sehr gut gefällt: 18 Euro für einen Tauchgang inklusive Leihequipment! Macht man einen zweiten Tauchgang gibt es bereits Rabatt: 28 Euro!

Am Ao Chalok Ban Kao angekommen, gehen wir über den Strand und schauen uns auch andere Tauchschulen an, um Preise zu vergleichen. Preislich sind alle Tauchschulen sehr attraktiv. Tauchgänge kosten hier anscheinend überall umgerechnet nur 18 bis 20 Euro.

Die erste Tauchschule, die wir betreten, ist eine Fabrik. Soll heißen: Es ist groß, es ist voll, die Angestellten rennen in uniformen Polohemdchen herum, und man wird, kaum dass man mal fünf Sekunden davor steht, direkt angesprochen und hineingebeten. Diese Tauchschule ist voll auf Kurse fixiert.

Der Tauchlehrer, der uns auf das Sofa der Buddha View Tauchschule platziert, erzählt uns, welche Rabatte uns winken, wenn wir hier tauchen und auch direkt wohnen. Das klingt gut, bis zu dem Moment, an dem ich ihn darüber aufkläre, dass Rebekka gar nicht tauchen wird und ich bereits ein zertifizierter Taucher bin und nur Fun-Dives machen möchte. Sämtliche Rabatte werden daraufhin gestrichen und Zimmer kosten 800 Baht aufwärts. Och ... nö.

Wir sehen den ziemlich arrogant und eingebildet wirkenden Tauchlehrer in den folgenden Tagen übrigens ab und an wieder und werden den Eindruck nicht los, dass er weniger die Funktion des Tauchlehrers, als vielmehr die Funktion des »Herbergsleiters« innehat.

Als Nächstes kommen wir bei den Sunshine Divers vorbei. Die wirken sehr sympathisch, ist mir aber trotzdem eine kleine Nummer zu glatt. Billige Zimmer haben sie zudem auch keine mehr. Dafür empfiehlt uns die Tauchlehrerin, doch mal bei den Nachbarn, den Reef Riders vorbeizuschauen.

Die Reef Riders erreicht man über einen kleinen klapprigen Brettersteg. Das hässlichste Haus am Strand ist ihr zu Hause. Wahrscheinlich ist es auch das älteste Haus hier am Strand. Es sieht zumindest so aus wie die Kleinausgabe einer Bettenburg im Rimini der 60er Jahre.

Als wir ankommen, ist von Tauchern aber noch nichts zu sehen. Wahrscheinlich sind sie noch unterwegs. Dafür sitzen hier fünf bis acht Thais, die uns ganz trocken einchecken lassen:

»You diver?«

»Yes.«

»How many?«

»Only me.«

»One?«

»One.«

»Room 350 Baht.«

Geht klar.

Eine der anderen anwesenden Thailänderinnen führt uns wortlos zu unserem Zimmer, wir nicken, sie führt uns wieder runter, wir checken ein.

Das Großartige an diesem hässlichen Haus, dem Laem Klong Resort, ist, dass man von hier aus den besten Ausblick hat. Zum einen sieht man den kompletten Strand und auch von seitlich hinten den Buddha-Felsen, den man von hier dann auch tatsächlich als sitzenden Buddha identifizieren kann, und zum anderen sieht man nur von hier aus nicht dieses hässliche Haus.

Die Taucher kommen zurück und wir lernen Peter – oder besser: Bepi –, den Chef kennen. Bepi ist Schweizer, redet dafür aber fast schon erschreckend schnell. Zumindest bin ich bei unserer ersten Unterhaltung irgendwann nicht mehr hinterher gekommen.

Mein Gefühl, dass diese Tauchschule cool sein könnte, bestätigt sich. Es wirkt extrem entspannt hier. Eine gut gelaunte Atmosphäre paart sich mit solch gut tuenden Informationen, wie: »Wir fahren nicht schon morgens um sieben raus. Wir fahren später, dann haben wir die Tauchplätze auch wenigstens für uns«, und: »Wir wollen hier lieber Fun-Dives anbieten. Um die Kurse können sich die anderen schlagen.«

Anmerkung: Man kann hier aber auch gerne Kurse machen. Bestimmt sogar wesentlich besser, als in einer »Fabrik«.

Wir schauen uns den Strand an. Die Bucht, an deren Ende Buddha sitzt, ist … wunderschön. Koh Tao, übersetzt: die Schildkröteninsel, ist extrem auf Taucher ausgelegt. Bereits auf der Fähre sind Werber von zwei Tauchschulen herumgerannt; einer davon war übrigens von der »Buddha-View-Fabrik«.

Hier am Strand fühlt man sich wie in einem Dorf voller Taucher. Nicht nur, dass jedes Resort oder jedes Hostel eine eigene Tauchschule hat (beziehungsweise umgekehrt: Jede Tauchschule hat ihr Hostel oder Resort), überall sitzen Menschen, die für ihre theoretische Prüfung lernen.

Es ist nicht so leicht wie sonst überall, wo wir bisher waren, Thai Food zu bekommen. Dafür entdecken wir einen großartigen Fruit-Shake-Stand, der Ovaltine (Ovomaltine), Strawberry Taro und andere höchst interessante Fruit Shakes anbietet.

Ich kaufe mir noch ein Paar Flip Flops und trenne mich von meinen auseinanderfallenden Sandalen.

Beim Abendessen bestellt sich jemand einen Teller gegrillter Meeresfrüchte, der schwer dampfend an seinen Tisch gebracht wird, woraufhin die Hälfte des Restaurants in lautes Gehuste ausbricht. Unter ihnen auch Rebekka ... und ich lache mich kaputt. Als zehn Minuten später der nächste Teller rauchender Meeresfrüchte das Gleiche noch einmal auslöst, ist es bei mir endgültig vorbei ...

Ao Chalok Ban Kao: Die ersten Tauchgänge
Tag 13: 8. März 2010

Der an der Decke montierte Ventilator macht einen Riesenkrach und dreht sich ununterbrochen im Kreis. Blöderweise kann man die Kreisbewegung des Teils nicht stoppen, sodass wir ihn ausschalten müssen, um uns nicht im immer wieder bei uns vorbeifegenden Luftstrom eine Erkältung einzufangen. Dementsprechend heiß ist es heute Morgen in unserem kalkweißen Zimmer im unhübschesten und vermutlich auch ältesten Haus des Strandes. Dieses Zimmer verfügt außerdem über keine einzige Steckdose und die Klobrille ist nur auf die Keramikschüssel aufgelegt, aber nicht festgeschraubt, weswegen Rebekka sich bereits über ein lautes: »Huuiii!«, von mir aus der Toilette amüsieren konnte ... ich mich mittlerweile aber auch über ein: »Uuuaargh!«, von ihr, höhö.

Wir liegen beide bereits, erschlagen von der Hitze, wach im Bett, als mein Handy loszurattern beginnt. Zeit aufzustehen: Heute wird getaucht!

Die Reef Riders tauchen wie gesagt zu humanen Zeiten am Morgen. Ich soll um halb zehn bei der Tauchschule sein, die sich eine Etage unter unserem Zimmer befindet. Ich bin pünktlich und nach fünf Minuten mit dem Papierkram fertig sowie mit Equipment ausgerüstet. Das reicht sogar noch für eine Frühstückscola. Die Flaschen, das Blei und die Lungenautomaten sind bereits auf dem Boot, weswegen man die zehn Meter bis zum Strand kaum Gepäck mitnehmen muss. Von dort aus geht es dann mit einem Motorbötchen, das wie eine Plastikbadewanne oder vielleicht eher wie ein rechteckiger Sandkasten aussieht, knapp 200 Meter weiter raus in etwas tiefere Gewässer als die 50 Zentimeter, die die Bucht auf den ersten 100 Metern hat. Dort liegt das große Boot der Reef Riders. Ein wirklich sehr stylishes, für Thailand typisches, hölzernes Tauchboot. Die thailändische Besatzung erwartet uns freundlich und schon geht's raus zum ersten Tauchplatz, dem South West Pinnacle, der irgendwo im nirgendwo, mitten im Blau des Meeres liegt. Ich frage Ober-Reef-Rider Bepi, ob sein Captain GPS benutzt, um den Tauchplatz zu finden. Bepi verneint und erklärt mir, dass der Thailänder am Steuer im Umkreis jeden einzelnen Felsen unter Wasser kennt. Scheint ein großer Umkreis zu sein, da wir bestimmt 25 Minuten lang ins Blaue gefahren sind.

Ich habe das Glück, dass es eine Gruppe von erfahrenen Tauchern und eine weniger erfahrene Gruppe geben wird. Ich tauche mit unserem Guide Philip, einem sympathischen Züricher und der derzeit »DMT« ist. Das steht für »Divemaster-Trainee«, also ein Divemaster in der Ausbildung. Mit uns kommen Divemaster Tomato alias Thomas, ebenfalls aus der Schweiz, und Jan, der viele Tauchgänge sowie eine äußerst amüsante Art hat ... und natürlich Schweizer ist.

Der Tauchplatz heißt South West Pinnacle und ist übersät mit bunten Korallen und Anemonen. Es sieht aus wie die schöne heile Riffwelt bei »Findet Nemo«. Hier tummeln sich Barrakudas, große Zackenbarsche, Kugelfische, massenhaft Porzellan- und Sternschnecken etc.

Nach einer Stunde geht es wieder rauf an Deck, kurze Pause, die nächsten Pressluftflaschen klar gemacht und auf zum nächsten Tauchspot: Shark Island. Leider hält der Name nicht (mehr) das, was er verspricht: Die Haie sind umgesiedelt. Interessanterweise in eine Bucht, die man daraufhin Shark Bay getauft hat. Hier kann man zwischen Schwarzspitzen-Riffhaien schnorcheln! Da müssen wir in den kommenden Tagen hin!

Shark Island kann dafür mit anderen Tieren faszinieren. Hier gibt es zum Beispiel solch große Barrakuda- und Kleinfischschwärme, dass sich der Himmel über uns verdunkelt! Außerdem gibt es neugierige Langflossen-Fledermausfische, die sich, verhält man sich ruhig, sehr nahe an einen herantrauen.

Mein persönliches Highlight ist der erste Drückerfisch meiner Taucherkarriere. Wir wurden vor dem Tauchgang bereits davor gewarnt, dass die Drückerfische derzeit sehr aggressiv ihre Nester verteidigen. Aus eben diesem Grunde kommt man diesen lustigen Tierchen besser nicht zu nahe, da sie dann auch gerne mal in des Tauchers Flosse beißen ... wenn man Glück hat und ihnen nicht irgendein anderes Körperteil zuerst entgegenstreckt. Ich – in sicherer Entfernung – fotografiere den Fisch, der hektisch um seine Eier herumschwimmt, uns argwöhnisch beobachtet und ulkigerweise auch ein-, zweimal einen Kopfstand macht. Süß. Plötzlich schießt der Drückerfisch auf mich zu – offensichtlich befinde ich mich doch nicht in sicherer Entfernung: Höchstens 20 Zentimeter vor meiner Maske wendet die schuppige Rakete abrupt und zieht sich wieder zurück. Das war dann wohl eine Warnung und ich bin ordentlich erschrocken. Eine Nahaufnahme vom Fisch habe ich leider nicht hinbekommen ...

Um 15 Uhr ist der Tauchtag dann auch bereits vorbei. Die Weisheit des Tages kommt von meinem Schweizer Buddy Jan, der seinen relativ hohen Luftverbrauch wie folgt rechtfertigt: »Daaas isch nicht weitrr schlimm, weil miiir nach 35 Minuuuten sowieso die Blase so sähr drückrt, dass ich nicht mähr entsponnt weitrr tauchen kann.«
»Dann pinkel doch in den Anzug.«
»Nein, daaas isch ein Eeehrenkodex: Piss dir niemols in den Aaanzug und geh niiiemols im Flugchzeug scheißen. Daaas macht doch kchein Mensch ... im Flugchzeug scheißen.«

Tauchen, tauchen, tauchen ...
Tage 14–16 : 9.–11. März 2010

Ich gehe jeden Tag mit den Schweizern tauchen und sehe unter anderem zwei für dieses Gewässer eher seltene Feuerfische, viele große Zackenbarsche, Barrakudas, Muränen, Kugelfische, Sternschnecken, Porzellanschnecken, einige wunderschöne Blaupunkt-Stechrochen und weitere Drückerfische, die mich diesmal aber in Ruhe lassen. Rebekka genießt derweil an Land die Sonne.
Die Tauchgänge machen allesamt Spaß. Besonders genial verläuft der Tauchgang am White Rock: Nach knapp 25 Minuten nähert sich uns – wie ein zur Landung ansetzendes Flugzeug – eine aus dem Blau des Meeres kommende Schildkröte von gut einem Meter Länge! Das tapsig, aber doch auch irgendwie weise – vermutlich, weil alt – wirkende Tier, steuert direkt auf unsere kleine Gruppe zu, streift haarscharf an unseren Köpfen vorbei und macht sich zum großen Fressen an die Korallen und Anemonen hinter uns ran.
Wir beobachten dieses wunderbare Geschöpf mehrere Minuten lang, bis wir uns dazu entschließen, weiterzutauchen. Die Schildkröte hat aber anscheinend Gefallen an unserer Gegenwart gefunden und folgt uns! Nach etwas mehr als 80 Minuten, locker 50 davon in Begleitung des lustigen Tieres, beenden wir dann begeistert den Tauchgang.
Am nächsten Tag steht Haiegucken auf dem Plan! Am Chumpon Pinnacle gibt es eine Haigarantie! Quasi immer sind hier Bullenhaie anzutreffen, die zu den gefährlicheren Haien gehören: Neben dem Weißen Hai und dem Tigerhai gehen die meisten Angriffe auf Menschen auf den, oftmals auch bis zu mehrere Tage in Süßwasserflüssen lebenden, Bullenhai zurück.
Wir gehen auf knapp 30–35 Meter runter. Die Sicht hier unten ist nicht allzu gut – fünf Meter vielleicht. Eine braune Suppe. Langsam lassen wir das Riff hinter uns und tauchen vorsichtig ins Braune hinaus. Ein Rotfeuerfisch sitzt im Sand. Von den Haien ist noch nichts zu sehen. Wir tauchen tiefer in die gespenstische Atmosphäre hinein. Es fühlt sich schon etwas seltsam an, wenn man, mitten im Ozean, in einer ordentlichen Tiefe, bei schlechter Sicht auf

»Haijagd« geht. Man stelle sich nur mal vor: Die Sichtweite beschränkt sich auf fünf Meter und plötzlich kommt aus dem Nichts ein dreieinhalb Meter großer, 200 Kilogramm schwerer Bullenhai auf einen zu! Oder gleich mehrere … Auch möglich wäre, dass wir drei, vier Meter nach oben tauchen, die Sicht sich aufklart und wir von, wer weiß wie vielen Haien umzingelt sind. Ich für meinen Teil bin ziemlich scharf auf diesen Nervenkitzel, der plötzlich zusätzliche Nahrung bekommt: Ein Pilotfisch kommt aus der Suppe auf uns zu! Bepi, der den Tauchgang leitet, dreht sich zu Tomato, meinem schweizer Buddy bei sämtlichen Tauchgängen auf Koh Tao, Jan, dem Mann, der sich weder in den Anzug pisst, noch im Flugzeug scheißen geht, und mir um und gibt uns das Zeichen für »Hai«. Daraufhin dreht er sich wieder nach vorne und schaut suchend um sich. Tomato, Jan und ich tun es ihm gleich. Wenig später ist es dann soweit … Bepi dreht ab und wir tauchen zurück zum Riff. Keine Haie. Hmpf. Zwar haben sich die Haie, auf die ich mich so gefreut habe, nicht blicken lassen, aber trotzdem ist der Tauchgang sehr schön. In der Mitte des Tauchgangs wird Jan auf einmal hektisch, macht laute Geräusche und zeigt wild in meine Richtung. Ich gehe davon aus, dass er etwas Interessantes hinter mir entdeckt hat und drehe mich um. Ich kann aber nichts entdecken, woraufhin ich mich wieder zu Jan drehe, um ihm deutlich zu machen, dass ich keine Ahnung habe, wovon er da blubbert.

»Hmmm! Hmmmmmm!«, kreischt er und deutet auf meine Füße, dann auf meinen Bauch und schließlich auf mein Gesicht. Was zum …? Üüaargh! Ein Pilotfisch schwirrt um mich herum und versucht sich an mich dranzuheften. So weit ich weiß, weiß ich nichts darüber, was diese Fische genau machen. Beißen oder saugen sie sich an ihren Wirten fest? Sind es Parasiten oder leben sie symbiotisch mit den Walen und Haien zusammen, an die sie sich heften? Gibt es überhaupt einen direkten Körperkontakt oder wird lediglich der »Windschatten« ausgenutzt? Wie dem auch sei: Auf diese Art der Symbiose kann ich verzichten. Zudem bin ich – schon wieder!? – ordentlich erschrocken und zapple nun gemeinsam mit Jan in gut 20 Metern Tiefe herum. Dem Fischlein scheint das zu unchillig zu sein, weswegen es dann auch wenig später von mir ablässt. Vielleicht erschrecke ich ihn aber auch zu sehr, als ich versuche, ihn zu fotografieren … als ich ihn gerade an meinem Hintern vermute. Das Foto ist übrigens nichts geworden und trotz zweimaligen Auftauchens eines Pilotfisches gibt es bis zum Ende des Tauchganges keine Haie zu bewundern. Aber sie waren da … irgendwo im dichten Schleier der braunen Suppe auf 30 bis 35 Metern.

Die Reef Riders

Bepi ist mit Leib und Seele Taucher. Seit nunmehr zwölf Jahren leitet er die Reef-Riders-Tauchschule im Laem Klong Resort und taucht noch heute nahezu jeden Tag. Zwischen den beiden Tauchgängen bleibt Bepi stets in seinem Tauchanzug, klappt sich diesen noch nicht einmal herunter. Wie eine Mischung aus solch schroffen Figuren wie dem Seewolf Wolf Larsen und Kapitän Ahab sitzt Bepi am Bug, eine Zigarette im Mund, den Blick meist aufs Wasser gerichtet, als könne er den nächsten Tauchgang nicht erwarten.

Philip war früher Handballer. Er spielte sogar in der Swiss Handball League, der höchsten Handballliga der Schweiz und war Nationalspieler! Ausgerechnet, als sich die Schweiz für die EM qualifizierte, brach Philip sich kurz zuvor das Wadenbein.

Daniel Jackson, genannt »Jackson« – vor allen Dingen wird er von sich selbst so genannt –, ist ein sehr lustiger Zeitgenosse aus Manchester. Sein Englisch ist das wohl verständlichste Englisch, das ich je zu hören bekommen habe ... und das, obwohl er sehr gerne Green Label und andere alkoholische Getränke zu sich nimmt. Dazu steht er auch, denn davon redet er den halben Tag lang. Eigentlich ist Jackson genauso wie man sich einen Menschen aus Manchester wünscht: Er wirkt prollig, mag Fußball, hat Humor, beherrscht Selbstironie und kann natürlich trotz seiner eher kleinen Körpergröße ordentlich trinken. Ich mag ihn. Allerdings legt er bei Nachttauchgängen ein ordentliches Tempo vor.

Die neueste und auch einzig weibliche Besetzung in der Reef-Riders-Crew ist die Wienerin Marie. So wie Philip ist sie DMT, also in der Ausbildung zum Divemaster. Zuvor hat sie Berge und Vulkane bestiegen, was nicht nur abenteuerlich klingt, sondern offenbar auch ist: Einmal ist unter ihr eine Eisbrücke eingestürzt und Marie hat sich die darunter liegende Gletscherspalte mal genauer angeschaut. Ohne Seil wäre sie in ein tiefes schwarzes Loch gefallen, dessen Boden sie nicht einmal erahnen konnte. Und manche Leute behaupten, Tauchen sei ein Extremsport ...

Wohl eigentlich kein Reef Rider, sondern vielmehr die Chefin des Laem Klong Resorts ist die charmante Laotin Cheng. Die meiste Zeit ist sie auf ihrem Stuhl hinter der Theke anzutreffen, von wo aus sie Getränke verteilt, Essensbestellungen annimmt und die Zimmer verwaltet. Cheng ist anscheinend immer gut gelaunt. Und wenn sie es mal nicht ist, dann wirkt sie trotzdem äußerst cool dabei. Wie beispielsweise einmal, als wir von einem Tauchgang zurückkommen:

Philip: »Hello Cheng. How are you?«
Cheng: »Not good.«
Philip: »Oh, why?«
Cheng: »Cannot shit!«

Neben Cheng arbeiten im Laem Klong Resort noch ihre Mutter, die offenbar genauso cool drauf ist wie Cheng (»How can you make photo without the mama?!«), und Lalala aus Myanmar, die auch Tralala genannt wird. Ob Lalala wirklich so heißt, wie sie hier jeder nennt, mag bezweifelt werden. Dass sie aus Myanmar kommt, weiß ich ebenfalls nicht. Ich bilde es mir aber ein, da ich gelesen habe, dass die Myanmarinnen als Sonnenschutz eine Creme auf der

Backe – und manche auch auf der Nase – tragen. Die hübsche Lalala trägt jeden Morgen diese Creme.

Bleibt letztendlich noch Tomato übrig, der mit bürgerlichem Namen Thomas heißt und eigentlich zu Gast bei den Reef Riders ist. Das ist er allerdings schon seit längerem, weswegen er in meinen Augen schon ein würdiges Crewmitglied ist. Außerdem ist er bei sämtlichen Tauchgängen mein mehr als angenehmer Buddy, der nie meckert, wenn ich mit meiner Kamera so lange herumknipse, bis der Fisch weg ist und er mit seiner Kamera nicht mehr zum Zuge kommt.

Der Tag des Arsches
Tag 17: 12. März 2010

Heute ist der Tag des Arsches, was kein religiöser Feiertag, sondern unser leider nicht allzu positives Resultat des heutigen Tages ist: Es ist unser letzter Tag auf Koh Tao. Ich tauche nicht, dafür wollen Rebekka und ich heute bei den Schwarzspitzen-Riffhaien in der benachbarten Shark Bay beziehungsweise – auf Thailändisch – Ao Thian schnorcheln. Hierzu leihen wir uns bei Cheng für 200 Baht einen Kajak für die nächsten fünf Stunden und paddeln hinaus zum Buddha Rock. Das Meer ist heute etwas welliger als sonst, weswegen wir schon befürchten, dass die Sicht in der Shark Bay unter diesen Umständen womöglich nicht die beste sein dürfte. Knapp 200 Meter hinter dem Buddha Rock eröffnet sich uns die Shark Bay. Unsere Befürchtung wird nicht nur bestätigt, sondern noch übertroffen: Die Welle geht genau in die Bucht hinein und das Sediment im Wasser ist dementsprechend aufgewühlt. Noch geben wir die Hoffnung aber nicht auf und steuern in dieser – wen überrascht es – sehr schönen Bucht einen klitzekleinen Strand auf der Westseite an. Neben diesem kleinen Strandabschnitt wurde vor einer Reihe Bungalows ein Steinsteg errichtet, der so aussieht, als sei er extra zum Haieangucken angelegt worden. Wir lassen uns von der Welle an den Strand spülen und stellen fest, dass es von hier aus keinen Zugang zum Steg gibt. Also steigen wir auf steilen Stufen den Hang hinauf und gehen über die Straße zum benachbarten Resort. Dort geht es einen kleinen Treppenirrweg wieder hinunter zum Wasser, an dessen Ende wir dann doch noch auf dem Steg landen. Die Welle prescht recht stark gegen den Felsen, weswegen ich erst einmal teste, ob es überhaupt Sinn macht, hier zu schnorcheln. Ich springe ins Wasser, möglichst weit vom Einstiegsplateau weg, damit mich die Welle nicht gleich wieder dagegen drückt. Trotz Maske sehe ich kaum mehr als 20 Zentimeter weit. Das wird wohl nichts, das ist für'n Arsch. Also wieder raus da.

Wir klettern zurück zu unserem kleinen Strand und stellen fest, dass uns die Welle und die Felsformation im Wasser vor dem Strand in perfekter Harmonie daran hindern, mit dem Kajak wieder herauszurudern. Tja, da stehen wir nun dumm herum. Ein Pärchen kommt vorbei und bemerkt unser Problem. Er ist laut Aussage seiner Freundin ein erfahrener Paddler, sieht für uns aber auch keine wirkliche Möglichkeit herauszukommen. Das motiviert. Da der Kajak verdammt schwer ist, ist es unmöglich, ihn die steile, enge und ungleichmäßige Treppe hinauf zur Straße zu schleppen, um ihn dann am Hauptstrand wieder ins Wasser zu lassen. Über die Felsen direkt am beziehungsweise im Wasser gelangen wir auch nicht zum Hauptstrand, ohne Knochenbrüche zu riskieren. Verdammte Scheiße ... was machen wir denn jetzt?

Ich bemerke, dass vom Strand aus ein Seil ins Wasser reicht, das uns durchaus hilfreich sein könnte. Also schlage ich Rebekka vor, dass ich alleine versuchen werde mit dem Kajak hinauszurudern und sie dann am Hauptstrand abholen komme. Zunächst ist Rebekka nicht so begeistert von der Idee. Ich taste mich vorsichtig nach vorne. In der einen Hand halte ich das Seil, das im Meer verschwindet, in der anderen Hand ein Seil des Kajaks. Als Rebekka bemerkt, dass mein Plan ziemlich einfach aufzugehen scheint – ich habe mich bereits an zwei problematisch platzierten Felsen vorbeigestohlen –, höre ich, als ich gerade in den Kajak springe, um loszupaddeln, von hinten nur noch ein: »Ich schiebe dich an!«

Bevor ich den Satz überhaupt realisiere, bekomme ich von hinten einen unerwarteten Schub und werde von meiner Freundin auf die Welle zugestoßen. Mutig und waghalsig: Noch hatte ich mir nämlich die Möglichkeit offen gehalten, kontrolliert aus dem Kajak herauszuspringen, ohne gegen einen Felsen zu knallen. Den Plan kann ich jetzt vergessen. Zum Glück geht aber alles gut und ich befinde mich in sicheren Gefilden.

Wenig später erreiche ich den sehr idyllischen Hauptstrand und erwarte Rebekka, die jeden Moment ankommen müsste. Dies will aber einfach nicht geschehen, weswegen ich nach wenigen Minuten beschließe, ihr entgegenzugehen. Hinter dem Strand erstreckt sich ein weitläufiges Bungalowresort, dessen Ein-/Ausgang ich schlicht und ergreifend zunächst nicht finden kann. Also irre ich zunächst ein wenig durch die große, grüne Anlage, bis ich dann doch endlich eine Schotterpiste entdecke, die aus der Bucht herauszuführen scheint. Der unasphaltierte Weg befindet sich an der Ostseite der Bucht, was schon einmal erklären dürfte, warum Rebekka so lange benötigt, um zum Strand zu kommen. Wahrscheinlich findet sie den Zugang nicht. Außer einer Badehose trage ich nichts am Körper, wodurch ich die Aufmerksamkeit eines Thais gewinne. Er fragt mich, ob er mir helfen kann, was ich nicht verneine: »I'm looking for my girlfriend«, lasse ich ihn wissen. Er bietet mir an, mich auf seinem Roller mitzunehmen. Ja, warum auch nicht, denke ich mir und schon geht es die steile Kieselsteinstraße nach oben. Nach einigen Hundert Metern erreichen wir dann die Pforte des Resorts. Hier lädt mich der nette Thai ab und ich wundere mich, wo um alles in der Welt ich jetzt auf einmal gelandet bin. Die Straße hier oben sieht so überhaupt nicht nach der Straße aus, die zur Westseite der Bucht, geschweige denn zu unserem »Heimatstrand« führt. Es ist ein verdammter Feldweg, der in

Richtung Norden führt! Ich wandere den Weg noch ein paar Hundert Meter barfuß entlang, beschließe dann aber wieder umzukehren. Falls dies der einzige Weg zur Westseite der Bucht sein sollte, hat Rebekka wahrscheinlich auch keine Lust darauf, ihn barfuß entlang zu spazieren. Es sieht nach einer mehrere Kilometer langen Strecke aus … Ja, leck mich doch am Arsch.

Ich gehe also wieder zurück zur Pforte und sehe bewusst hilflos aus. Der nette Rollerfahrer von eben und sein Security-Kollege sprechen mich dann auch direkt an.

»I can't find my girlfriend«, lasse ich die beiden wissen. Allerdings verstehen sie mich nicht. Auch als ich mit Händen und Füßen versuche zu erklären, was los ist, kommt herzlich wenig an. Der Security-Mann rafft dann aber immerhin, dass ich nichts gegen einen kleinen Ausflug mit seinem Roller einzuwenden habe und macht die Maschine startklar. Blöderweise richtet er den Roller aber zur falschen Richtung aus, also in Richtung Strand. Das bringt mir herzlich wenig, also lehne ich dankend ab, laufe wieder runter zum Strand und bin erstaunt darüber, wie schnell sich anscheinend Hornhaut auf der Fußsohle bilden kann: Die Kieselsteine machen mir gar nichts. Yeah.

Ich erreiche den Kajak und sehe am kleinen Strand Rebekkas Paddel winken. Oha, sie ist tatsächlich wieder zurückgekehrt und gibt mir Zeichen. Ich wedle mit meinem Paddel zurück, errege so die Aufmerksamkeit der sich Sonnenden und paddle Rebekka entgegen. Ich sammle sie auf ein paar Felsen auf, über die sie gerade den Hauptstrand erreichen möchte. Bewusst hat sie mir übrigens gar keine Zeichen mit dem Paddel gegeben. Das Paddel diente ihr nur als Kletterhilfe. Hm.

Der einzige Weg von der Westseite der Shark Bay zur Ostseite führt nebenbei tatsächlich über einen mehrere Kilometer langen Umweg über Ao Chalok Ban Kao!

Als wir wieder aus der Shark Bay herausrudern, merkt Rebekka an, dass ihr die Wellen mittlerweile zu hoch sind, um wieder zurückzurudern. Schwimmwesten hat Cheng uns übrigens keine mitgegeben. Als wohlsorgender Freund akzeptiere ich ihre Entscheidung. Wir machen kehrt und nehmen uns ein Taxi-Boot. Gerade als ich, mit dem höchst wahrscheinlich ziemlich bekifften Bootsführer, den Kajak in das Longtail Boat hieve, rutsche ich in dem durch Algenbewuchs spiegelglatten Boot aus und knalle volle Möhre auf meinen Allerwertesten. Für einen Moment bleibt mir die Luft weg und ich sehe Sternchen um meinen Hintern tänzeln. Der Longtail-Boat-Fahrer kann sich zudem ein kurzes, aber dafür ziemlich breites: »Ähö höö«, nicht verkneifen. Mit schmerzendem Steiß und laut tuckerndem Motor zuckeln wir zu Cheng zurück.

Den Rest des Tages fällt mir Bücken und Sitzen schwerer als sonst, weswegen Marie mir eine Thai-Massage empfiehlt. Super Idee, denke ich mir und wenige Minuten später werde ich am Strand von einem Masseur bearbeitet. Der Mann hat magische Hände, die zwar hier und da auch mal ordentlich fiese Punkte penetrieren, aber auch wirklich Linderung verschaffen: Er lässt meine Wirbelsäule knacken und dehnt und zerrt meinen Körper in Richtungen, die ich mir seit Beendigung meiner sportlichen Laufbahn nicht mehr zugetraut hätte. 30 Minuten kosten übrigens gerade einmal 150 Baht. Für die volle Stunde nimmt er 250 Baht.

Mit der Nachtfähre werden wir heute Koh Tao in Richtung Krabi verlassen. Um 19 Uhr werden wir daher von einem Pick-up-Taxi nach Ban Mae Hat an den Pier gefahren. Auf dem Weg dorthin winkt uns die Frau, die die vielleicht besten Fruit Shakes unserer bisherigen Reise mixt, freundlich zum Abschied hinterher und ruft laut: »Bye bye!«

Einfach süß.

Warum uns die Travel Agency, bei der wir uns die Tickets gekauft haben, bereits so früh abholen lässt, verstehen wir nicht wirklich. Die Fähre legt nämlich erst um 21 Uhr ab.

Wir spazieren also noch durch das touristische Örtchen und entdecken dabei neue Fruit Shakes: Longan heißt die Frucht, die ich mir mixen lasse und die wie eine Mischung aus Traube und Kokosnuss schmeckt, dabei aber wie eine Litschi mit trockener brauner Schale aussieht. Schmeckt gut, ist aber nach einiger Zeit dann doch etwas zu extrem im Geschmack. Rebekkas Coconut Shake schmeckt, um es mal mit den seltsamen Worten meiner Mutter auszudrücken, »wie der Arsch vom Friedrich«. Das soll »langweilig« à la »eingeschlafene Füße« heißen.

Gegen 21 Uhr dürfen wir dann auf die Fähre und sind doch etwas amüsiert und überrascht, als wir unsere Betten für die acht Stunden lange Überfahrt direkt nach Surat Thani sehen. Wir hatten bereits gerätselt, was uns erwarten würde. Eine badische Taucherin, die wir bei den Reef Riders kennengelernt haben, hatte bereits wüste Storys über die Nachtfähre gehört, war sich selbst aber über deren Wahrheitsgehalt nicht sicher: »Stimmt dess, dass die do all üwwereinander liegen? Dess isch so en riesegroßes Gemeinschaftszimmer!«

So ganz daneben liegt Simone mit ihren Infos nicht: Es liegen tatsächlich knapp 120 Leute auf harten Matten nebeneinander in einem einzigen Raum. Wenn es dann auch noch wellig sein sollte, ist die Wahrscheinlichkeit, dass »die dann do all üwwereinander liegen« auch durchaus gegeben. Lustig ist zudem noch, dass man sich eine Matratze teilen muss. Ich teile mir meine Matratze mit einer Wildfremden, die außer: »This is the border«, kein Wort mit mir wechselt. Rebekka teilt sich ihre Matte mit Jeneke aus Holland, die seit Oktober durch Südostasien reist und gleich den ersten Ort, an dem sie war, nämlich Peking bislang am coolsten findet … weil es dort so asiatisch ist.

Die Fähre legt ab und wenig später schaukelt es ordentlich hin und her. Zwar liegen doch nicht plötzlich alle übereinander, aber Rebekka wird es schlecht, weswegen sie sich zur Sicherheit vor das geöffnete Fenster kniet. Zum Fische Füttern kommt es aber nicht, da Bekki sich im Knien irgendwie so merkwürdig bewegt, dass sie sich irgendwas irgendwo im Hintern eingeklemmt hat. Der schmerzt ihr nun so sehr, dass sie sich nicht mehr auf den Wellengang konzentrieren kann und somit die lange Fahrt über die stockdunkle See ohne Kotzen übersteht. Ich verstehe nicht so ganz, was genau da in ihrem Popöchen passiert ist, ... aber auf jeden Fall spüren wir jetzt beide unsere Poperze.

Die Höhle im Hundeohrenberg
Tag 18: 13. März 2010

S. 184

Ich kann während der Überfahrt erstaunlich gut schlafen und bin dementsprechend relativ fit, als wir im von vielen gefürchteten Surat Thani ankommen. Uns passiert erneut nichts und wir bekommen auch nichts von Zwerg-Thais mit, die sich im Gepäckfach der Busse verstecken, um auf großen Beutezug zu gehen. Diese Story wurde uns auf Koh Tao erzählt. Übrigens nicht von Beraubten selbst, sondern aus 25. Hand. Ich habe keine Ahnung, ob Surat Thani wirklich so »gefährlich« ist, wie man es in Reiseführern nachlesen kann und von (dadurch) paranoid gewordenen Touristen erzählt bekommt. Wir sitzen lediglich im nächsten (diesmal einem anderen) »Wait for the Bus«-Restaurant und warten auf unseren Bus, der uns nach Krabi fahren soll. Das dauert länger als geplant, weswegen ich mich selbst in die Kunst des »In-der-Hocke-ins-Erdloch-Scheißens« einführe. Damit habe ich sämtliche Toiletten-Arten Thailands bravourös gemeistert und bin ganz schön stolz auf mich. Rebekka auch.
Mit locker einer Stunde Verspätung kommt dann unser Bus vorgefahren, der – zu unserer Überraschung – ein Minibus mit nur neun Gästesitzen ist. Das ist nicht das Schlechteste, denke ich mir. Der Fahrer denkt sich das wohl auch und macht deshalb erst einmal noch ein paar private Erledigungen: eine verpackte Stoßstange und noch irgendetwas beim Kumpel abholen und unter die Sitzbank schieben, die Tochter noch schnell in der neuen Schule einschulen lassen, was ungefähr eine halbe Stunde dauert – und dann noch was zum Futtern für die Fahrt kaufen gehen. Dabei lässt er immer Motor und Klimaanlage laufen und kommt jedes Mal breit grinsend und mit einem: »Sorry, one minute«, auf den Lippen zurück. Ach, es ist früh am Morgen, der Mann trägt ein Hawaiihemd, wir haben die Nachtfähre »wo all üwwereinander liegen« überlebt und ich kann mittlerweile Dinge in der Hocke tun ... man lernt ja nie aus. Auf jeden Fall meckert kein Mensch, denn das ist Thailand. Wir schauen zu, wir nehmen auf und wir freuen uns. Hoffentlich gefällt der Kleinen die neue Schule.

> **Anmerkung von Rebekka**
> Du hast doch die ganze Zeit gepennt!?

Dafür heizt unser Chauffeur nun wie ein Berserker die nicht immer allzu ebenen Straßen nach Krabi in gerade einmal 90 Minuten runter. An sich sind die Straßen hier voll in Ordnung. Lediglich bei Brücken haben es die hiesigen Straßenbauer nicht so wirklich drauf, weswegen ich stets versuche, meinen vom Sturz noch immer schmerzenden Hintern rechtzeitig anzuheben, bevor wir mit dem Minibus über die Schwellen der Brücken poltern. Autsch.
Die Schnellstraße führt durch ein, auch hier im Süden, noch immer vollkommen grünes Land. Je näher wir Krabi kommen, desto mehr hohe und steile Karstfelsen zieren die Landschaft. Die Felsen, die vor Hunderten Millionen von Jahren einmal Korallenriffe waren, sind teilweise mehrere Hundert Meter hoch und trotz ihrer senkrechten Wände über und über mit Pflanzen bewachsen.
Mitten auf der Schnellstraße haben einige Bauern ihre Stände aufgebaut und verkaufen den Vorbeifahrenden frische Säfte und Früchte.
Wir erreichen Krabi. Das heißt, wir erreichen die Stadtgrenze. Unser Minibus steuert ein Haus an, wo wir bereits erwartet werden: Man will uns in Unterkünften unterbringen, am liebsten jedoch in Ao Nang, dem Touristennest hier. In Krabi-Stadt ist laut der Frau, die uns in einem Hostel unterbringen will, »nothing«. Daher wundert sie sich, dass wir dennoch dorthin wollen.
Mittlerweile doch schon ziemlich fertig von der langen Reise, lassen Rebekka und ich uns ein Hostel in der Stadt aufquatschen. Das Argument, das uns zur Wahl eines der Hostels aus dem Katalog des Busunternehmens führt, ist, dass wir uns andernfalls ein Taxi in die Stadt organisieren müssten, was natürlich mit zusätzlichen Kosten verbunden wäre. Das ist nicht gerade die freundlichste und seriöseste Taktik: Schließlich haben wir ein Fähr- und Busticket für Krabi-Stadt und nicht für Krabi-Vorort gekauft. Aber was soll's. Im Katalog finden wir mit dem P. Guesthouse ein preiswertes Hostel und werden kurz darauf kostenlos vom Guesthouse abgeholt. Was die Reiseagentur gemacht hätte, wenn wir bereits ein Zimmer reserviert hätten (oder es zumindest behauptet hätten), würde mich schon mal interessieren …
Das Zimmer ist klein, der Ausblick aus dem Fenster grau – weil 20 Zentimeter davor die Rückwand des Nachbarhauses ist – und die Dusche warm. Wer braucht hier schon warme Duschen? Genauso unnötig ist der Fernseher im Zimmer, der aber interessanterweise neben thailändischem Fernsehen auch den Bayrischen Rundfunk empfängt. Verrückt. Das thailändische MTV heißt übrigens MVTV und die lokalen Popsongs erzählen offenbar allesamt tragische Liebesgeschichten. Auf tragische Liebe scheinen die Thais zu stehen: Die Telenovela, die wir im Coconut Beach Resort auf Koh Pha Ngan allabendlich im Restaurant und an einem Abend in einem schäbig wirkenden, auf jeden Fall hässlich aussehenden, Restaurant auf Koh Tao zu sehen bekamen, erzählt die Geschichte von tragischen Liebschaften im Krankenhausmilieu … mit grausam schlechten Schauspielern. Die Schauspieler in den Musikvideos machen ihre Sache übrigens nicht wesentlich besser. Außerdem habe ich noch nie solch

dreistes Product Placement in einem Musikvideo gesehen. Die in den gut vier Minuten knappe fünfmal beworbene Sojamilch habe ich übrigens auch schon getrunken. Gibt's bei 7-Eleven. Wo auch sonst?

Wir dürfen in unserer eigenen privaten Toilette das Klopapier mit hinunterspülen! Das wird sehr selten gestattet. Alles in allem sind wir mit der Unterkunft für diesen Preis mal wieder voll zufrieden.

Beim ersten Spaziergang durch Krabi entdecken wir das Guesthouse, in das wir eigentlich gehen wollten, das laut der Dame vom Stadtrandreisebüro aber nicht mehr existiert beziehungsweise umgezogen und sauteuer geworden sei. Oha, man hat uns dreist belogen! Das ist uns – so deutlich – hier noch nicht geschehen.

Wenig später bemerken wir jedoch erneut, dass sich die Mentalität der Thais hier von der Mentalität der nördlich von Krabi lebenden Thais durchaus unterscheidet. Reicht andernorts ein Lächeln, verbunden mit Kopfschütteln aus, um Taxifahrer oder Verkäufer abzuwimmeln, kommt man in Krabi damit nicht immer weiter. Am Fluss, der durch Krabi fließt und der kleinen Provinzhauptstadt ihren Namen verleiht, kommt ein Longtail-Boat-Fahrer auf uns zu und bietet uns eine kleine Rundfahrt an: einige Hundert Meter den Fluss herunter, links die Stadt, rechts Mangroven, zu einer Höhle, die sich durch einen der beiden riesigen Felsen des Khao Kanab Nam, dem »Hundeohrenberg«, zieht und mit prähistorischen Wandmalereien aufwartet. Der »Hundeohrenberg« sind zwei durch den braunen Fluss getrennte Felsen von circa 100 Metern Höhe. Die zwei Felsen, die wie eine Pforte wirken, sind das Symbol der Stadt. Im Hinterland erheben sich Karstberge. Auf einem von ihnen thront ein goldener Buddha, der prunkvoll in der Sonne glänzt.

Zurück zum Thema: 150 Baht will der Mann pro Person für die Tour. Wir lehnen dankend ab, was aber, wie gesagt, hier nicht ausreicht. Insgesamt fünfmal kommt er bei unserem Spaziergang am Fluss auf uns zu und versucht uns zu überzeugen. Als ich Rebekka für einen kurzen Moment alleine stehen lasse, um Fotos zu machen, taucht plötzlich noch ein zweiter Kollege auf, der uns mit Fotos ködern will. Ja, was ist denn hier los? Da wir aber mittlerweile – und das ging recht fix – so ziemlich alles von Krabis Innenstadt gesehen haben, willigen wir schließlich doch noch ein. Den Preis hat der Bootsführer für seine 30, »no for you 45 minutes« andauernde Tour derweil von alleine gesenkt: Jetzt sind es schon nur noch 120 Baht pro Person. Für 100 Baht pro Person will er es allerdings nicht machen.

Es stellt sich heraus, dass die Entscheidung, sich breit schlagen zu lassen, nicht schlecht war. Die kleine Bootstour zur Höhle und die Höhle selbst sind wirklich sehr schön. Außer fünf anderen Touristen, die aber kurz nach unserer Ankunft schon wieder verschwinden, sind wir die einzigen Menschen in der großen Höhle. Zudem ist der Eintritt noch kostenlos, was sich jedoch bald ändern wird: Ein Kassenhäuschen wird bereits gebaut.

Es ist Wochenende, weswegen neben dem allabendlichen Nachtmarkt am Pier heute auch der wesentlich größere Wochenendnachtmarkt im Stadtzentrum, keine 500 Meter vom Pier entfernt, stattfindet. Die Nachtmärkte öffnen mit Anbruch der Dunkelheit. Wir beginnen unsere Nachtmarkt-Tour am Pier, sind aber schnell enttäuscht, da hier alles auf die eigentlich nicht allzu vielen Touristen in Krabi ausgelegt ist: Alles ist auf Englisch, es laufen fast ausnahmslos Farangs und Japaner umher und ständig wird man mit: »Hello! Hello!«, zum Konsumieren aufgefordert. Wir verlassen den Markt von daher wieder erstaunlich schnell und gehen zum Wochenendmarkt. Hier sieht es schon etwas anders aus. Nur relativ wenige Farangs haben offenbar etwas vom zweiten Markt mitbekommen. Zudem könnte die Tatsache, dass hier zu 90 % alles nur auf Thai geschrieben steht, eine abschreckende Wirkung haben. Es ist unglaublich voll auf dem großen Platz, auf dem sogar eine große Bühne aufgebaut wurde, auf der nun ein kleines, dickes Mädchen mit Karaoke den Platz beschallt und dabei stark geschminkt, ordentlich abrockt.

Wir entdecken so manche für uns neue lokale Köstlichkeit. So essen wir zum Beispiel Klebereis mit Bohnen, den man auch im Bambusrohr kaufen kann, Ananas- und Bananen-Wan-Tans und trinken Roselle- und Chrysanthemen-Saft. Eine Gruppe Kinder spielt auf asiatischen Holzschlaginstrumenten, die wir so noch nicht kennen, Lieder, die man wohl eher in alten asiatischen Historienfilmen vermuten würde. Eine blinde Sängerin hat sich einen kleinen Lautsprecher um den Hals gebunden und singt mit lauter Stimme inmitten der Menschenmenge. In ihrer linken Hand hält sie ein Mikrofon und einen blauen Plastikbecher, in den die vorbeilaufenden Menschen Geld stecken.

Allzu lange fesselt uns aber auch dieser Markt nicht, weswegen wir den Tag in der von einem thailändischen Rastafari betriebenen Fu Bar II ausklingen lassen. Ich trinke dort ein gut gekühltes Singha Bier, während Rebekka sich durch die schlechteste Piña Colada ihres Lebens mitsamt Insektenzugabe quält. Besonders weit kommt sie dabei – vollkommen zu Recht – allerdings nicht.

Die bescheuerte James-Bond-Tour
Tag 19: 14. März 2010

Etwas Ungewöhnliches steht an! Wir begeben uns auf fremdes Terrain und machen eine Pauschaltouristentour. Na, hoffentlich geht das gut …
In der Nähe von Krabi befindet sich die Bucht von Phang Nga, die in den 70er Jahren durch einen Doppel-Null-Agenten des britischen Geheimdienstes weltberühmt wurde: Hier, in der riesengroßen von Karstfelsen durchsetzten Ao Phang Nga, wurden Szenen für »James Bond 007 – Der Mann mit dem goldenen Colt« mit Roger Moore gedreht. Ich möchte meine Cinéphilie befriedigen und die Bucht ist zudem ein Naturphänomen. Also müssen wir uns das ganze

mal anschauen.

Überall in Krabi kann man sich sein Ticket für die »James-Bond-Tour« kaufen; selbst in unserem Guesthouse. Wir haben uns bereits gestern unsere Tour-Tickets beim Rezeptionisten organisiert. Allerdings wollten wir keine 1350 Baht für die Tour bezahlen und haben verhandelt. Bei 950 Baht wurden wir uns dann einig. Das hat besser geklappt als erwartet.

Die Tour beinhaltet nicht nur die Besichtigung von »James Bond Island«, wie die Insel Khao Phingan von allen hier genannt wird, sondern auch noch einen Abstecher inklusive Mittagessen nach Koh Panyi, was auch als »Floating Village« bezeichnet wird, den Besuch des Wat Suwankuha, auch bekannt als »Monkey Cave Temple« und Baden im Becken des Manora Wasserfalls.

Morgens um acht geht es los: Wir werden von einem Minibus abgeholt, der schon sehr touristisch aussieht. Es geht nach Ao Nang, dem eigentlichen Touristendomizil Krabis. Dort beginnt das Grauen: Rentner steigen zu. Nur Rentner! Sogar ein englischer Rentner in Begleitung seiner Thai-Urlaubsflamme. Unsere Tourleiterin Demi – wohl ein »eingewestlichter« Name – informiert uns zuerst einmal fett grinsend darüber, dass gestern nur zwölf Farangs bei der Tour dabei waren, heute aber 27 Touristen in zwei Bussen an der Tour teilnehmen werden. Ach du Scheiße. Als Nächstes checkt Demi, welche Nationalität heute die Oberhand hat. Deutschland gewinnt und der alte Engländer lässt seinem Unmut freien Lauf: Mit beiden Daumen nach unten plärrt er: »Buuuuh! Buuuuh!«, durch den Bus. Ein netter Kerl.

Es steigen immerhin noch drei Engländer aus unserer Generation zu, die ähnlich geschockt wie wir schauen, als sie feststellen, dass sie anscheinend eine Rentnertour gebucht haben.

Demi ist irgendwie doof, was wohl daran liegt, dass sie jeden Tag die gleiche Tour macht und somit auch jeden Tag exakt das Gleiche erzählt. Zudem hat ihr wohl mal jemand geflüstert, dass unglaubwürdiges Dauergrinsen super ankommt. Eine typische Animateurin … und die mag ich nicht.

Der nächste nervige Punkt unserer Touri-Tour ist, dass wir mit dem Bus über eine Stunde benötigen, um in die Ao Phang Nga zu gelangen. Dort steigen wir in ein Longtail Boat um, das uns dann zur »James Bond Island« tuckern wird. Vorher halten wir natürlich noch an einer Raststätte an, die den Touristenbesuch tagtäglich bekommt und wohl auch meistens damit durchkommt, falsche Preise an der Kasse zu berechnen. Bei uns – wir sind ja noch keine 70 – sind die Damen aber nicht erfolgreich.

Endlich in der Bucht von Phang Nga angekommen, fahren wir mit dem Longtail Boat knappe 15 Minuten bis wir uns einen ersten Eindruck von Koh Panyi, der »schwimmenden Stadt«, verschaffen können. Jetzt fahren wir aber nur daran vorbei und dringen tiefer in diese wahrlich unglaubliche Bucht vor.

Die riesige Bucht wirkt durch die bizarr geformten, massenhaften Karstfelseninseln in allen Größen und dem ententeichflachen Wasser eher wie ein See, als ein Ozean. Solch eine Landschaft haben wir noch nie gesehen. Nach schätzungsweise einer halben Stunde erreichen wir dann die James-Bond-Insel. Der Schockzustand setzt wieder ein: Die Insel ist nicht unbedingt die spektakulärste Insel der Bucht, auch nicht die größte und allerschönste … dafür aber die vollste. Auf maximal 500 m² begehbarer Fläche drängen sich mindestens 500 Touristen. Vor lauter Menschen kann man die durchaus vorhandene Schönheit der Insel in keiner Weise genießen. Man wird vom Anlegeplatz über schmale Steintreppen zu einem Strand voller Souvenirstände durchgeschoben. Jeder knipst wie wild um sich, post in James-Bond-Manier mit zum Colt geformter Hand und tritt anderen auf die Füße.

Eigentlich wäre die Insel wie gesagt ganz schön: Vor dem Strand ragt der Khao Tapu, der »Nagelberg«, aus dem Wasser – allerdings wesentlich kleiner, als ich ihn mir vorgestellt habe. Hinter dem Strand befindet sich eine kleine Höhle und links und rechts vom Strand erhebt sich die Insel senkrecht – bestimmt 50 Meter – nach oben.

Demi gibt uns 40 Minuten Zeit, die Insel zu erkunden. Nach 20 Minuten inklusive ausgiebigsten Fotografierens ist das dann auch bereits geschafft. Getränke kosten hier das Doppelte als im Restaurant und an Souvenirs gibt es nur Muscheln aber keine James-Bond-Merchandising-Artikel. Das verwundert mich schon, da die Thais ja sonst auch aufs Copyright scheißen.

Das wäre also geschafft, ab zurück ins Boot. Nächstes Ziel: mit dem Kajak durch irgendeine Höhle rudern. Wir erreichen mit dem Longtail Boat ein fest verankertes Schiff, um das sich Dutzende Kajaks drängen. Wir stellen fest, dass wir selbst den Kajak wohl nicht werden rudern dürfen, sondern ein Ruder-Thai die Arbeit / das Vergnügen übernimmt. Wir machen mit unserem Longtail am Schiff fest und Demi bittet die sechs Touris zu sich, die die Tour mit Kajak gebucht haben. Wir wundern uns, dass man die Tour offenbar auch ohne Kajak buchen konnte und erheben uns. Daraufhin wundert sich Demi, dass neben sechs anderen auch wir nun stehen und informiert uns darüber, dass wir die Tour ohne Kajak gebucht hätten. Das verwundert uns dann wiederum sehr, da auf dem Flyer im Guesthouse eindeutig was von Kajakfahren stand. Die Grinsekatze macht uns nun darauf aufmerksam, dass der Sack vom Guesthouse einen anderen Flyer auf unseren Voucher getackert hat, als den, den er uns offiziell verkauft hat. Soll heißen: Wir haben keine 1350-Baht-Tour auf 950 Baht heruntergehandelt, sondern für den Preis eine 1200-Baht-Tour verkauft bekommen. Da hat der Kollege uns einfach was anderes verkauft, ohne uns darauf aufmerksam zu machen. Nett. Das klingt jetzt vielleicht etwas kleinkariert, aber wir fühlen uns doch sehr unwohl zwischen all diesen Pauschalrentnern und haben uns auf ein paar Minuten Ruhe in einem seniorenfreien Kajak gefreut. Und nun das. Wir fühlen uns »kubanisch« behandelt, was bedeutet, dass man verarscht wird und dass der Typ, der einen verarscht, denkt, man würde es niemals merken. Tja, da wir nun aber kein Kajak unter uns haben, haben wir es bemerkt.

So sitzen wir also, nachdem wir mit den Rentnern noch eine kleine Runde im Longtail gefahren sind, auf dem verankerten Schiff und warten bis die sechs Kollegen mit ihren Kajaks wieder zurückkommen.

Unser Tourplan diktiert uns zum Mittagessen ins »Floating Village«. Das Boot macht an einem der Großraumrestaurantpiers fest. Das gebuchte Essen wartet bereits auf uns. Rebekka und ich bekommen tatsächlich ein extra veganes Menü serviert. Das ist cool … findet wohl auch die dicke Frau neben mir und schaut lüstern auf meine Gemüseplatte.

»Ist das scharf?«, fragt sie mich.

Ich ahne, was sie vorhat und lüge: »Oh ja. Und wie …«

Anscheinend glaubt sie mir meine Lüge nicht und greift doch tatsächlich nach dem Löffel. Sie will mir mein Essen klauen! Nicht mit mir: »Ach, sie haben auch das vegetarische Essen bestellt?«, frage ich die Diebin. Nach einem kurzen Zucken des ertappt Werdens lügt die feiste Allesfresserin ohne mich anzublicken leise zurück: »Hm … ja.«

Den Löffel, den sie sich bereits in ihre kriminellen Finger gesteckt hat, entleert sie noch schnell über ihrem Shrimp-Leichenberg, bevor sie errötet das Essbesteck wieder zurücklegt. Eine einzelne Tomatenscheibe ist übrigens ihre einzige Beute auf dem Raubzug gegen die Vegetarier.

Demi kommt an unseren Tisch und informiert uns darüber, dass wir ganze 40 Minuten Zeit haben, um zu essen und uns das komplette Dorf anzuschauen. Na, das ist ja mal gemütlich. Wir stopfen uns daher schnell das Essen hinein und erkunden Koh Panyi.

Koh Panyi ist ein 200 Jahre altes Dorf, das von drei muslimischen Fischerfamilien aus Malaysia gegründet wurde. Man könnte es als kleine, nicht allzu schöne, südostasiatische Schwester von Venedig bezeichnen – allerdings ohne durch den Ort führende Wasserstraßen. Die Holzhäuser des mittlerweile auf 350 Haushalte angewachsenen Dorfes stehen auf Holzpfählen im seichten Wasser. Das Dorf liegt direkt an einem steil aufragenden, riesigen Karstfelsen, um den Adler kreisen. Die Gassen sind eng und voll auf Tourismus ausgelegt. Verlässt man das Restaurant in Richtung Dorf, steht man sofort in der »Hauptstraße« des Ortes und bekommt von allen Seiten alles Mögliche angeboten: Essen, Thailand-T-Shirts – hier alle mit dem James-Bond-Felsen als Motiv darauf –, Souvenirs aller Art, Muscheln, Schmuck und Affen in Pampers, die man – ob man will oder nicht – auf die Schulter gesetzt bekommt. Die Verkäufer sind unangenehm aufdringlich und es ist traurig mitanzusehen, wie sehr sich dieser Ort für den Tourismus prostituiert. Wir zwängen uns deshalb und wegen Demis Zeitdruck durch die Verkaufsgasse und versuchen das eigentliche Dorf zu entdecken. Dies gelingt uns sogar und die Farangs werden weniger.

Koh Panyi ist ein muslimischer Ort. In der Provinz Krabi und im restlichen Süden Thailands leben viele Moslems. Auf das komplette Land verteilt, machen die Muslime fünf Prozent der Gesamtbevölkerung aus. Wie die prozentuale Verteilung der Religionszugehörigkeit in Thailands Süden ist, wo die meisten der hauptsächlich malayischstämmigen Moslems leben, könnte ich nur schätzen. Fakt ist aber, dass sich neben der Mentalität auch der Kleidungsstil (Kopftuch) erheblich von den anderen Orten, die wir bislang in Thailand gesehen haben, unterscheidet. Außerdem gibt es neben den üblichen buddhistischen Wats nun auch viele Moscheen in dieser Gegend. Der leckere Massaman Curry ist übrigens auch ein muslimischer Curry, der seinen Ursprung im Süden Thailands hat.

In Koh Panyi gibt es eine Koranschule, die Spenden für den Neubau einer Moschee sammelt, Katzen schlafen überall und Arbeiter basteln weiter am Dorf oder ruhen sich im Schatten aus. Ein Tsunami-Fluchtweg führt auf die an den Ort angrenzende Insel. Allerdings ist dieser Fluchtweg wohl eher ein Placebo, da nur eine schmale Treppe auf die Insel führt, die zudem kaum mehr als drei Stufen hoch ist und wohl niemals das ganze Dorf auf den unbefestigten und mal wieder nahezu senkrechten Hang führen wird. Andererseits: Wie soll hier eine Riesenwelle hinkommen? Die Bucht ist im Westen von Phuket und im Osten vom Festland geschützt. Sollte aus dem Süden etwas kommen, retten vermutlich Hunderte Inseln, die als Wellenbrecher fungieren würden, Koh Panyi vor der Katastrophe. Seit dem Tsunami 2004 wurden in ganz Thailand in Wassernähe Tsunami-Fluchtwegschilder aufgestellt. Auch auf Koh Chang, das im maximal 60 Meter tiefen Golf von Thailand liegt, haben wir diese Schilder bereits gesehen. Ein landesweites Trauma ...

Die 40 Minuten sind um und wir düsen wieder zurück zum Festland. Nächster Halt: Wat Suwankuha, der »Affenhöhlentempel«. Hierbei handelt es sich um eine große Höhle, in der neben anderen Statuen ein beeindruckend großer, 15 bis 20 Meter langer liegender Buddha zu bestaunen ist. Vor dem Buddha sitzt auf einem Kissen ein Mönch, der mit anwesenden Buddhisten ein Ritual – sieht für mich als Laien wie eine Art Segnung aus – vollzieht.

In einem anderen Teil der Höhle hängen Hunderte Fledermäuse an der Decke und die Höhle öffnet sich in einem enormen Bogen dem dahinter liegenden Dschungel. Das eigentliche Highlight sind aber die unzähligen Affen, die vor der Höhle auf Touristen warten. Thais verkaufen Erdnüsse und Bananen, womit der geneigte Farang die wilden Äffchen füttern kann.

Demi gibt uns mal wieder kaum Zeit und schon springen wir wieder in den Bus zu unserem letzten Ziel:

Der Manora Wasserfall lädt zum Schwimmen ein. Demi motiviert uns allerdings mal wieder mit einer tollen Info vorneweg: Da heute Sonntag ist, werden sehr viele Thais den Wasserfall besuchen und somit wohl kaum ein Platz für uns im Becken des Wasserfalls zu finden sein. Außerdem ist das Wasser braun, wenn Thais darin baden ... was auch immer das zu bedeuten hat. Ich vermute, dass sie nur auf die Sedimentaufwühlung anspielt, dies aber etwas seltsam formuliert.

Ich habe sowieso keinen Bock mehr auf die ganze Tourikacke hier und sehne nur noch das Ende herbei. Überraschender- und erfreulicherweise bewahrheitet sich Demis Prognose aber nicht. Zum einen sind nicht viele Menschen außer uns dort, weswegen genug Platz im Becken für alle ist und zum anderen ist dieser Stopp der bei Weitem angenehmste. Zwar ist der Wasserfall sehr mickrig, das Wasser aber ist schön kühl. Demi wird endlich mal lockerer und wirkt wie ein echter Mensch und nicht wie eine Maschine. Kleine Fische, die in dem Becken leben, knabbern uns die überschüssige Haut von den Füßen, was sich sehr lustig anfühlt. Allzu lange – welch Überraschung – bleiben wir natürlich auch hier nicht. Noch 90 Minuten mit dem Bus zurück nach Krabi und dann ist es endlich geschafft.

Der Tag war zwar durchaus interessant, wir haben Orte gesehen, die wir ohne diese Tour wohl nicht zu sehen bekommen hätten, aber das ist einfach nicht meine Art von Urlaub und Sightseeing. Alles ging viel zu hektisch vonstatten, die Ziele waren übervoll mit Touristen und das animateurhafte Dauergegrinse von Demi offenbart die komplette Fließbandarbeit solcher Massentourismustouren. Nie wieder machen wir bei so etwas mit.

Abends beruhigen sich unsere strapazierten Nerven recht schnell wieder: Wir entdecken eine Rooftop-Bar und genießen dort oben – ganz alleine – den Ausblick über Krabi. Danach essen wir in einem Restaurant namens Siboya unglaublich lecker zu Abend – der Massaman Curry hier ist der Wahnsinn! – und freuen uns schon auf morgen: Dann werden wir Krabi verlassen und nach Khao Lak weiterreisen. Dort erwarten mich weitere Tauchabenteuer und mein Kollege Dirk, mit dem ich 2008 bei den M.E. First Class Divers auf Mallorca zusammengearbeitet habe.

Es geht nach Khao Lak
Tag 20: 15. März 2010

S. 184

Der Kleinbus nach Khao Lak ist ungemütlich und klein. Dafür ist die Strecke sehenswert: Die Fahrt beginnt in der für die Provinz Krabi typischen Karstfelsenlandschaft, die dann in eine immer bewaldetere Landschaft mit Hügeln und Serpentinenstraßen übergeht. Die Straßen sind schmal und aufgrund der Steigungen und spitzen Kurven kommen wir nicht allzu schnell voran. Ab und an offenbart sich uns ein majestätischer Ausblick über die immergrünen Täler, die vermutlich bereits zum Khao Lak Lamru Nationalpark gehören; Palmen und Kautschukbäume überall.

Als wir in Khao Lak ankommen, scheinen sich die Beschreibungen (oder Warnungen!?), die wir bislang von Khao Lak bekommen haben, zu bestätigen: Dieser Ort ist einzig und allein auf Tourismus ausgelegt. Dirk, mein Kollege von der Tauchbasis auf Mallorca, schrieb mir vor Kurzem ironisch, dass ich

Khao Lak bestimmt lieben werde, da es stark an Mallorca erinnert: Alles ist auf Deutsch. Bei näherer Betrachtung des Örtchens stellen Rebekka und ich aber erstaunt fest, dass tagsüber erfreulicherweise wesentlich mehr Thais als Farangs auf der Straße anzutreffen sind. Dies liegt wohl aber auch daran, dass über die Hauptverkehrsstraße – und eigentlich besteht Khao Lak auch nur aus dieser einen geraden Straße – sämtlicher Arbeits- und Durchgangsverkehr von Phuket in Richtung Takua Pa beziehungsweise Ranong und umgekehrt fährt. Hier ist also verkehrstechnisch mächtig was los. Trotzdem, der Tourifaktor stört weit weniger als befürchtet, obwohl hier wirklich alles touristisch ist. Die Häuser beherbergen ausschließlich Restaurants, Bars, Tauchschulen, Reiseagenturen, Anzugsmaßschneidereien (natürlich westlicher Stil), Souvenirläden, Supermärkte etc. und es gibt einen McDonald's, bei dem im Gegensatz zu den Filialen in Bangkok ausschließlich der westliche Schriftzug über der Tür prangt. Außer McDonald's haben in Thailand übrigens auch sämtliche Produkte aus dem Hause Coca Cola, ihre weltberühmten (welch Ironie) Schriftzüge in die thailändische Schrift transferiert: Coca Cola, Sprite, Fanta … alles in einer uns vollkommen fremden Schrift, wobei schon darauf geachtet wurde, dass es einen weltweiten (jetzt stimmt es dann wieder) Wiedererkennungswert gibt. Die Buchstaben bei Coca Cola sind zum Beispiel ähnlich geschwungen und bei Sprite ist der berühmte i-Punkt beibehalten worden. Allerdings an einer vollkommen anderen Stelle des Wortes.

Die Farangs gewinnen erst am Abend, wenn es weniger heiß ist, die Überhand über Khao Laks Straße und wir bemerken, dass das Durchschnittsalter der Khao-Lak-Touristen wesentlich höher ist, als auf Koh Tao. Auf Koh Tao liegt das Durchschnittsalter der zumeist wegen Tauchkursen anreisenden Farangs bei ungefähr 25 Jahren. Hier würde ich den Schnitt auf gute 45 Jahre hochschrauben.

Das erste, was wir in Khao Lak machen, ist Dirks Arbeitsplatz aufzusuchen: Mein ehemaliger Kollege arbeitet bei den Wetzone Divers, leicht merkwürdiger Name, wie ich finde: Feuchtgebietstaucher!?

Wir wollen Dirk begrüßen und uns Tipps für eine kostengünstige Unterkunft bei ihm einholen. Als wir die Feuchtgebietstaucher finden, ist aber zunächst niemand da. Die Basis ist geschlossen, dafür stehen gemütliche Bambusstühle im Flintstones-Style und ein langer und breiter schicker Tisch auf der großen Terrasse, die abends offenbar zu einer Bar mit wirklich günstigen 85-Baht-Cocktails zur Happy Hour umfunktioniert wird. Es wirkt soweit ganz relaxed. Wir warten eine knappe halbe Stunde, bis ein Pick-up mit dem »Wetzone«-Logo darauf vorfährt. Michael, der Chef der Basis, steigt aus, stellt sich kurz vor und fragt, was wir wollen. Ich erkläre ihm, dass ich ein ehemaliger Kollege von Dirk bin und hier bin, um ihn zu besuchen und mit ihm zu tauchen. Die Einleitung interessiert den Schwaben weniger, dafür aber die Tatsache, dass ich tauchen möchte. Sofort erzählt er mir, was ich alles machen kann und erwähnt nebenbei, dass sich Dirk derzeit gar nicht in Khao Lak aufhält, sondern zum *Visa Run* nach Malaysia gefahren ist. Wann genau er zurückkommt, kann uns der Chef zudem leider nicht genau sagen. Oh, na super.

> **Visa Run**
>
> Als Tourist bekommt man nur begrenztes Aufenthaltsrecht im »Land des Lächelns«, um genau zu sein 30 Tage. Da viele Ausländer, die in Thailand arbeiten anstelle eines Dauervisums nur ein Touristenvisum und auch keine offizielle Arbeitsgenehmigung besitzen, müssen sie allmonatlich das Land verlassen, einmal um den Grenzpfosten des nächstgelegenen Nachbarlandes spazieren und wieder nach Thailand einreisen. Myanmar (Burma) wäre zwar wesentlich näher an Khao Lak als Malaysia, allerdings benötigt man für die Einreise nach Myanmar ein (kostenpflichtiges) Visum. Malaysia verlangt keines.

Michael findet schnell wieder zurück zum wichtigeren Thema: Tauchgänge verkaufen. Da das Tauchen trotz Dirks Abwesenheit natürlich dennoch interessant ist, ist klar. Schließlich wollen wir ja auch nicht allzu lange in Khao Lak bleiben. Falls Dirk also nicht bald hier aufkreuzt, verpassen wir uns wohl blöderweise und ich tauche ohne ihn. Sein Chef erzählt mir, was ich bei ihm alles machen kann: ein Tagestrip zu einem versenkten Zinnmienenbagger sowie Tages- und Mehrtagestrips nach Koh Similan und Koh Bon. Beim Boonsung Wreck, dem Zinnmienenbagger, verspricht mir Michael »Fischsuppe«, was – für alle Nichttaucher – so viel bedeutet wie: Du siehst vor Fischen kein Wasser mehr. Klingt fett. Während der Koh Similan Marine National Park als einer der zehn besten Tauchplätze der Welt gilt, lockt Koh Bon mit Teufelsrochen: Mantas! Rock und Roll! Meiner Freude über diese Auswahl an Bombasttauchplätzen entnimmt Michael, dass ich gerne überall tauchen möchte, weswegen er mich direkt überall einträgt und mir danach vorrechnet, was das kosten wird. Da wird mir dann doch etwas schlecht und ich frage mich, wie es zu solchen Preisen kommen kann. Michael bombardiert Rebekka und mich allerdings auch mit solch einer Fülle an Informationen, Zahlen und Angeboten, sodass seine Worte auch immer mehr zu Fischsuppe werden. Soll heißen: Ich höre vor Worten keinen klaren Sinn mehr heraus. Während ich mich noch immer wundere, schnappt sich Michael auch schon sein Handy und vermeldet vermutlich jemandem vom Nationalpark: »I have a diver and a snorkler for Koh Similan and Koh Bon on 18th and 19th.«

Äh, Moment mal …

»Wann wird denn Dirk vermutlich wieder zurück sein?«, versuche ich noch einmal das andere wichtige Thema anzusprechen.

»Scheiß auf Dirk! Wir haben vor Koh Bon Mantas mit sechs Metern Spannweite!«, wechselt der Basisleiter wiederum zum einträglicheren Thema.

»Also, ich bin ja extra wegen Dirk hierhergekommen.«
»Ja, was denn nun?«
Wie redet der denn mit mir? Kein einziges privates Wort wechselt er mit uns. Es geht ausschließlich um das Geschäft. Kein: »Ach, das ist ja schön, dass Dirk seine Freunde herlotst«, oder Ähnliches. Ganz im Gegenteil: Ich soll auf Dirk scheißen und mich über seine Mantas freuen. Na, wenn Dirk nicht hier ist und sein Chef offensichtlich ein … hm, dann kann ich auch zu einer anderen Tauchschule gehen. Die anderen haben vielleicht auch nicht so merkwürdige beziehungsweise gesalzene beziehungsweise undurchschaubare Preise wie der Feuchtgebietsfuzzi. Dann geht es auch schon zur Anprobe des Equipments. Das geht mir hier alles ein wenig zu schnell. Bin ich – ist Dirk – etwa in einer Einmannfabrik gelandet? Hilfe! So schnell kann und will man ja gar nicht gucken!
»Wie heißt du noch mal?«, fragt mich der Typ dann irgendwann sogar schon wieder. Also langsam reicht's ja wohl mal!
Wir fragen ihn, wo wir in Khao Lak denn günstig wohnen können. Er nennt uns eine Adresse und wir verabschieden uns erst einmal. Luft holen.
Die empfohlene Adresse hat blöderweise kein Zimmer mehr frei. Also versuchen wir es auf eigene Faust. Genau gegenüber vom Wetzone(!?)-Diver ist ein Internet-Café mit einem solch kleinen »Room for Rent«-Schildchen, das uns Grund zur Annahme gibt, dass es hier kostengünstig sein dürfte. Unser Spürsinn erweist sich als vollkommen richtig und so bekommen wir tatsächlich für 500 Baht ein Zimmer in der Touri-Town Khao Lak. Das Zimmer ist riesengroß – inklusive Bad gute 40 m² –, hat (unnötigerweise) eine Warmwasserdusche und eine ordentliche Klospülung. Klopapier darf also ausnahmsweise mal in die Schüssel und nicht in einen Mülleimer geworfen werden. Schön. Zudem versteckt sich das Haus mit den Gästezimmern im ruhigen, abseits der Straße gelegenen, lang gezogenen Schotterhinterhof. Wieder alles richtig gemacht …
Die nette, junge Frau, die uns das Zimmer vermietet, spricht nahezu überhaupt kein Englisch, weswegen stets eine Thailänderin von der benachbarten Tauchschule als Dolmetscherin zur Hilfe geholt wird. Das ist schwer amüsant und irgendwie sympathisch, gerade auch, weil sich unsere Vermieterin dafür auf sehr niedliche Weise ein wenig zu schämen scheint.
In unserer direkten Nachbarschaft befinden sich auch die Khao Lak Fun Divers. Die Tauchschule sieht von außen klein und familiär aus, außerdem spricht mich der Name an. Von daher erkundigen wir uns mal nach ihren Preisen. Der äußere Eindruck bestätigt sich in der Tauchbasis: Hier sind sie nett … und kommen (schon wieder) aus der Schweiz. Das ist dann wohl ein Zeichen. Die Preise passen dann auch wesentlich besser in mein Weltbild. Darüber hinaus erklären mir die fairen Fun Divers auch, dass ich da beim Kollegen von der anderen Straßenseite etwas falsch verstanden haben muss, da sie hier alle sehr ähnliche Preise verlangen. Die Tauchplätze (Boonsung Wreck, Koh Similan und Koh Bon) werden übrigens von (vermutlich) allen Tauchschulen Khao Laks angesteuert. Wir

verlassen die sympathischen Schweizer mit der Aussicht auf Wiederkehr und gehen zurück zum weniger sympathischen »Pussy-Diver«.
»Habt ihr euch jetzt entschieden?«, empfängt uns der geschäftstüchtige Chef.
»Weißt du mittlerweile, wann Dirk zurückkommt?«, entgegne ich ihm. Keine Antwort. Ich frage ihn nach einer schriftlichen Preisliste, die uns im Übrigen bei den Fun Divers während der Erläuterung der Angebote vorgelegt wurde. Zum Preisvergleich verabschieden wir uns noch einmal und gehen uns Softdrinks im Supermarkt kaufen. Die Preise sind tatsächlich nahezu identisch, weswegen wir uns zu folgendem Programm entscheiden: Ich tauche morgen Dirk zuliebe – trotz seiner Abwesenheit – bei den Wetzone Divers am Wrack, dafür fahren Rebekka und ich mit den Fun Divers für zwei Tage und eine Nacht raus zu den Similan Inseln. Koh Bon lassen wir vorerst mal weg.
Wir überbringen Michael die Nachricht, dass er Koh Similan und Koh Bon vorerst streichen kann, was ihn nicht sonderlich glücklich macht. Er streicht unsere Namen in seinem Kalender durch, greift nach seinem Handy und teilt uns dann auf einmal mit: »Ich habe gerade mit Dirk telefoniert. Er wird am Abend des 17. zurück sein.«
»Äh, rufst du gerade beim Nationalpark an?«, frage ich ihn.
Er bejaht dies und ich sage ihm, dass er doch bitte mal langsamer machen und erst einmal wieder auflegen soll. Koh Bon am 19. wäre durch Dirks Anwesenheit ja dann doch wieder interessant für uns.
»Also, jetzt entscheidet euch mal!«
Jetzt wird er *noch* pampiger. Der Typ ist echt merkwürdig drauf.
Da wir bis 18 Uhr am Vorabend des Trips noch absagen dürfen, aber Plätze reservieren müssen, bevor am Ende alles voll ist, bitte ich ihn, lediglich Koh Similan zu streichen. Gesagt, getan. Jetzt ist alles erledigt und unsere Wege trennen sich erstmal bis morgen früh. Eigentlich hätte ich doch auch lieber den Wrack-Tauchtrip bei den Fun Divers buchen sollen … Ich habe noch nie einen solch geschäftsschädigenden Chef erlebt.
Die Fun Divers heißen uns beim erneuten Wiedersehen binnen kürzester Zeit herzlich willkommen und sind nicht etwa genervt von unserem erneuten Antanzen, wie der Nachbar. Koh Similan wird für den 17. und 18. gebucht. Damit endet der Organisationskram für heute. Ivan, ein sehr netter Divemaster und gemütlicher Schweizer mit einem uns bislang unbekannten, aber sehr coolen Akzent, empfiehlt uns noch ein gutes Restaurant – das Khao Lak Seafood Restaurant –, wo wir den Tag bei leckerem Massaman und Panaeng Curry ausklingen lassen.

Tauchen am Boonsung Wreck
Tag 21: 16. März 2010

Früh am Morgen geht es los. Außer Schwaben-Micha himself und mir betauchen noch Simone und Klaus aus Halle (beide so um die 50) das alte Zinnabbau-Wrack.
Zunächst fährt uns Michael zum Longtail Boat, das einige Kilometer außerhalb von Khao Lak an einem Strand liegt. Das Wrack, das sich seit 1983, meinem Geburtsjahr, unter Wasser befindet, ist mit dem Longtail in einer guten halben Stunde zu erreichen. Wie auch schon auf Koh Tao bewundere ich den thailändischen Bootsführer, wie er ohne GPS oder andere Hilfsmittel wie massenhaft gesetzten Bojen beispielsweise eine versunkene Plattform, die in 18 Metern Tiefe, mitten im blauen Ozean liegt, finden kann.
Michaels Briefing vor dem Tauchgang informiert uns darüber, dass der Tsunami, der vor etwas mehr als fünf Jahren quer durch den Indischen Ozean bis an Thailands Ufer gewütet hat, das Wrack in drei Teile gerissen hat. Klaus aus Halle erzählt von einem Bekannten, der während des Tsunamis tauchen war. Als die Welle über ihn drüber fegte, schaute er gerade auf seinen Tauchcomputer, der von einer Sekunde auf die nächste von 20 Metern auf 30 Meter als momentane Tiefe wechselte. Ich wiederum erinnere mich an die Meldungen, dass jene, die während der Katastrophe tauchten, nahezu unversehrt geblieben sind und es keine tauchenden Todesopfer gab. Ich frage daher Michael, der den Tsunami damals in Khao Lak erlebte, ob denn das Wrack betaucht wurde, als der Tsunami darüber hinweg rollte. Er hat keine Ahnung und erklärt uns, dass es für die Taucher lediglich mal kurz wie in einer Waschmaschine gewesen sein muss und sie nur darauf achten mussten, nirgends dagegen zu schlagen, damit sie nicht ohnmächtig werden. Ansonsten: Lungenautomat im Mund behalten und schon passiert nichts. Wie das mit der Körperbeherrschung funktionieren soll, wenn man an nichts Böses denkend plötzlich gemeinsam mit einem Zinnmienenbagger von einer Riesenwelle umhergeschleudert wird, entzieht sich meines geistigen Horizonts.
Michael selbst »war nicht im Wasser«, sondern in der Tauchschule, in der er damals arbeitete, die sich an der sicheren, weil höher gelegenen Hauptstraße befand. Ob seine Tauchschule damals ein Boot draußen hatte, weiß er nicht mehr. Also, ich erinnere mich noch genau, was ich am 11. September 2001 getan habe, obwohl ich weder in New York war, noch jemanden kenne, der irgendwie Bekannte, Freunde oder Familienmitglieder in einem der Türme oder Flugzeuge sitzen hatte. Michael war mitten in der größten Naturkatastrophe der letzten Jahrzehnte und weiß noch nicht einmal mehr, ob seine Tauchschule damals ein Boot auf dem Meer hatte? Traumatisiert wirkt er ganz nebenbei in keiner Weise. Ich werde einfach nicht schlau aus dem Kerl.
Hier hat sich so viel Fisch angesammelt, weil es weit und breit kein Riff gibt.

Drumherum befindet sich ausschließlich Sand, weswegen die Sicht nicht immer allzu gut ist. Heute ist die Sicht beim Abstieg auch nicht optimal. Das Wrack und den Boden kann man erst in gut fünf Metern Tiefe erahnen. Am Wrack angekommen, geht es los: Dieser Tauchplatz erschlägt mich! Es ist nicht nur so, dass an manchen Stellen »Fischsuppe« wirklich das passende Wort ist: Man ist eingeschlossen! Hunderttausende Fische der verschiedensten Couleur sind um uns herum. Die Sonne ist stellenweise nicht mehr zu sehen. Das ist verrückt! Grandios!

Außer den Massen an Fisch gibt es hier unten auch noch eine hohe »Qualität« an Tieren: Rotfeuerfische, Hunderte (!?) Muränen, unter anderem auch wunderschöne Netzmuränen, Zacken- und Streifenbarsche ohne Ende, Nacktschnecken (Gift-Warzenschnecken, Sternschnecken etc.), massenhafte (friedlich entspannte) Drückerfische, unzählige Kugel-, Igel- und Krugfische, ein Fetzengeisterfisch, Drachenköpfe, zwei unglaublich große Oktopusse, Garnelen, Krebse ... einfach *alles*! Lediglich Großfische fehlen heute. Aber: Nach diesen beiden Tauchgängen bleibt kein Wunsch mehr offen. Was für ein Tauchplatz ...

Als ich vom Tauchen begeistert und von Sonnenbank-Michaels Art genervt wieder zurück nach Khao Lak komme, nutze ich die Zeit, die ich von Rebekka getrennt bin, um eine kleine Überraschung für sie vorzubereiten: Wir haben morgen unser 10-Jähriges!

Ich schleiche mich zu den Fun Divers und lerne die dort angestellte Alex kennen. Die findet meine Idee, Rebekka mit irgendetwas Romantischem zu überraschen, dufte, kann aber keine Geige spielen. Damit wäre Plan A geplatzt. Plan B wäre das romantische Dinner und das scheint auch zunächst schwierig zu werden, da es auf den Similan Inseln keine Restaurants gibt. Dafür begeistert sie mich mit einer Information, die kein Restaurant der Welt uns morgen bieten könnte: Wir sind alleine auf dem Boot! Keine weiteren Tauchgäste! Uuuaaaaah! Wie geil ist das denn?! Und wie kann man nur so viel Glück haben!? Ich renne also in den Supermarkt, schnappe mir eine Flasche Sekt und stelle fest, dass das komplette Geld bei Rebekka ist. Oh, fuck. Verschämt grinsend gehe ich also zurück zur Fun Diverin Alex und frage sie, ob sie mir Geld leihen könnte beziehungsweise meine Rechnung mit dem entsprechenden Betrag zusätzlich belasten würde. Kein Thema. Wenige Minuten danach stehe ich mit der Sektflasche wieder da und lasse sie im Geheimen von den Fun Divers mit an Bord nehmen. Das geliehene Geld reicht noch für ein kleines Geschenk. Die Verkäuferin fragt mich, ob ich das Armband für meine Freundin kaufe. Dies bejahe ich und erkläre stolz, dass wir morgen bereits seit zehn Jahren ein Paar sind. Sie bemerkt selbstverständlich mein jugendliches und frisches Aussehen und ist überrascht, wenn nicht sogar geschockt. Ob wir denn nicht verheiratet seien, möchte sie wissen. Diesmal reagiere *ich* wohl etwas geschockt und winke ab. Sie mustert mich und stellt dann vollkommen richtig fest, dass meine Freundin sehr glücklich sein muss. Yeah, Baby. Zum Armband schenkt die nette und offensichtlich sehr intelligente Verkäuferin mir beziehungsweise Rebekka noch einen Ring zum Jubiläum. Auch auf die Gefahr hin, dass ich mich zum x-ten Male wiederhole: Hier sind alle so unglaublich nett!

Später spazieren Rebekka und ich erstmals zum Strand hinunter. Das ist indessen gar nicht so einfach, wie man es vermuten würde. Irgendwie führt kein Weg von der Hauptstraße oder Khao Lak Center, wie es auch heißt, runter zum Strand. Entweder man läuft in ein Resort rein und steht plötzlich vor einer Mauer oder es geht in Hinterhöfe hinein. Sehr merkwürdig. Wir fragen dann ein lustig grinsendes Pad-Thai-Verkäufer-Pärchen, die uns auch sofort behilflich sind und uns den Weg beschreiben.

Zehn Minuten später stehen wir am kilometerlangen weißgelben Strand von Khao Lak. Dass hier vor fünf Jahren solch eine Katastrophe geschehen ist, kann man sich einfach nicht vorstellen. Es gibt aber durchaus Anzeichen: Sämtliche Häuser hier unten sind offensichtlich neu. Auf dem Weg zum Strand sind wir an einer brachen Fläche vorbeigelaufen, die mit jungen Palmen wieder aufgeforstet wird und ein einstöckiges Reihenhaus für thailändische Arbeiter direkt daneben ist ganz offensichtlich ebenfalls ein Neubau. Drei Kilometer entfernt von hier wurde ein Denkmal errichtet und ein Polizeiboot, welches einen Kilometer weit ins Land gespült wurde, steht noch an der Stelle, an die es die Riesenwelle katapultiert hat. Wir werden aber vermutlich keine Zeit haben, uns diese Erinnerungsorte anzusehen.

Trotz der lauten Straße, der vielen (seltsamerweise hauptsächlich älteren, deutschen und skandinavischen) Touristen und der schlimmen jüngsten Geschichte: Khao Lak gefällt uns ganz gut, wobei wenige Tage hier vollkommen ausreichen. Länger und der »Mallorca-Charme« würde dann doch etwas anstrengend sein. Jetzt freue ich mich auf morgen: Ich tauche an einem der schönsten Tauchplätze der Welt und habe seit zehn Jahren meine Rebekka …

Koh Similan: Tauchen im Nationalpark
Tag 22: 17. März 2010

Pünktlich um acht trudeln wir bei den Fun Divers ein. Ich muss den glücklich Überraschten spielen, als man uns mitteilt, dass außer uns keine weiteren Gäste an Bord der *Papavarin* sein werden. Mir wurde die freudige Botschaft ja bereits gestern bei meiner verschwörerisch geheimen Jahrestagsüberraschungsaktion mitgeteilt. Offenbar bin ich nicht nur ein großer Romantiker, sondern auch ein guter Schauspieler, denn Rebekka bemerkt nichts. Die Fun Divers spielen auch allesamt wunderbar mit und keiner gratuliert uns oder verplappert sich auf irgendeine andere Weise.

Teuy, mein privater Tauchführer für die zwei Tage vor Koh Similan wird uns vorgestellt. Der Name des 27-jährigen Thais ist extrem schwer auszusprechen.

Das »T« klingt mehr wie ein »D« und den Rest kann man als Farang wohl nur mit implantiertem Dotzball im Kehlkopfbereich und ausreichenden Sächsischkenntnissen korrekt intonieren. Seine österreichische Freundin kann seinen Namen nach drei Jahren glücklicher Beziehung noch immer nicht richtig herausbringen. Von daher begrabe ich meine Hoffnungen schon recht früh, binnen der nächsten beiden Tage meine Fertigkeiten mit Kehlkopf und Stimmbändern so zu trainieren, dass ich am Ende unseres Trips Teuys Namen aussprechen kann.

Conny und Gallus, die schweizer Leitung der Basis, fahren uns zum knapp zehn Minuten entfernten Pier, von wo aus wir mit dem Speed Boat zu den Similan Inseln heizen werden. Nach einer knappen Stunde haben uns die drei ohrenbetäubenden Motoren des ansonsten mit Ein-Tagestrip-Schnorchlern vollbepackten Bootes zu den Inseln katapultiert. Unter den neidischen Blicken der Schnorchler verlassen Rebekka, Teuy und ich als erste und vorerst einzige das Speed Boat und werden auf der *Papavarin* von der thailändischen Besatzung willkommen geheißen.

Teuy führt uns kurz in die Regeln des Bootes ein und lässt uns unter anderem wissen, dass wir keine »*Titanic*: I'm the King of the World«-Spielchen auf dem Bug des Schiffes spielen sollen, da dies ein heiliger Ort für die Besatzung ist, die an Geister glaubt, und die man mit solch einem Scheiß nicht verärgern sollte. Das bekommen wir hin.

Wir schippern mit »unserem« Boot langsam zum ersten Tauchplatz und bestaunen die wunderschönen Inseln des Archipels. Es ist absolut paradiesisch hier: Die insgesamt neun Inseln des Nationalparks warten mit tropischen Wäldern, silbergrauen Felsen und verlassenen weißen Sandstränden auf. Zu meinem Erstaunen sind auch relativ wenige Boote zwischen den Inseln zu sehen, was meine Befürchtung, man könnte trotz »Privattauchens« auf Massen von Pressluftatmern unter der Wasseroberfläche treffen, verfliegen lässt.

Eine gute halbe Stunde nach unserer Ankunft geht es dann für Teuy und mich erstmals unter Wasser. Am Elephant Head könnten uns Weißspitzen-Riffhaie beggnen, lässt Teuy mich wissen, was meine Vorfreude noch mehr ansteigen lässt.

Der Tauchplatz ist grandios. Die prachtvolle Landschaft der Inseln setzt sich unter Wasser fort: Unter Wasser erwarten uns eine bunte Korallenlandschaft und die silbergrauen Felsen, die uns über Wasser mit ihrer Schönheit schon so faszinieren, dass sie wie einer Filmkulisse entnommen zu sein scheinen. Die Fauna fesselt nicht weniger: unzählige Drückerfische – neben den »klassischen« Riesen-Drückern hauptsächlich Indische Drückerfische –, eine riesige Muräne, ebenso in ihrer Größe faszinierende Barrakudas, massenhaft Rotfeuerfische, Flötenfische, Zackenbarsche, Kugelfische, Igelfische, Krugfische, Papageienfische, Thunfische usw. usf.

Neben diesen Fischen, die ich bereits kenne, entdecke ich auch mir völlig neues

Getier, wie den urkomisch guckenden und sich ebenso unterhaltsam bewegenden Bunten Fangschreckenkrebs. Oder Orient-Süßlippen und nicht zu vergessen der wahnsinnig hektische und zappelige Bäumchen-Lippfisch, Langusten, ein Oktopus, Langnasendoktoren, Joshis Prachtsternschnecke und der Langschnauzen-Büschelbarsch. Bevor dieses sich Ergötzen eines Tauchers zu *nerdy* wird, beende ich hier die Aufzählung. Nur noch einen Meeresbewohner muss ich nennen: Ein Weißspitzen-Riffhai kreuzt tatsächlich unseren Weg! Leider aber in einigen Metern Entfernung. Ich bin begeistert. Was für ein erster Tauchgang vor den Similan Inseln!

Die Similan Inseln bestehen, wie gesagt, aus neun Inseln, die – um es einfach zu halten – neben ihren thailändischen Namen auch zusätzlich durchnummeriert wurden. Der Elephant Head zum Beispiel liegt zwischen Insel Nr. 7 und Insel Nr. 8 oder anders ausgedrückt: zwischen Koh Payu und Koh Similan, der größten Insel, die der Namensgeber für den gesamten Archipel und den Nationalpark ist.

Teuy bietet uns an, an einen einsamen Strand auf Koh Similan gefahren zu werden. Ein bestelltes Dingi des Nationalparks holt uns daraufhin ab und fährt uns an einen weißen Sandstrand, dessen Sand einmal mehr wie Puderzucker ist … und wir sind komplett alleine hier. Wir spazieren den kleinen Strand entlang, der direkt an den Wald grenzt; keine Häuser, keine Straße … einfach nichts. Rebekka entdeckt noch ein »riesengroßes Eichhörnchen« bis wir nach 20 bis 30 Minuten wieder abgeholt werden. Das Rätsel um das mysteriöse Riesenhörnchen, das ich leider nicht zu Gesicht bekommen habe, bleibt ungelöst. Vielleicht war es ein Malaiischer Riesengleiter? Die gibt es hier zumindest …

Bevor wir unseren zweiten Tauchgang am Turtle Rock machen und Rebekka sich im Schnorcheln üben kann, gibt es an Bord Mittagessen. Die Köchin kocht sehr lecker und lockt vermutlich durch ihre Kochkünste sowie das offene Fenster ihrer Küche, durch das immer mal wieder Essbares im Meer landet, eine mächtig große Schildkröte an. Wir kommen hier aus dem Staunen nicht mehr heraus.

Teuy, dem ich vorschwärme, wie toll ich es finde, Haie zu sehen, verspricht mir, nun einen Babyhai zu zeigen, den er entdeckt hat. Uiuiui! Der wahnsinnig sympathische Thai, der nebenbei erwähnt auch ein sehr gutes Englisch spricht, hält nicht nur sein Versprechen, sondern toppt es sogar noch: Unter einem schweren Korallenmantel liegt nur wenige Zentimeter vor mir der versprochene kleine Weißspitzen-Riffhai. Ich freue mich wie ein Kind und frage mich zudem gerade noch, wie um alles in der Welt man als Taucher solch ein Versteck finden kann, als Teuy mir mitteilt, dass er noch ein Haibaby-Versteck kennt. Wie schon beim ersten Baby schaut er sich zuvor um, ob auch nicht die Mutter gerade in der Nähe ist – die könnte nämlich sauer werden, wenn wir uns an ihr »Nest« machen – und zeigt mir tatsächlich noch einen zweiten kleinen Hai.

Beim dritten Tauchgang, East of Eden, einem sogenannten »Sunset Dive«, petzt mich entweder ständig irgendwo etwas oder mein Ohr fühlt sich so an, als ob kleine Luftblasen aus meinem Atemgerät sich dort hinein verirren. Ich überlege schon, ob ich den Blasenabweiser meines Atemreglers mal unter die Lupe nehmen soll, als Teuy sich mit einem fetten Grinsen zu mir dreht und mir einen kleinen Fisch zeigt, der ständig vor seinem Gesicht umhertaucht. Plötzlich schwimmt auch ein Fischchen, so groß wie mein kleiner Finger, vor meiner Maske herum und schaut mich an. Das ist ein Putzerfisch! Ich werde gerade gereinigt. Das ist ja nett. Also lasse ich den kleinen Gewöhnlichen Putzerlippfisch weiter arbeiten und versuche nicht zu sehr zu zucken, wenn er mich an einer unerwarteten Stelle putzt … wobei er sich dann auch ziemlich schnell auf meine Ohren fixiert.

Die Sonne geht langsam aber sicher unter und wir bekommen erneut das Angebot gemacht, per Dingi an einen Strand gefahren zu werden. Das Boot hat in der Princess Bay vor Koh Miang (Insel Nr. 4) festgemacht. Gerade als wir das Dingi besteigen wollen, steht Teuy mit der Sektflasche neben Rebekka und fragt sie, wann wir die denn nun trinken wollen. Rebekka ist irritiert und ich denke mir: »Hmpf. – Aber, klar, warum eigentlich nicht am Strand?«

Die Überraschung ist zwar jetzt nicht hundertprozentig romantisch perfekt abgelaufen, aber passt. Letztendlich ist es sogar optimal so, da die Atmosphäre auf einem der tollen Felsen am Strand bestimmt romantischer ist, als auf dem Boot. Auch, wenn wir von dort aus den noch schöneren Sonnenuntergang erlebt hätten.

Was für ein Tag!

Das grüne Monster, die Schildkröte und ein krasser Freak
Tag 23: 18. März 2010

Unsere Koje ist erstaunlicherweise schön breit. Die Matratze ist zwar steinhart und unser Bett nur durch einen Vorhang von den anderen Kojen getrennt, dafür passen wir aber beide problemlos nebeneinander auf die Matratze. Außerdem haben wir unser eigenes Fenster, das uns mit Frischluft versorgt und durch das wir am heutigen Morgen einen wunderschönen Sonnenaufgang bestaunen können. Wir sind nicht nur wegen der harten Matratze schon so früh wach. Nein: Ich mache einen »Early Morning Dive«. Oder – um es romantischer zu formulieren – einen »Sunrise Dive«.

Gegen sieben Uhr machen Teuy und ich uns bereit. Wir betauchen West of Eden und Teuy verspricht mir einen *frog fish*. Das klingt sensationell: Einen Riesen-Anglerfisch habe ich noch nie gesehen!

Natürlich hält mein großartiger Guide mal wieder, was er verspricht und zeigt mir am zweiten Tauchplatz des Tages, dem Deep Six, gleich noch so ein Tier. Riesen-Anglerfische sehen aus, als seien sie Opfer eines Chemieunfalls geworden oder aus Silikon modelliert. Auf jeden Fall könnten sie problemlos als Vorbild für einen kranken Bösewicht in einer Comicverfilmung Pate stehen: Frogfishman! Sollte ich mir vielleicht mal merken …

Anstelle einer eindeutig als Flosse zu identifizierenden Extremität besitzen Anglerfische eine krude Mischung aus Hand und Flosse. Zudem bewegen sie sich nur äußerst langsam, weswegen sie einfach gleich mehrere Monate an ein und derselben Stelle verharren. Ihre Nahrung locken sie durch ihre »Angel« an, die sich an ihrer »Stirn« befindet und sich ausfahren lässt. Kommt ein Fisch zur Angel geschwommen, öffnet der Frog Fish sein Maul – welches er übrigens sehr weit aufreißen kann – und schlotzt das Fischlein mit einem lauten Sauggeräusch ein. Was für ein Freak.

Neben dem zweiten Anglerfisch bekomme ich noch ein zweites »Monster« zu Gesicht. Zumindest bezeichnet Teuy dieses Naturphänomen als »the green monster«: Wir hängen gerade vor einer Riffwand und suchen diese nach Kleintieren ab, als – für mich unerwartet – eine mäßig starke Strömung aufkommt und das relaxte vor der Wand Hängen ein wenig erschwert. Fischschwärme schwimmen in hohem Tempo über unseren Köpfen hinweg, als würden sie vor der Flut fliehen wollen. Teuy reagiert äußerst gelassen, nämlich überhaupt nicht auf den Strom und hält weiter nach Schnecken Ausschau. Der Thai steht übrigens kolossal auf niedere Tiere, da ihn die großen Fische mittlerweile schon etwas langweilen. Was für ein Luxus.

Wir verlassen die Riffwand, an der wir tatsächlich noch eine winzige Schnecke entdecken, die Teuy noch nie gesehen hat und tauchen auf eine freie Sandfläche. Und hier begegnen wir dann auch dem »Grünen Monster«: Aus dem offenen Meer kommend, walzt sich eine grünlich schimmernde Wand eiskalten Wassers in unsere Richtung. Wie ein Waldbrand, der sich unerbittlich seinen Weg bahnt und eben noch gesund dastehende Bäume mit einem Mal verdampfen lässt, rollt das »Grüne Monster« aus der Tiefe der Andamanensee deutlich sichtbar heran. Das grüne Wasser flimmert und jeder Meter, den die Wand für sich einnimmt, ist nicht mehr scharf zu erkennen. Teuy deutet unseren Rückzug an und wir versuchen dem kalten Wasser zu entkommen. Dass das Wasser kalt ist, kann ich mir denken, da ich als Taucher Sprungschichten mit plötzlichen Temperaturwechseln zu genüge kenne. Diese Sprungschicht ist allerdings *grün* und die Landschaft und die Fische dahinter »flackern« so stark, dass ich mich bereits auf einen kleinen Kälteschock vorbereite. Dass wir vom »Grünen Monster« gefressen werden, ist mir aufgrund seiner Geschwindigkeit vollkommen klar. Unglaublich, wie schnell sich diese Strömung vorarbeitet. Als das Wasser unter mir bereits flimmert, wage ich einen Handgriff ins Grün und stelle fest, dass meine Befürchtung richtig ist: Das Wasser ist schweinekalt. Kurz darauf hat das Monster uns in seiner Gewalt. Die Strömung ist aber zum Glück nicht so stark, wie ich es mir vorgestellt habe. Wir kommen noch mit Flossenschlägen voran und müssen uns nicht mit unseren Händen an Felsen und Steinen voranziehen. Später erzählt mir Teuy, dass das »Grüne Monster« einmal so unerbittlich zugeschlagen hat, dass er sich mit seiner Tauchgruppe an Felsen festkrallen musste. Mit Flossenschlägen ging nichts mehr; weder nach vorne noch nach oben – was ein wirklich beschissenes Gefühl sein muss. Eine seiner Taucherinnen konnte sich irgendwann nicht mehr festhalten und wurde vom Monster ins offene Meer hinausgesogen. In solch einer Situation kannst du als Guide nichts anderes machen als zugucken und hoffen. Mit der restlichen Gruppe hat Teuy sich dann von Fels zu Fels gezogen und den Tauchgang abgebrochen. Das Mädel, das vom »Grünen Monster« einverleibt wurde, wurde von der Strömung übrigens mehrere Hundert Meter weit katapultiert, bevor ihr der Aufstieg gelang. Sie blieb unversehrt.

Die Tauchplätze von Koh Similan können durch ihre wechselnden Strömungen also durchaus einen höheren Schwierigkeitsgrad vorweisen, als beispielsweise die Tauchplätze vor Koh Tao. Von dort, so Teuy, kommen leider regelmäßig Taucher, die gerade erst ihren Schein in einer Koh-Tao-Fabrik gemacht haben, in der die Schülergruppen aus 15 und mehr angehenden Tauchern bestehen. Die wissen teilweise noch nicht einmal, was ein Lungenautomat ist, wollen dann aber Strömungstauchgänge machen. Deswegen kommt es anscheinend auch immer wieder zu Tauchunfällen vor Koh Similan.

Nach dem zweiten Tauchgang fahren wir, wie am Vortag, in die Donald Duck Bay vor Insel Nr. 8 (Koh Similan). Die Bucht hat ihren Namen einem Felsen zu verdanken, der der Comic-Ente ähnlich sieht. Dort serviert man uns die zweite Mahlzeit des Tages und wieder besucht uns die Schildkröte. Diesmal lassen Rebekka und ich es uns nicht nehmen und springen mit Maske und Schnorchel bewaffnet zu ihr ins Wasser, während die halbe Bordcrew Wassermelonenstücke ins Wasser wirft, damit die Schildkröte auch ja bei uns bleibt. Wie Schildkröten nun mal so sind, stört sie unsere Anwesenheit in keiner Weise und bevor sie auf ein Stück Melone verzichtet, steuert sie lieber direkt auf uns zu, weswegen wir ihr regelmäßig ausweichen müssen. Und es macht so viel Spaß!

Beim letzten Tauchgang am Archipel begegne ich einer weiteren Schildkröte und verabschiede mich wehmütig von der großartigen Unterwasserwelt des Nationalparks. Zwar gibt es hier weit weniger große Tiere wie Haie, Delfine, Mantas oder den herbeigesehnten Walhai, aber alles in allem kann ich unterm Strich nur ein Fazit für diese Tauchplätze finden: genial!

Hat man dann auch noch solch ein unverschämtes Glück wie wir und chartert durch Zufall ein komplettes Boot samt Besatzung und Tauchführer für sich alleine, kann man nur laut jubeln und vor Freude im Kreis springen. Das waren zwei unvergessliche Tage …

Mit dem Speed Boat geht es zurück ans Festland. Auf dem Weg dorthin sehen wir fliegende Fische, die zu unserem Erstaunen sehr weit flattern können, bestimmt zehn bis 20 Meter. Am Pier begrüßen uns die Chefs der Tauchschule Conny und Gallus und erkundigen sich sofort, zu was sie uns jetzt eigentlich gratulieren dürfen. Kleine familiäre schweizer Tauchschulen kann ich nur bestens weiterempfehlen. Mal sehen: Vielleicht schicke ich bald Bewerbungen für die kommende Saison nach Thailand.

Wir gehen zurück zu unserem Internet-Café-Hostel, in dem wir die zwei Nächte vor unserem Trip genächtigt haben und wollen wieder einchecken. Vor unserem Abstecher nach Koh Similan hatten wir bereits angekündigt, zurückkommen zu wollen und haben hierfür die kommende Nacht bereits zwei Tage im Voraus gezahlt, damit sie das Zimmer auch niemand anderem überlassen. Dies funktioniert auch einwandfrei, allerdings ist der Schlüssel nirgends zu finden. Da wir gestern Morgen das Internet Café verschlossen vorgefunden hatten, haben wir den Schlüssel bei den Fun Divers abgegeben, mit der Bitte, ihn im Laufe des Tages in unserem Hostel abzugeben. Offenbar ist der Schlüssel dort nie angekommen, weswegen ich noch einmal bei den Fun Divers vorbeischaue, um nachzufragen, ob der Schlüssel noch dort ist. Conny versichert mir allerdings unerwarteterweise, dass der Schlüssel bei Nam abgegeben wurde, woraufhin ich wieder im Hostel nachfrage, ob der Schlüssel vielleicht im Chaos des Schreibtisches untergegangen ist. Ist er aber nicht. Hm, was nun? Ich erkläre der wieder einmal aushelfenden Dolmetscherin/Tauchschulangestellten der benachbarten Phuket Divers, dass Conny höchstpersönlich den Schlüssel bei Nam abgegeben habe, woraufhin sich das Rätsel endlich löst: Hier gibt es keine Nam. Oh? Nam leitet das Internet Café/Hostel zwei Häuser weiter. Ah! Allerdings ist sie momentan nicht da und wird erst gegen Abend wieder zurückerwartet. Uh … Man schließt uns unser Zimmer kurz mit dem »Masterkey« auf und bittet uns dann, erst wieder gegen Abend zurückzukommen. Geht klar, bei dieser Hitze wollen wir sowieso nicht im Zimmer herumsitzen.

Wir setzen uns also wieder mit zwei kühlen Getränken vor den asiatischen Supermarkt 50 Meter weiter und beobachten das Treiben auf der Straße. Uns ist bereits vor einigen Tagen aufgefallen, dass die Tochter des Supermarktbesitzers den Terror im Blut hat. Entweder springt die kleine Vorpubertäre anderen Leuten auf den Rücken, nervt ihren Vater und den älteren Bruder im Supermarkt, bis sie von dort verscheucht wird oder – und das macht sie jetzt gerade – sie terrorisiert einen kleinen süßen Hund, der im Beiwagen eines Rollers »gefangen« ist und damit nicht vor der Terror-Lady, die den Hund ununterbrochen mit Wasser übergießt, fliehen kann. Irgendwann hat ein Thai Erbarmen mit dem Hund und hebt ihn aus dem Beiwagen heraus. Offenbar hat das junge Tier Rebekkas und meinen mitleidigen Blick beobachten können und flieht hinter unsere Stühle. Das Mädchen des Grauens zieht daraufhin beleidigt von dannen … in den Supermarkt und nervt dort ihren Papa weiter.

Zum Abendessen gönnen wir uns heute unbekannte asiatische Köstlichkeiten aus dem Supermarkt: Wir kaufen eine getrocknete und gezuckerte Frucht namens Santol. Außerdem gibt es schwarze Sesamriegel mit Erdnüssen und leichte Kartoffelchips mit beigefügter Teriyaki-Soße. An mysteriösen, pikant gewürzten und mit Karamell überzogenen Stäbchen, die aufgrund ihrer Zusammensetzung wohl am ehesten der Familie des Brotes zuzuordnen sind – zumindest steht da »Bread Stick« drauf und die Hauptzutat ist Mehl – scheiden sich unsere Geister: Rebekka findet den Vergleich mit dem Brot lächerlich und ich wage es nicht, mir eine eigene Meinung zu bilden. Ein sehr merkwürdiger Snack, den ich letztendlich alleine essen darf … oder muss.

Koh Bons Mantarochen und der Curry des Todes
Tag 24: 19. März 2010

Der Tag beginnt sehr früh: Wir haben für heute einen Tauch-und-Schnorchel-Tagestrip nach Koh Bon gebucht. Um 7:20 Uhr werden wir vor der Basis der Wetzone Divers abgeholt. Koh Bon gehört zum Koh Similan Nationalpark, liegt allerdings gut 20 Kilometer nordöstlich vom Koh Similan Archipel. Der Tauchplatz ist berühmt für seine Mantarochen. Außerdem treffen wir hier endlich auf Dirk, was auch der einzige Grund ist, weswegen wir nicht entweder noch einen Tag länger mit den Fun Divers vor Koh Similan geblieben sind oder den Koh-Bon-Trip bei den Schweizern machen.
Ein großes Songthaew, ein Sammeltaxi mehrerer kooperierender Tauchschulen, holt uns ab und fährt uns zu einer anderen Tauchschule.
Ein Songthaew ist im Prinzip das Gleiche wie ein Pick-up-Taxi, lediglich größer. Man sitzt auf der mit einer Plane überdachten Ladefläche des kleinen LKW auf zwei montierten Sitzbänken. Um zu den Bänken zu gelangen, sind ein Gitter, auf das man sich bei Platzmangel stellen kann, und zwei Stufen vor die Ladefläche geschraubt.
Das Songthaew fährt uns zu einer Tauchschule namens Scuba Adventures. Diese Tauchschule ist mal wieder eine Fabrik mit nicht wirklich sympathischen Tauchlehrern, die uns erst mal eine kostenlose Reiseversicherung andrehen wollen. Die wollen wir nicht annehmen, was den obercoolen Tauchlehrer, der sich ständig durch seine Haare fährt, ziemlich nervt.
»You can never get enough insurance«, meckert er schlau daher. Das mag ja vielleicht stimmen, aber auch nur dann, wenn ich immer unterschiedliche Versicherungen abschließe, also eine Haftpflicht-, Unfall- und Reiseversicherung zum Beispiel. Was bringen mir denn aber fünf verschiedene Versicherungen gegen das Immergleiche? Am Ende fühlt sich keine der Versicherungen mehr für mich verantwortlich und schiebt die Zahlung zur nächsten Versicherungsgesellschaft weiter. Außerdem steht nirgends der Name der Versicherung und außer unseren Namen und unserer E-Mail-Adresse wollen die spaßigen Taucher auch keinerlei weitere Infos über uns, um die Reiseversicherung abzuschließen. Sehr fragwürdig das Ganze. Zwei Spanier, die ebenfalls über die Wetzone Divers den Trip gebucht haben, bekommen unsere kurze Diskussion mit dem

Schönling mit und streichen daraufhin ihre Namen und E-Mail-Adressen wieder vom Zettel, was den Sonnyboy noch mehr auf die Palme bringt. Wir finden es lustig. Bevor es im nun randvoll besetzten Songthaew zum Pier geht, werden unnötigerweise noch schnell zwei »Discover Scuba Diver« von den Fließbandtauchlehrern nervös gemacht. »DSD« sind Gäste, die noch nie getaucht sind und es heute einmal ausprobieren möchten, ohne direkt einen Tauchschein zu machen. Gestern noch zu zweit auf unserer »Privatyacht«, heute mindestens 20 auf der »Sammelyacht« ... Einmal mehr lassen wir die vergangenen zwei Tage genüsslich im Geiste Revue passieren.

Im Speed Boat bekommen wir ein »Speed Boat Briefing«, in dem uns eine Menge hauptsächlich unnötiger Informationen vermittelt werden. Vorgestern sind wir einfach eingestiegen und losgefahren. Nachdem sich die geilen Tauchlehrer aufs Sonnendeck gelegt haben, geht es dann auch hier endlich los. Eine Stunde später erreichen wir Koh Bon.

Dirk erwartet uns bereits und begrüßt uns herzlich. Vor eineinhalb Jahren auf Mallorca habe ich sehr gerne mit dem Pfälzer zusammengearbeitet. Ich freue mich also, ihn wiederzusehen. Wir tauschen gemeinsame Erinnerungen aus und er erzählt von seiner Zeit hier in Thailand. Dieses Jahr arbeitet er erstmals in Khao Lak, was ich bislang nicht wusste. Die Jahre zuvor war er stets auf Koh Tao oder Koh Phi Phi. Koh Similan findet er überschätzt. Seiner Meinung nach sei die Chance Walhaie und andere Großfische zu sehen auf Koh Tao viel größer und Koh Phi Phi sei mindestens genauso schön wie der Nationalpark, dafür aber bereits für wesentlich weniger Geld zu betauchen.

Unsere Unterhaltung wird unterbrochen, als das nächste Bootsbriefing ansteht. Diesmal erklärt uns eine Tauchlehrerin im Stile einer Stewardess, worauf man an Bord der *White Sea Gull* zu achten hat. Außerdem verkündet sie, dass die Softdrinks allesamt kostenlos zur Verfügung stehen, was nun wirklich mal eine nette Geste der Tauchbasen ist. Die Lasche, mit der man Getränkedosen öffnet, besteht zu 100 % aus Aluminium, weswegen diese an Bord der *White Sea Gull* separat gesammelt werden, um am Ende der Saison einem Krankenhaus in Bangkok gespendet zu werden. Dort wird das Aluminium zur Herstellung von Arm- und Beinprothesen verwendet. Aus diesem Grunde trinken wir dann auch so viel wie möglich von den kostenlosen Getränken, um diese tolle Aktion zu unterstützen. So leicht kann man Gutes tun.

Kurz darauf beginnt unser erster Tauchgang des Tages. Ich habe 2004 auf Hawaii bereits Mantarochen gesehen – wahrlich beeindruckende Tiere – und bin schon extrem scharf darauf die hier angeblich bis zu sechs Meter langen und breiten Tiere zu sehen. Ich frage Dirk, wie hoch die Wahrscheinlichkeit ist, auch tatsächlich auf Teufelsrochen zu treffen, woraufhin er mit »in neun von zehn Fällen« meine Vorfreude weiter anheizt.

Leider taucht kein einziger Rochen auf. Na super, da haben wir wohl den Ausnahmefall erwischt. Was soll's, es gibt ja noch den zweiten Tauchgang, denke ich mir.

Rebekka schnorchelt derweil fleißig und erzählt mir, auf welches Getier sie alles gestoßen ist. Sie sieht genau das Gleiche, das ich 15 Meter tiefer auch zu Gesicht bekommen habe. Ich bin enttäuscht, Rebekka hat aber zum Glück Spaß, was meine Enttäuschung dann doch stark mildert.

»In neun von zehn Fällen« bedeutet, dass der zweite Tauchgang erfolgreich verlaufen wird. Wie auch schon beim ersten Tauchgang lässt mich mein alter Kollege mit einem anderen Taucher, der weniger Luft als die beiden Spanier in unserer Gruppe verbraucht, noch einige Minuten alleine weiter tauchen. Das sind so die Vorteile, wenn man einen hier arbeitenden Tauchlehrer kennt. Nach dem Auftauchen allerdings muss ich Dirk darauf hinweisen, dass sein 90-Prozent-Versprechen wohl auf 80 % heruntergeschraubt werden muss: Wieder keine Rochen …

Dann endet auch schon unser kurzes Wiedersehen.

»Bis nächstes Jahr«, verabschiedet Dirk uns lächelnd und bleibt leider an Bord der *White Sea Gull*, da die beiden Spanier über Nacht bleiben werden. So wird es also nichts mit der geplanten Partynacht mit Dirk. Manchmal läuft eben – wie gestern und vorgestern – alles perfekt und manchmal hat man Pech.

Um den Tag dann doch noch höchst spektakulär enden zu lassen, bestelle ich mir zum Abendessen erstmals Orange Curry alias Hot and Sour Curry. Ich schaffe es, die Kellnerin in große Verwunderung zu versetzen, als ich sie wissen lasse, dass ich das Gericht gerne mit Tofu essen möchte.

»With tofu? Uhm … never had that before. Normally with meat. Nobody eat Orange Curry with tofu.«

Kopfschüttelnd geht sie ab. Rebekka hört wenig später, als sie kurz zum Händewaschen auf Toilette geht, eine Unterhaltung in der Küche, in der ungefähr 20 Mal das thailändische Wort für Tofu – »tauhu« – vorkommt. Da habe ich mir wohl einen kulinarischen Fauxpas bestellt.

Das Essen wird serviert und ich verbrenne mir ordentlich die Mundhöhle. Uff, ist das scharf. Ich esse wirklich sehr gerne sehr scharf, aber das ist wirklich pervers! Eine Suppenschüssel mit der Schärfe einer Habanero Stufe 10 treibt mir den Schweiß aus sämtlichen Poren. Ich leide, lasse Rebekka aber glauben, dass ich nichts merke, was sie mir wiederum nicht glaubt: »Du siehst aus, als würdest du gleich umkippen.«

Meine Stimme ist so gut wie weg und ich klinge wie ein 80-Jähriger, als ich ihr ein souveränes: »Quatsch«, entgegenröchle! Meine Güte! Was ist das? Ich tupfe mich ununterbrochen mit Klopapierstücken ab, die man aus dem Tischspender ziehen kann. Plötzlich bekomme ich Ohrensausen.

»Du bist ganz rot, Dennis.«

Irgendwie sieht Rebekka besorgt aus.

»Hähä, Quatsch«, die Stimme ist immer noch weg. »Ich merke nichts.«

Das Ohrensausen flaut wieder ab und geht in ein Schwindelgefühl über.

Boah ... krass.
»Deine Augen sind total glasig.«
»Hehe!« Ich beginne zu lachen. Das Schwindelgefühl ebbt ebenfalls wieder ab und eine gewisse Heiterkeit macht sich bei mir breit. »Probier das auch mal! Ist geil!«, biete ich Rebekka einen Löffel der thailändischen Perversität an. Sie probiert ein Karottenstückchen.
»Boah, ist das bisschen schon scharf!«
Mehr will sie seltsamerweise nicht probieren, erträgt das scharfe Karöttchen zu meinem Erstaunen aber erstaunlich nüchtern. Das Licht blendet mich ein wenig und die Leute im vorderen Bereich des Restaurants sehen irgendwie verschwommen aus. Ich glaube ... ich bin breit. Von Schärfe in einen Rauschzustand versetzt! Das habe ich bisher noch nie erlebt. Kurz vor dem Boden der Schüssel gebe ich dann auf. Dummerweise habe ich mir nämlich eine kurze Verschnaufpause gegönnt und empfinde den Curry nun wieder wesentlich schärfer als noch vor wenigen Minuten.
Die Kellnerin kommt und fragt grinsend: »Spicy?«
Höhö: »Did you ever see a farang eat the whole soup?«, frage ich zurück, um abzuchecken, wie groß ihr Respekt vor meiner Leistung ist. Sie lacht und sagt, während sie den Tisch abräumt: »No farang order orange curry. Never see farang eat orange curry.«
Mit breiten und nassen Schultern torkele ich – noch immer in einer gewissen Highterkeit – mit Rebekka im Arm aus dem Restaurant. Die Blicke der anderen Restaurantbesucher sind voller Ehrfurcht. *Yeah, I am the man!*

Das On On und Phuket Town
Tag 25: 20. März 2010

S. 184

Der Bus nach Phuket fährt laut der einen Travel Agency stündlich, laut der anderen alle 90 Minuten durch Khao Lak. Eine Bushaltestelle gibt es nicht. Stattdessen stellt man sich einfach an den Straßenrand und winkt, wenn der Bus vorbeikommt. Wir verlassen uns auf die »konservativere« Info und rechnen nur alle 90 Minuten mit einem Bus. Der erste Bus fährt – nach dieser Prognose – morgens um sieben in Richtung Süden. So früh wollen wir zwar noch nicht los, benutzen diese Zeitangabe aber zur Berechnung der Abfahrt der restlichen Busse: sieben Uhr, halb neun, zehn etc.
Wir versuchen es um zehn und haben ein optimales Timing. Wir kommen noch nicht einmal zum Rucksack ablegen, als sich der Bus bereits nähert. Ich winke kurz und der Linienbus hält tatsächlich an. Die Fahrt in das knapp 100 Kilometer entfernte Phuket kostet 85 Baht pro Nase.
Phuket ist Thailands größte Insel und neben Pattaya der bei Touristen wohl bekannteste Ort des Landes. Durch den Tsunami 2004 erhielt Phuket zusätzlich

traurige Berühmtheit. Was aber viele Leute nicht wissen, ist, dass Phuket nicht nur eine Insel, sondern auch eine Kleinstadt mit 60.000 Einwohnern im Osten der Insel ist, die nicht von Touristen überlaufen ist. Die Touristen türmen sich alle an den Stränden im Westen der Insel, weswegen Patong und nicht Phuket-Town das eigentliche »Pauschaltouristenzentrum des Grauens« ist. Als wir uns heute Morgen auf den Weg nach Phuket machen, wissen wir das allerdings noch nicht, weswegen sich meine Begeisterung über die Fahrt dorthin zunächst in Grenzen hält. Eigentlich reisen wir nur nach Phuket, um von dort aus in drei Tagen in die malaysische Hauptstadt Kuala Lumpur zu fliegen.

Nach zwei Stunden erreichen wir das Bus-Terminal von Phuket-Town. Die meisten Farangs, die im Bus mitgefahren sind – viele sind es nicht –, steigen hier in die Busse um, die sie an die Westküste fahren. Das Terminal befindet sich in unmittelbarer Nähe zum Stadtzentrum, weswegen wir uns kein Taxi nehmen müssen. Nach wenigen Hundert Metern erreichen wir die Phang Nga Road. Hier befindet sich das On On Hotel, welches aus zwei Gründen unser Interesse geweckt hat: Zunächst einmal ist das On On laut unserem Reiseführer (Stefan Loose Travel Handbücher: Thailand) eine der preiswertesten Unterkünfte der Stadt. Der andere Grund für unser Interesse an diesem Haus ist die Tatsache, dass es im Jahr 2000 als Drehort für Danny Boyles »The Beach« mit Leonardo DiCaprio diente. Wer »The Beach« kennt, wird sich an den Beginn des Films gut erinnern können: Leonardo DiCaprio ist gerade in Bangkok gelandet und mietet sich in der Khaosan Road in einem Hostel ein. Hier trifft er auf den völlig verwirrten Duffy, der ihm vom mysteriösen Strand erzählt, um den es im weiteren Verlauf des Films geht. Das Hostel aus dem Film beeindruckt durch seinen 20er-Jahre-Charme, der wohl deswegen heute noch deutlich spürbar ist, weil seither nahezu nichts verändert oder verbessert wurde.

Wir betreten die Rezeption des ältesten Hotels der Stadt, das es schon seit 1929 gibt. Die Rezeption befindet sich in einem größtenteils überdachten Patio und hat bereits eine Menge Style zu bieten: Dunkle Holztreppen und weiße Säulen zieren die Mischung aus Innenhof und Raum. Der große Raum ist bestimmt vier Meter hoch und im sino-portugiesischen Stil gestaltet. Überhaupt ist Phuket so ganz anders als alle anderen Orte, die wir bislang auf unserer Reise gesehen haben. Hier erbauten im 19. Jahrhundert reiche Zinnbarone ihre Villen, die Phuket zu einer Handelsstadt mit Indien, Malaysia, Arabien und Europa werden ließen und eine Menge chinesischer Arbeiter anlockten. Aufgrund dieser Einflüsse unterscheidet sich die Architektur Phukets so sehr von der des restlichen Landes.

Für 250 Baht pro Nacht ziehen wir im On On ein. Man kann auch bereits für 180 Baht ein Zimmer bekommen. Das verfügt dann allerdings über kein eigenes Bad. Außerdem gibt es noch Zimmer mit einem kleinen und einem großen Bett für 300 Baht, Zimmer mit zwei großen Betten für 350 Baht und die gehobenere Klasse mit Air Condition für 500 Baht.

Auf einer der beiden dunklen Holztreppen geht es hoch ins Obergeschoss. Hier ist vom Boden bis zu den Wänden alles aus Holz. Die dunklen Dielen gehen in weiße Wände mit dunkelbraunen Balken über. Die Zimmertüren werden von außen mit schweren Vorhängeschlössern, innen mit alten rostigen Riegeln verschlossen. Wir beziehen Zimmer 43. An der Decke hängt ein großer, alter Deckenventilator. Im Fensterrahmen befindet sich kein Glas, sondern ein Fliegengitter. Die Wände der Zimmer reichen nicht bis hoch an die Decke: Auf den letzten 40 Zentimeter sind die Zimmer lediglich durch Fliegengitter voneinander getrennt! Die Wände sehen also genauso aus wie im Film; mit dem kleinen Unterschied, dass unser Zimmer Scheiben anstelle der Fliegengitter im oberen Wandbereich eingebaut bekommen hat. Andere Räume im Hotel haben die Fliegen-, aber auch Metallgitter in den Wänden. Das Bad ist mit alten kleinen Fliesen und kleinen »Fensterlöchern« ausgestattet. Dreht man das Waschbecken an, läuft das Wasser zunächst durch ein Rohr in Richtung Boden. Allerdings verschwindet das Rohr dann aber nicht im Boden, sondern endet einfach zehn Zentimeter darüber, sodass das ganze Wasser auf den Boden strömt, von wo aus es dann in ein Loch in der gegenüberliegenden Wand abfließt. Das Hotel ist super.

Später gehe ich in einen kleinen Laden, den man von der Straße, aber auch von der Rezeption aus betreten kann. Dort will ich eigentlich die (vermutlich sowieso zu) junge Rezeptionistin ein wenig über die Dreharbeiten von »The Beach« ausquetschen. Das Mädel versteht allerdings kein Wort von dem was ich sage. Als ich mit meinen Händen eine Kamera imitiere und sie »Beach« hört und versteht, quält sie sich aber immerhin ein »Le-o-nalo Di-Capo« über die Lippen. Die süße ältere Dame, die den kleinen Laden leitet, übernimmt unerwarteterweise die Initiative und erzählt mir in erstaunlich gutem Englisch von den Dreharbeiten: Eine Woche arbeitete die Filmcrew im On On Hotel und hat immer sehr früh angefangen. Das berühmte Zimmer aus dem Film ist Zimmer 38 und Leonardo war sehr nett. Zwischendurch übersetzt sie ihre Aussagen ins Thailändische, woraufhin die Rezeptionistin brav nickt. Die liebe Omi erzählt mir außerdem, dass die Coffee-Shop-Szene auch hier gedreht wurde und hierzu die komplette Rezeption umdekoriert wurde. Ich frage sie, ob die Filmcrew denn auch im On On übernachtet hat, woraufhin sie zu lachen beginnt und sagt, dass die Filmemacher natürlich in einem viel besseren Hotel geschlafen hätten. Als ich sie frage, in welchem Hotel Hollywood geschlafen hat, weiß sie keine Antwort. Wahrscheinlich in Patong oder so. So genau kann sie das auch nicht wissen, da sie damals ja gar nicht dabei war, sondern als Krankenschwester natürlich die ganze Zeit über im Krankenhaus gearbeitet hat …

Wir legen unseren Kram ab und gehen auf Erkundungstour durch die Stadt. Phuket ist durch seine sino-portugiesische Aura wirklich schön, auch wenn der Verkehr auf den Hauptstraßen, die überdies noch ein einziger Irrgarten aus Einbahnstraßen sind, hier wirklich krass ist und für Fußgänger keine Vorrichtungen wie Fußgängerampeln geschaffen wurden. Auf Zebrastreifen nimmt hier auch keiner Rücksicht.

Wir wimmeln die fleißig nachfragenden Taxifahrer ab, was bei einem ganz hartnäckigen etwas schwieriger ist und entdecken in einer mehr und mehr chinesisch anmutenden Straße das Ruamjai Vegetarian Restaurant. Von Farangs, von denen es in Phuket-Town offenbar wirklich nicht sehr viele gibt, ist hier weit und breit nichts mehr zu sehen. Das Restaurant wirkt sehr authentisch, weswegen der ein oder andere empfindlichere Farang hier sicherlich nicht essen gehen würde. Uns gefallen diese auch immer sehr preiswerten Restaurants sehr gut und das Essen schmeckt lecker.

Wir stoßen auf einen Tempel, den Put Jaw, in dem wir einige betende Buddhisten bei ihren Ritualen beobachten können, was sehr interessant ist. Im Tempel gibt es neun »Betstationen« zu durchlaufen, die für Farangs durchnummeriert wurden. Erläuterungen, welcher Statue man bei jeder Station gegenübersteht und was man hier machen muss, fehlen aber leider.

Wir spazieren weiter und entdecken einen Schulhof, aus dem laute Musik dröhnt. Bei genauerer Beobachtung stellen wir fest, dass hier Karaoke gesungen wird. Der Sänger scheint der Lehrer zu sein, der von einem Schülerinnen-Backgroundchor unterstützt wird. Vor ihnen sitzen Dutzende Schüler und lauschen der Musik. Eine Lehrerin entdeckt uns und winkt uns zu sich. Sie erklärt uns in miserablem Englisch, dass die Schülerinnen und Schüler hier einen Abschluss feiern. Ob es der Schuljahresabschluss oder gar der endgültige Schulabschluss ist, können wir dem schlechten Englisch der Frau nicht entnehmen. Na, hoffentlich ist das nicht die Englischlehrerin …

Irgendwann hat die Singerei ein Ende und die Schüler wuseln mit kleinen bunten Heftchen in ihren Händen umher, offensichtlich Jahrbücher.

Direkt neben der hübschen Schule befindet sich der nächste Tempel. Im offenen Schulhof sitzen dementsprechend auch einige Mönche. Auf einmal kommt ein lustiges Pärchen des Weges: Ein Mann mitsamt seines behelmten Hundes fährt mit dem Roller vor. Ein urkomisches Bild.

Wir statten dem Tempel neben dem Schulhof noch einen kurzen Besuch ab und lesen einige buddhistische Weisheiten: Lebe, als würdest du morgen sterben und lerne, als würdest du für immer leben.

Am Abend suchen wir ein Restaurant. In Phuket erweist sich das als erstaunlich schwierig, was wohl auch daran liegt, dass heute offenbar ein Feiertag oder der letzte Tag zweier ganzer Feierwochen, dem »Heroines Festival«, ist.

Als wir gerade vor dem von außen sehr schön aussehenden China Inn stehen, kommt plötzlich ein Japaner auf uns zu, der uns voller Begeisterung empfiehlt, hier essen zu gehen. Das China Inn sei ein landesweit bekanntes und für seine tolle Architektur hoch geschätztes Restaurant mit antiken Möbeln und Skulpturen. Zudem sei es preiswert und habe eine sehr gute Küche. Na dann. Probieren wir es mal aus. Kaum sind wir im Vorraum des Restaurants, der wie eine Mischung aus Museum und Antiquitätenhandel aussieht, werden wir auch schon von der freundlichen Kellnerin empfangen: »Table for two?«, fragt sie und führt uns zu unserem im kleinen Hinterhof stehenden Tisch. Auf dem Weg dorthin laufen wir an Fotos vorbei, die belegen, dass Königin Silvia von Schweden bereits hier speiste. Wir ahnen Schlimmes: Was heißt für einen Japaner billig? Rebekka merkt zusätzlich noch an, dass der nette Herr durch und durch in Designerfummel gekleidet war, was mir wie immer entgangen ist. Ich erkenne Markenklamotten einfach nicht. Ich habe mich lediglich insgeheim über seine ziemlich schräge Brille amüsiert. Dass er dafür auch noch viel Geld bezahlt zu haben scheint, finde ich sehr merkwürdig.

Unsere Befürchtung bestätigt sich, wobei die Preise, verglichen mit Restaurants in Deutschland immer noch als recht günstig zu bezeichnen sind. Eine vegetarische Hauptmahlzeit kostet hier zwischen 180 und 250 Baht, was in etwa dem doppelten bis dreifachen Preis durchschnittlicher Restaurants in Thailand entspricht. Das Essen schmeckt wirklich gut – auch wenn ich etwas zu wenig Soße bekomme – und das Restaurant ist gemütlich, stilvoll eingerichtet und hat eine sehr interessante Architektur.

Nach dem Essen spazieren wir noch einmal um den Block und suchen nach einer Bar. Wir spazieren gerade den Bürgersteig entlang, als ich plötzlich bemerke, dass wir einer thailändischen Fernsehcrew voll durchs Bild laufen. Wir entschuldigen uns kurz höflich und setzen unseren Weg fort. Nach einer kurzen Unterredung mit dem Regisseur oder Aufnahmeleiter läuft uns einer der Thais auf einmal rufend hinterher. Er bittet uns, noch einmal für sie durchs Bild zu laufen. Klar, kann er haben. Also gehen Rebekka und ich wieder zurück zum vom Kameramann gewünschten Ausgangspunkt und flanieren erneut lässig die Straße entlang. Nach 20 Sekunden ist unser Ausflug ins Schauspielfach beendet und die Crew bedankt sich höflich klatschend bei uns. Wir verbeugen uns und fragen nach, um was für eine Produktion es sich denn hierbei überhaupt handelt.

»Television, television«, lautet die Antwort. Tja, dann sind wir wohl bald so etwas wie Fernsehstars in Thailand. Gleich morgen werden wir im Copyshop ein paar Autogrammkarten drucken lassen.

Letztlich landen wir im Lard Yai, einer gemütlichen Kneipe schräg gegenüber des China Inn. Nach Mitternacht darf kein Alkohol mehr ausgeschenkt werden, weswegen die Bar dann auch kurz nach 24 Uhr schließt. Wenige Minuten zuvor reden wir mit einem Engländer und einem Franzosen, die uns dazu einladen, mit ihnen und den Besitzern der Bar noch in einen Club mitzukommen, in dem wir vier unter Garantie die einzigen Farangs wären. Klingt fett, also sagen wir zu. Wir bitten die Jungs, noch kurz auf uns zu warten, damit wir das Notebook und die Kamera ins Hotel zurückbringen können. Als wir keine zehn Minuten später wieder zurück sind, ist die Bar verschlossen und die blöden Säcke sind nicht mehr da.

Faulenzen und das spezielle »Menu«
Tag 26: 21. März 2010

Am heutigen Tage des Jahres 2553, in dem wir uns im buddhistischen Thailand befinden, unternehmen wir nichts. Da ich noch das Niederschreiben einiger Erlebnisse nachholen muss, sitzen wir den halben Tag im gemütlichen Rezeptionsbereich des On On Hotels, checken E-Mails und beobachten die Leute.
Wie erwähnt, lebt man in Thailand nach einem anderen Kalendersystem. Zwar hat sich Thailand, was die Tage und Monate angeht, offiziell dem westlichen Kalender angepasst, die Jahreszahlen aber richten sich nach der Geburt Buddhas, 543 Jahre vor Christi Geburt. Nun kommt noch hinzu, dass in Thailand nicht nur Thais leben, sondern auch eine große Anzahl Chinesen und natürlich die touristischen Massen … und jeder hat ein anderes Datum für sein Neujahrsfest. Unser Neujahr wird bekanntlich am 1. Januar jeden Jahres zelebriert, wohingegen sich die Chinesen nach dem Neumond orientieren und demnach immer zwischen dem 21. Januar und dem 21. Februar Neujahr feiern. Die Thais wiederum richten ihr »Songkran« nach dem traditionellen Mondkalender aus, welcher das neue Jahr zwischen dem 13. und 15. April beginnen lässt. Über vier Monate hinweg wird hier also immer mal wieder von einer anderen Volksgruppe das neue Jahr gefeiert, weswegen man sich wohl dachte, dass man den Neujahrsschmuck einfach von Ende Dezember bis Mitte April hängen lassen kann. Folglich sieht man überall goldene »Happy New Year«-Girlanden.
Erst am Abend zieht es uns wieder auf die Straßen Phukets und wir entdecken zu unserem Entsetzen thailändische Christen. Ach du Scheiße. Die Phuket-Christen sind aber durchaus amüsant und auch irgendwie süß: Wir werden Zeugen eines Gottesdienstes, der in einem ziemlich unhübschen Raum mit großen Schaufensterscheiben abgehalten wird. Gerade stimmt die dicht beieinandersitzende zehnköpfige Gemeinde zum Gesang an, als der Chorleiter Rebekka und mich ungläubig durch die Scheiben spähen sieht. Das motiviert den Mann offenbar: Farangs! Christen aus Europa!
Der Mann wedelt wie wild mit seinen Armen und dirigiert mit höchstem Elan den schüchtern klingenden Chor. Dabei schaut er durch seine dicke Hornbrille immer wieder zu uns heraus, nickt uns voller Freude zu und lässt einmal mehr seinen kompletten Körper den nächsten Takt anstimmen.
Das Highlight des Tages erleben Rebekka und ich, als wir uns auf Nahrungssuche begeben. Da wir heute etwas spät dran sind, ist die Auswahl an Restaurants oder Straßenimbissen noch kleiner als sie in Phuket sowieso schon ist. Erschwerend kommt noch hinzu, dass man in Thailand wider unserer Erwartungen extrem viel Fleisch, speziell Hühnchen, isst. Irgendwann finden wir dann aber doch noch einen Laden, in dem sehr viele Einheimische sitzen. Na, das ist doch ein gutes Zeichen, denken wir uns und pirschen uns zum Eingang vor, um einen Blick auf die Speisekarte zu werfen. Ein Thai kommt uns zuvor und stellt

sich breit vor den kleinen Zettel. Da wir keine Eile haben, warten wir geduldig, bis der Kollege die Karte in- und auswendig studiert hat. Ein anderer Thai kommt währenddessen freundlich lächelnd auf uns zu und fragt uns, was wir hier wollen.
»We'd like to see the menu«, lasse ich ihn wissen. Daraufhin strahlt er über beide Backen und *ruft* fast schon aus: »Wanna see menu? Follow me, follow!« Wenn wir schon so freundlich aufgefordert werden mitzukommen, können wir das schlecht ablehnen. Wir folgen dem kleinen Mann also ins Lokal, wobei ich mich leicht wundere, warum neben dem Eingang so viele der kleinen Speisekarten zusammengeknäuelt im Mülleimer liegen. Merkwürdig. Auch fällt uns erst jetzt auf, dass keiner der Thais Essen vor sich stehen hat, dafür aber jeder die Speisekarte.
»Menu! Menu!«, ruft unser Freund und verschwindet. Andere Thais blicken uns in einer Mischung aus Neugierde und Überraschung an.
»What you want?«, fragt man uns.
»Well … something to eat?« Hier scheint es seltsamerweise nichts zu Essen zu geben und Rebekka kapiert als Erste von uns, was hier lost ist: »Das ist kein Restaurant, das ist ein Wettbüro.«
Und jäh bekommt die Unterhaltung vor der Eingangstür einen völlig neuen Sinn:
»What you want?«
»We'd like to see the menu.«
»Wanna see Man U? Follow me! Follow! Man U! Man U!«
Das Wetten lassen wir sein und jetzt verstehe ich auch, warum hier jeder seine »Speisekarte« nach dem »Essen« wegwirft.

Der Süden der Stadt
Tag 27: 22. März 2010

Der blöde Engländer, der uns vorgestern versetzt hat, sieht uns im On On sitzen und scheint ernsthaft und angestrengt zu überlegen, ob er uns kennt und wenn ja: woher? Vorsichtshalber grüßt er uns aber mal und uns wird klar, dass er a) vorgestern in der Kneipe wohl schon ordentlich weggeschossen war und er b) danach im Club wohl noch ordentlich nachgegossen hat.
Wir wollen an unserem letzten Tag in Phuket noch möglichst viel von der schönen Kleinstadt sehen und beginnen unseren Spaziergang mit dem Besuch eines in der direkten Nachbarschaft zum On On Hotel gelegenen Tempels. In einem kleinen Garten hinter den Häusern der Phang Nga Road versteckt sich Phukets ältester Tempel, der 1889 erbaute Ting Kwan Tang. Man sieht dem Tempel sein Alter an, was toll ist: An den Wänden des sehr kleinen Tempels sind Malereien an mittlerweile stark verfärbten Fliesen zu bestaunen, die eine Geschichte zu

erzählen scheinen. Ein taoistischer Comic aus dem 19. Jahrhundert …
Danach flanieren wir durch die Soi Rommanee. »Soi« ist das thailändische Wort für Gasse und dieses Sträßchen ist die erste Gasse Phukets, die komplett saniert wurde und heute knallbunt daherkommt.
Wir erkunden den Süden der Stadt und stellen fest, dass man sich diesen Teil der Stadt auch sparen kann: Sämtliche Touristen, die entweder von den Stränden kommen oder sich ziellos durch die Stadt streifend von Taxifahrern mitnehmen lassen, kommen hier an. Bei unserer Ersterkundung vorgestern wollten uns die in Phuket ziemlich nervigen und teils auch aufdringlichen Tuk-Tuk-Chauffeure und – auch das gibt es – Motorradtaxi-Fahrer bereits ständig hierherkarren. Dieser Teil der Stadt ist in den Augen der Taxifahrer der interessanteste für Farangs. Warum? Ganz einfach: Hier steht ein großes Einkaufszentrum. Tragischerweise scheinen die Taxifahrer damit vollkommen recht zu haben, da das Einkaufszentrum tatsächlich vollkommen in touristischer Hand ist. Lediglich vor dem Fernseher in der Multimediaabteilung sitzen einige einheimische Kinder und schauen sich gemeinsam mit den Verkäufern »Tom & Jerry«-Cartoons an.
Wir laufen durch die Kosmetikabteilung und beobachten das, was uns bereits mehrfach erzählt wurde: Die Thais stehen auf helle Haut und beneiden die Westler darum. Damit ihre Haut möglichst blass bleibt, ziehen sich sehr viele Menschen hier lange Kleidung an – egal wie heiß es ist. Eine andere Methode, um einen blasseren Teint zu erhalten, ist die, sich mit sogenanntem Whitener einzucremen, der im Supermarkt neben der Sonnenmilch und der Bräunungscreme zu finden ist. Die Mädels aus der Kosmetikabteilung in Phukets Einkaufsparadies schminken sich zudem blass, was wir bislang nur auf thailändischen Hochzeitsfotos bewundern konnten. Und so, wie die Verkäufer der Multimediaabteilung vor ihrem Fernseher stehen, sitzen die Damen der Kosmetikabteilung mit Make-up bewaffnet vor den Spiegeln ihrer Abteilung und sind fleißig am Herumexperimentieren.
Als wir das Einkaufszentrum wieder verlassen, wird einmal mehr der Beweis erbracht, dass mein Orientierungssinn, den ich selbst als ausgesprochen zuverlässig beschreiben würde, durch Reizüberflutung massiv gestört werden kann. Es passiert mir oft, allerdings nur beim Verlassen von Kaufhäusern durch eine andere Tür, als die, durch die ich es betreten habe, dass mir die Orientierung etwas schwer fällt. Und so wundere ich mich nach einigen Minuten, dass Phuket noch einen zweiten Hügel am südlichen Ende der Stadt hat, der dem im Norden absolut gleicht. Als wird dann plötzlich in der Straße stehen, in der sich das On On Hotel befindet, wird klar, dass Phuket doch nur einen Hügel hat.
Wir machen also wieder kehrt und wenig später einen Abstecher ins Thavorn Grand Hotel, wo wir, in der Hoffnung, einen schönen Ausblick über Phuket zu bekommen, mit dem Aufzug in den 16. Stock hochfahren. Leider hat das Restaurant im obersten Stockwerk des Hotels geschlossen. Die restlichen Stock-

werke des Hauses sind fensterlose, dunkle Flure. Schade. Einen Versuch war es wert und wenn das Restaurant geöffnet hat, hat man von hier aus sicherlich den besten Ausblick über die Kleinstadt. Danach suchen wir den taoistischen Bang Niaw Wat, den Tempel des Vegetariergottes auf und huldigen dem Allvater kurz.
Später treffen wir den Engländer in der Lard-Yay-Bar wieder, wo wir sehr leckeren Massaman Curry zu Abend essen. Nun kann der Brite uns endlich wieder in den Wirren seines Gehirns finden und korrekt zuordnen. Da er dazu nun in der Lage ist, pisse ich ihm kurz ans Bein und frage, wieso er vorgestern nicht auf uns gewartet hat. Die Info, dass er uns versetzt hat, spuckt sein Hirn offensichtlich nur in Hieroglyphen aus: Der Mann ist eindeutig verwirrt. Der Froschfresser, der zusammen mit dem fertigen Engländer nicht auf uns gewartet hatte, ist noch etwas frischer zwischen den Ohren und erinnert sich wieder. Höflich entschuldigt er sich bei uns und schiebt die Schuld auf den bösen Alkohol. Wir sind nicht weiter nachtragend, sondern setzen uns zu den Jungs, einigen Thais und zwei Deutschen an den Tisch und feiern kurz den 28. Geburtstag des Franzosen mit.

Die Petronas Towers, der Fernsehturm und »Berhati-hati!«
Tag 28: 23. März 2010

Unser Flieger nach Kuala Lumpur hebt um acht Uhr morgens ab. Da der Flughafen gute 25 Kilometer von Phuket-Town entfernt ist und wir laut dem Mann von der Travel Agency im On On Hotel zwei Stunden vorher einchecken müssen, beginnt der Tag dementsprechend früh. Der Mann von der Travel Agency höchstselbst fährt uns zum Airport. 500 Baht ist der Standardpreis für die Taxifahrt von Phuket zum Flughafen.
Im Flugzeug müssen wir für das Visum einen Bogen ausfüllen. Am Ende des Bogens steht in roter Schrift, dass man hiermit gewarnt sein soll: Für den Handel mit Drogen gibt es in Malaysia die Todesstrafe.
Ausgerechnet heute ist es stark bewölkt, speziell über Malaysia hängen dicke Wolken, weswegen wir das Land leider nicht von oben sehen können.
Am Flughafen von Kuala Lumpur suchen wir als Erstes ein Tourist Information Center auf und erkundigen uns, wie wir von hier aus am kostengünstigsten in die 55 Kilometer entfernte Hauptstadt gelangen und wo wir dort am sinnvollsten billig wohnen können, um uns die Petronas Towers an einem Tag stressfrei anschauen zu können. Der Mann mit dem lustigen indisch wirkenden Akzent erklärt uns in perfektem Englisch, dass Chinatown wohl am geeignetsten für uns wäre. In die Stadt gelangen wir mit dem Bus an Haltestelle 5, der Preis beträgt acht Ringgit, was circa 1,80 Euro entspricht.
Bereits am Flughafen verliebe ich mich in die malaysische Sprache. Ein Volk,

das »Berhati-hati!« zu »Vorsicht!« sagt, kann nur sympathisch sein. »Jemput naik« heißt »willkommen« und ist nebenbei in jedem Taxifenster zu lesen.
Im Bus flirte ich mit einem bildhübschen, dreijährigen Mädchen. Die Kleine hat wunderschöne dunkelbraune, fast schon schwarze Augen. Zu unserer gegenseitigen Belustigung schneiden wir um die Wette Grimassen und machen mit dem Mund Furzgeräusche. Irgendwann wird es der Mutter anscheinend zu laut und sie zieht das süßeste Mädchen Südostasiens aus meinem Blickfeld. Wenige Sekunden später schläft es tief und fest.
Die Landschaft links und rechts der Straße unterscheidet sich stark von Thailand. Rund um den Flughafen sind riesengroße Palmölplantagen, die kein Ende zu nehmen scheinen. Als sie dann doch enden, wird das Land hügeliger und Vororte, die aus ein und demselben Typ Reihenhaus bestehen, sind ein erster Hinweis auf die Zwei-Millionen-Einwohner-Stadt. Die Reihenhäuser mutieren, je näher wir Kuala Lumpur kommen, zu Reihenhochhäusern und wir fragen uns, wie alt beziehungsweise jung diese Siedlungen sind.
Als wir in Kuala Lumpur ankommen, sieht es stark nach Regen aus. Die Stadt scheint ausnahmslos aus Hochhäusern zu bestehen. Ein Haus unter fünf Stockwerken hat hier Seltenheitswert.
In Chinatown angekommen checken wir im Red Dragon ein. Das Red Dragon ist ein verranztes, aber billiges Hostel mit übel nach Farbe und Chemie riechenden Zimmern. Da wir sowieso nur eine Nacht hier bleiben und bereits mitten in der Nacht zurück zum Flughafen müssen, ist uns die Qualität des Zimmers völlig egal. Wer weiß, ob wir überhaupt zum Schlafen herkommen werden. Wichtig ist nur, dass die Rucksäcke und das Notebook sicher gelagert sind.
Wir sind hungrig und gehen in das etwas schäbig, aber authentisch wirkende Billigrestaurant Hidangan Suria am Maybank Tower. Wir kennen – abgesehen von Nasi Goreng – keine der Speisen, die auf der Karte stehen und lassen uns von der Kellnerin »the best one« aus der vegetarischen Spalte auswählen. Dazu gibt es Jus Belimbing (Sternfruchtsaft) und Jus Oren (Orangensaft). Die Kellnerin entscheidet, dass wir für umgerechnet rund 95 Cent Kailan Ikan Masin essen sollen und wir sind gespannt, was da jetzt wohl auf uns zukommt. Da man in Malaysia aber offensichtlich überall sehr gutes Englisch spricht, sind wir uns immerhin schon einmal sicher, dass dieses Kailan Ikan Masin ohne Ei, Milch oder sonstigen tierischen Produkten daherkommen wird. Die Kellnerin bringt uns Wasserspinat mit Reis in Sojasoße. Wunderbar.
Wasserspinat gibt es auch auf so ziemlich jeder Speisekarte in Thailand, wo er allerdings »Morning Glory« genannt wird. Überhaupt haben die Thais manchmal lustige Namen für ihr Essen. So sind wir bereits in Koh Chang auf eine mysteriöse Speise namens »No Name« gestoßen, die entweder mit Gemüse, Schwein, Shrimp oder Huhn angeboten wird. In Koh Pha Ngan haben wir uns dann getraut und »No Name Vegetable« bestellt, was sich als sehr kluger Schachzug entpuppte: »No Name« ist mit Tempura frittiertes Schwein, Garne-

le, Huhn oder eben Gemüse. Wir können nur von der vegetarischen Version berichten, die nicht nur aus einzelnen frittierten Gemüsebrocken, sondern aus einer durchaus auch pikant gewürzten, klein gehackten Gemüsemischung besteht. Schmeckt köstlich!

Zurück nach Malaysia, aber noch nicht zurück ins Restaurant – oder wie man hier sagt: »Restoran«.

Da wir nur einen Tag hier verbringen werden, bietet es sich auch nur heute an, ein paar Fakten über Malaysia zu präsentieren:

Malaysia ist ein Vielvölkerstaat mit rund 28 Millionen Einwohnern. Politisch betrachtet ist ein Staatsbürger Malaysias ein Malaysier. Ein Malaie – wovon ich bis vor wenigen Minuten noch als Bezeichnung für einen malaysischen Staatsbürger ausgegangen bin – ist ein Angehöriger einer spezifischen ethnischen Volksgruppe, die mit etwas mehr als 50 % die Mehrheit der Bevölkerung ausmacht. Danach kommen die Chinesen, die gut ein Viertel der Bevölkerung ausmachen. Indigene Völker wie die Orang Asli und die Dayak, Inder und sonstige Volksgruppen komplettieren die bunte Mischung.

Es gibt eine Verfassungsdefinition zu den Malaien in Malaysia, die ich persönlich ziemlich schräg finde: Alle muslimischen und die malaiische Sprache sprechenden sowie die malaiischen Traditionen befolgenden Staatsbürger, die vor dem 31. August 1957 in Malaysia oder Singapur geboren wurden oder an diesem Datum dort sesshaft waren sowie deren Nachkommen sind Malaien. Singapur gehörte nebenbei bemerkt bis 1965 zu Malaysia.

Nichtmuslimische Malaien gibt es demnach also nicht. Auch Malaien, die vom islamischen Glauben abgefallen sind, gelten offiziell nicht als Malaien, sondern als nichtmalaiische Staatsbürger Malaysias.

Malaysia hat eine hochinteressante Geografie, da es aus zwei Teilen besteht: Der Westen des Landes – wo wir uns befinden – liegt auf der Malaiischen Halbinsel und grenzt im Norden an Thailand, wohingegen der Ostteil des Landes auf der 650 Kilometer entfernten Insel Borneo liegt. Dazwischen liegt das Südchinesische Meer.

Zurück ins »Restoran«:

Unsere Befürchtung bewahrheitet sich und es beginnt wie aus Kübeln zu schütten ... Na super, da haben wir einen Tag in Kuala Lumpur und es regnet. Zum Glück dauert der Regen nicht allzu lange an und wir können uns in Richtung Menara Kuala Lumpur, Asiens zweithöchstem Fernsehturm, aufmachen, der ganze 421 Meter misst. Weltweit ist der Menara Kuala Lumpur der fünfthöchste Fernsehturm und der einzige, der von einem Urwald umgeben ist! Dirk hat uns den Tipp gegeben, anstelle der Petronas Towers den Fernsehturm als Aussichtspunkt über Kuala Lumpur zu nutzen, da dies den großen Vorteil bietet, Kuala Lumpur samt seines Wahrzeichens von oben zu bewundern. Das klingt gut.

Unseren Stadtplan, den wir am Flughafen bekommen haben, vergessen wir offenbar im Schnellrestaurant, weswegen wir uns mit dem Blick nach oben und meinem grandiosen Orientierungssinn zum Turm vorarbeiten. Kuala Lumpur besteht aus so vielen Hochhäusern, dass man den Fernsehturm und auch die Petronas Towers nicht von überall aus sehen kann. Eine ausreichende Beschilderung und mein innerer Kompass – yeah – lassen uns den Fernsehturm aber problemlos finden. Am Menara KL angekommen, bietet man uns einen Bus an, der uns den Hügel, auf dem der Turm steht, hinauffahren könnte. Wir lehnen dankend ab und erfahren erst jetzt, dass dieser Service vollkommen kostenfrei ist. Oha … damit haben wir nicht gerechnet. Trotzdem erklimmen wir den Hügel zu Fuß und entdecken den »Flying Fox«, eine Attraktion, die wohl jeder noch vom Kinderspielplatz kennt: Man rutscht an einem Drahtseil befestigt von einem Ende des Seils zum nächsten; hier allerdings mit dem Unterschied, dass dies in gut 30 Metern Höhe geschieht. Sieht lustig aus.

Im Turm angekommen, hat man die Wahl zwischen zwei verschiedenen Paketen: Paket A beinhaltet neben dem Besuch der Aussichtsplattform noch Ponyreiten, eine Fahrt im Formel-1-Simulator und einen Besuch im City-Dschungel. Da das Ponyreiten nur für Menschen bis einschließlich 50 Kilogramm erlaubt ist, entschließen wir zwei Dicken uns für Paket B: Aussichtsplattform, ein Besuch im Malaysia Cultural Village samt traditioneller Showeinlage, ein altes malaysisches Spiel und ebenfalls der Besuch im City-Dschungel. Ein Paket kostet umgerechnet etwa acht Euro.

Die unglaublich höflichen Angestellten führen uns in das Cultural Village, welches sich am Fuße des Turmes befindet. Wir gehen bereits stark davon aus, dass die drei Programmpunkte, mit denen wir vor unserer Ankunft nicht gerechnet haben, auf das Touristengesocks zugeschnitten ist, welches wir spätestens seit der James-Bond-Island-Katastrophe zu ignorieren versuchen. Und genauso ist es dann auch: Das Village ist zwar liebevoll gestaltet, die Tanzshow aber stellt mir die Nackenhaare auf – oder, um es mit den Worten meines alten Französischlehrers zu sagen: Mir rollen sich die Fußnägel hoch und runter. Die Show soll 30 Minuten lang gehen, wovon Rebekka und ich uns – der Höflichkeit halber – gut fünf Minuten geben, bevor wir uns wieder herausstehlen. Eine der freundlichen Village-Damen sieht uns deswegen verwundert an und ich erkläre ihr – mich dabei zehnmal entschuldigend –, dass wir nur wenige Stunden in Kuala Lumpur zur Verfügung und uns ein straffes Programm auferlegt haben. Vom zweiten Programmpunkt, dem malaysischen Spiel bekommen wir somit auch nichts mehr mit. Wir gehen zum Aufzug und endlich geht es hinauf in (nur) 276 Meter Höhe. Oben angekommen bietet man uns – kostenfrei – einen »audiovisuellen Führer« an: ein kleiner tragbarer Fernseher mit Kopfhörern, der uns von Fenster zu Fenster führt und erklärt, was wir von hier aus sehen. Das ist cool!

Die Aussicht ist fantastisch und wir lernen zudem noch ein wenig über Malaysia, Kuala Lumpur und seine Bauwerke: Kuala Lumpur – oder auch einfach nur »KL« – ist mit gerade einmal 150 Jahren eine noch sehr junge Stadt, die durch den Handel mit Zinn bereits früh anfing zu wachsen. Mitten im Urwald gegründet, hat KL heute über zwei Millionen Einwohner. 1957 wurde auf einem Rugbyfeld die Unabhängigkeit erklärt und das Staatsoberhaupt ist ein von den Herrschern der neun Sultanate gewählter König. Alle fünf Jahre wird ein neuer König gewählt. Zur Wahl steht dann jeweils einer der neun Herrscher der Sultanate Malaysias. Die eigentliche Macht im Lande geht jedoch vom demokratisch gewählten Parlament aus. Malaysia ist somit eine konstitutionelle, parlamentarisch-demokratische Wahlmonarchie.

Der Blick auf die Petronas Towers ist beeindruckend, leider aber aus einem Winkel, der es nur ermöglicht, einen der beiden Türme vollständig zu sehen. Der zweite Turm wird unglücklicherweise vom ersten größtenteils verdeckt.

Wir verlassen den Menara Kuala Lumpur und gehen in Richtung KL City Center. Hier befinden sich die imposanten Zwillingstürme. Auf dem Weg dorthin versuchen wir das Flair der Stadt genauer unter die Lupe zu nehmen: Kuala Lumpur ist wohl nicht unbedingt die Stadt, in der man allzu viel Zeit verbringen muss. Durch die vielen Hochhäuser wirkt die Stadt etwas unterkühlt und zu sehr auf das »große Geschäft« ausgelegt. Unsympathisch finde ich die Stadt aber nicht. Neben den stylish animierten Ampelmännchen, die sich bei Grün sogar bewegen, gefallen mir auch solche Kleinigkeiten, wie das Bekritzeln von Stromkästen mit Telefonnummern von Mechanikern, die Motorradfahrern – wohl speziell Tuk-Tuk-Fahrern – helfen, schnell neue Reifen zu organisieren, wenn ihnen mal einer geplatzt ist.

Die Petronas Towers sehen großartig aus. Wir betreten den ersten Turm und finden uns in einer unglaublich großen Geschäftswelt wieder. Jede Modemarke der Welt scheint hier eine Filiale zu haben! Erstaunlicherweise kann man in den Türmen auch sehr kostengünstig essen. Sei es im recht schicken Restaurant im Erdgeschoss oder natürlich im riesigen Fastfood-Bereich in einem der insgesamt sechs oberen Stockwerke der Riesen-Mall. Wir essen erneut typisch malaysisch und machen den beiden liebenswerten Verkäuferinnen / Köchinnen des kleinen malaysischen Fastfood-Ladens offensichtlich eine große Freude, als wir uns für das – ungelogen – köstliche Essen bedanken und nachfragen, wie sie den Tofu nur so köstlich hinbekommen haben. Offenbar hören die beiden nicht allzu oft solch Lobeshymnen und sind ganz ergriffen. Einfach schön …

Wir bummeln ein wenig durch die Gegend rund um die Petronas Towers und landen in einer geschäftigen Passage, die ausschließlich aus Bars und Restaurants besteht. Eine Eisdiele bietet Sorbet in den verrücktesten Geschmackssorten an. Ich bestelle mir eine Kugel schwarzer Sesam und eine Kugel Durian. Dass ich zwei verschiedene Sorten Eis in einem Becher ordere, scheint die extrem gut gelaunten und lustigen Jungs von der Eisdiele schon stark zu beeindrucken. Durian ist übrigens auch als »Stinkfrucht« berühmt berüchtigt. In Phuket haben wir vor dem Thavorn Grand Hotel ein »No Durian«-Schild gesehen, welches darauf hinweist, dass in diesem Hotel die Frucht unerwünscht ist. Seitdem ich mein Durianeis gegessen habe und Rebekka nun die Luft anhalten muss, wenn ich mit ihr spreche, verstehen wir auch warum. Dieser Gestank ist wirklich abartig. Würde Durian nicht so stinken, wäre der Geschmack eigentlich nicht schlecht. Da die Eisdiele der mit Abstand preiswerteste Laden der Passage ist, bleiben Rebekka und ich hier ziemlich lange sitzen, was die Jungs noch mehr zu faszinieren scheint. Es ist wirklich unterhaltsam und die Leute in dieser Stadt sind einfach beeindruckend herzlich. Zudem kann man sich in dieser Passage die verschiedensten Menschen aus den unterschiedlichsten Kulturkreisen anschauen. Was die Zusammenkunft der verschiedensten Kulturen angeht, ist Kuala Lumpur so spannend wie der Flughafen von Bahrain, nur größer.

Die Sonne geht unter und wir beschließen, uns noch einmal die Petronas Towers anzusehen. Und das ist eine kluge Entscheidung: Im Dunkeln sehen die Türme noch beeindruckender aus als bei Tageslicht. Viel beeindruckender sogar! Mit ihrer grandiosen Beleuchtung wirken die Türme wie aus einer anderen Welt oder wie ein riesengroßes Raumschiff; vielleicht das beeindruckendste Gebäude, das wir jemals gesehen haben.

Es ist bereits kurz vor Mitternacht, als wir durch das Nightlife Kuala Lumpurs schlendern. Die Stadt wirkt nun nicht mehr unterkühlt, sondern pulsiert. Wir beschließen, nicht mehr schlafen zu gehen. Da uns die Füße aber einmal mehr brennen, der Tag schon teuer genug war und wir noch herausfinden müssen, wann genau der erste Bus an welcher Haltestelle zum Flughafen fährt, spazieren wir wieder in Richtung Chinatown.

Der Puduraya Busbahnhof ist krass: ein noch nie restaurierter oder sonderlich sauber gemachter Busbahnhof mit einer großen, dreckigen und ziemlich vollen Wartehalle im Obergeschoss und circa 25 *platforms*, also Haltestellen, darunter, die man über rostige schmale Metalltreppen betritt. Man fühlt sich hier unten wie in einem ziemlich schrägen und düsteren Parkhaus ohne Autos. Wir suchen nach einem Fahrplan, können aber nirgends einen finden. Ein Sicherheitsmann sagt uns, dass von hier aus kein Bus zum Flughafen fährt und wir zur Sentral Station müssen. Die Sentral Station schreibt sich übrigens tatsächlich so. Wie wir heute feststellen konnten, haben die Malaysier ziemlich viele Worte »eingemalaysischt«: Restoran, Sentral Station, Kopi (coffee), The (tea), Sirap (sirup), Jus (juice), Oren (orange), Epal (apple) etc. Ziemlich witzig.

Die Sentral Station ist zwar in einer machbaren Entfernung von Chinatown, am Flughafen wurde uns aber gesagt, dass von hier aus früh morgens auch ein Bus zum Airport fahren wird. Also fragen wir den nächsten Arbeitenden, der uns sagt, dass an Plattform 18 ein Schalter der Gesellschaft ist, die zum Flughafen fährt. Also gehen wir wieder runter und finden tatsächlich einen Schalter von Star Shuttle – allerdings geschlossen. Davor sitzen zwei Einheimische, die ich frage, ob sie wissen, wann der erste Bus zum Flughafen fährt.

»What airport?«, fragen die zwei.

Äh ... gibt es mehr als einen?
»Where do you wanna go? International?«
»Uhm, yes.«
»Air Asia?«
»Yes.«
»So, you wanna go to KLIA.«
»Okay.«
»I think there is no bus going from here to KLIA. You might have to go to Sentral Station.«
Hm, schlechte Antwort. Ich bedanke mich freundlich und gehe mit Rebekka wieder nach oben. Wir entdecken einen Schalter, an dem zwei Menschen manuell die Abfahrts- und Ankunftstafel aktualisieren, was einem in einer solch modernen und hoch technisierten Stadt schon etwas merkwürdig vorkommt. Aber hier fahren nur die Busse und nicht der Monorail-Train, den es in dieser Stadt ebenfalls gibt. Also warten wir kurz, bis die zwei Kollegen die Holzschildchen für die verschiedenen Städte und die Holzschildchen für die verschiedenen Uhrzeiten samt »in time«- oder »departed«-Vermerk sortiert haben und fragen noch mal nach: »No idea. This is just for transnational busses. But there is a schedule next to platform 18.«
Hmpf, ob wir wohl jemals die richtige Info erhalten? Von einem Fahrplan haben wir bei Plattform 18 übrigens nichts gesehen.
Ein weiterer Angestellter des Bahnhofs, was wir an seinem roten Hemd erkennen, läuft uns über den Weg: »Excuse me, can you tell me when and where the first bus to the airport is going to leave?«
»4 a.m., plattform 18. Star Shuttle Bus. The guys with the yellow shirts.«
Öh! Na, das ist doch mal eine Antwort. Um auf Nummer sicher zu gehen, schiebe ich noch ein geschicktes: »Sure?«, hinterher, welches der Mann in Rot mit einem souveränen »Sure« kontert. Rock und Roll.
Wir ziehen uns noch einmal in unser ekeliges Hostel zurück, wo ich Rebekka zu einer lustigen kleinen Sprungaktion verleiten kann. Gerade als sie sich kurz ins Bett fallen lässt, merke ich an, dass dieses Hostel bestimmt über Bettwanzen verfügt und schwups: Rebekka steht wieder.
Wir schlagen uns die letzten drei Stunden bis zur Abfahrt im Internet und mit der ersten »veganisch korrekten« 7-Eleven-Fertigsuppe Südostasiens um die Ohren und schleppen uns zeitig wieder zurück zum Busbahnhof.
Mittlerweile hat sich das Bild hier leicht verändert: Überall vor und im Bahnhof schlafen Menschen auf ihren Rucksäcken. Allerdings sieht keiner der Schlafenden wie ein Backpacker und die wenigsten wie Obdachlose aus. Sind das Pendler, die ... ja, was machen die alle (schon) hier? Die Wartehalle ist voll von Schlafenden! So etwas Schräges haben wir noch nicht gesehen.
Im Plattformbereich befindet sich indes noch kein Schwein, auch kein Bus. Das ist alles ziemlich merkwürdig ... Irgendwann kommen dann aber doch

noch zwei Backpacker, ein Mönch mit einer bis dato von uns noch nicht gesehenen Tracht mit Strumpfhosen (!?) und – zu meiner großen Freude – der Papa von dem süßesten Grimassen schneidenden Mädchen Südostasiens daher! Die Kleine ist sehr müde und nimmt mich gar nicht wahr. Kurz darauf kommt dann auch der dicke morgenmuffelige Star-Shuttle-Mann an und öffnet seinen Schalter. In der Dunkelheit des geschlossenen Schalters konnte ich übrigens zuvor doch noch den Fahrplan hinter der zugestaubten Scheibe entdecken. Dem Dicken gefällt sein Arbeitsplatz offenbar nicht, weswegen er sich seinen Plastikstuhl schnappt, den Schalter wieder schließt und sich vorne dransetzt. Nach dieser bestimmt fünf Minuten dauernden Ankunftsprozedur verkauft er schließlich auch Tickets.

Der Bus kommt gut 20 Minuten zu spät, was den einen oder anderen der mittlerweile noch hinzugekommenen Passagiere in höchste Nervosität versetzt: Kaum erscheint der Bus, zwängen sich die Nervösen nach vorne, schmeißen ihre Rucksäcke oder Koffer in den Laderaum und rennen in den Bus hinein. Dass aufgrund dieser Unordnung beim Einräumen die Hälfte des Gepäcks der anderen Passagiere nicht mehr hineinpasst, juckt die Egoisten kein bisschen. Dadurch verzögert sich die Abfahrt aber um weitere fünf Minuten. Intelligent. Dann ist es endlich geschafft und wir haben noch genug Zeit, uns am Flughafen das islamische Kinderfernsehen anzusehen, in dem ein verschleiertes kleines Kind Verse aus dem Koran vorsingt. Später tut eine komplette Koranschulklasse es dem Kind gleich und der Lehrer mit Erich-Honecker-Gedächtnisbrille unter seinem Turban verbessert die Schülerinnen und Schüler. Für den Fernsehzuschauer gibt es zudem noch eine Karaoke-Textspur zum Mitsingen. Leider kann ich die Schrift nicht entziffern … denn die ist in Malaysia schon wieder anders als in Thailand.

Dafür wird das süßeste kleine Mädchen wieder fitter und winkt mir zum Abschied. So niedlich …

Willkommen in Kambodscha
Tag 29: 24. März 2010

S. 184

Wir schlafen den kompletten zweieinhalbstündigen Flug über. Kurz vor der Landung werfe ich einen ersten Blick hinunter auf Kambodscha und denke mir, dass es hier ja schon wieder vollkommen anders aussieht.

In Deutschland haben wir bereits über die kambodschanische Botschaft online das sogenannte eVisa beantragt. Das kostet pro Person zehn Dollar und erleichtert die Einreise. So heißt es zumindest. Fakt ist aber, dass wir am Flughafen von Siem Reap einen weiteren Visumbogen ausfüllen müssen und diesen ebenfalls bezahlen müssen. 20 Dollar wollen die dafür! Damit haben wir nicht gerechnet, weswegen wir auch noch keine Dollar, geschweige denn kambodschanische Riel

dabei haben. Eine Wechselstube scheint es hier am Flughafen nicht zu geben, weswegen wir mit einem 50-Euro-Schein zahlen müssen, den der scheiß Bulle nach eigenem Gutdünken in Dollar umrechnet: 15 Dollar gibt es zurück und wir sind mittlerweile ziemlich genervt.
Das in Deutschland organisierte eVisa erkennen die uniformierten Säcke einfach nicht an. Sie schauen es sich noch nicht einmal an ... Diesen eVisa-Quatsch hätten wir uns also sparen können. Wie viel andere Passagiere bei der Einreise über den internationalen Flughafen zu zahlen hatten, bekommen wir nicht mit. Auch im Internet findet man hierzu keine vernünftigen Angaben. Falls jeder hier 30 Dollar – ich gehe aber von 20 Dollar aus – zu zahlen haben sollte, verstehe ich trotzdem noch nicht, was der eVisa-Umstand für Vorteile bringen soll. Schließlich mussten wir ja auch den Fragebogen am Airport ausfüllen.
Wir passieren die Passkontrolle und stehen – keine 30 Meter von den korrupten Bullen, die unseren 50-Euro-Schein so bravourös gewechselt haben – vor einer staatlichen Geldwechselstube. Ich will wieder zurück und dem Penner sagen, dass er mir den 50er wieder geben soll, damit ich ihn hier korrekt umtauschen kann, aber Rebekka erlaubt es mir nicht: Diskussionen mit Bullen bringen ja doch nichts.
Der Spaß am Flughafen geht weiter: Die Wechselstubentante empfiehlt uns, meine Visa-Karte mit 250 Dollar zu belasten, da ab dieser Summe die Gebühr, die zusätzlich noch anfällt, nicht mehr allzu schmerzhaft sei. Uff, das ist mir nach noch nicht mal zwei Stunden Schlaf alles ein bisschen zu viel. Wir lassen uns auf den Deal ein und bekommen Dollar und Riel in die Hand gedrückt. Ein Riel ist quasi gar nichts wert, weswegen die Scheine mit einer ordentlichen Zahl an Nullen ausgestattet sind. Bezahlt wird mit Dollar oder Riel oder mit beiden Währungen gemischt. 4000 Riel sind übrigens in etwa ein Dollar.
Wir verlassen den kleinen Flughafen und schauen, wo der Bus in die Stadt wohl halten könnte, erfahren aber schnell, dass es keinen Bus in die Stadt gibt, sondern nur Taxis und Motorradtaxis. Das gibt es doch nicht ... Ein weiterer nützlicher Tipp also: vor der Anreise bereits ein Hostel in Siem Reap buchen, damit man von den Betreibern kostenlos vom Flughafen abgeholt wird. Mit sieben Dollar kostet das Taxi in die Stadt so viel wie eine Übernachtung.
Jetzt ist es immer noch nicht so ganz geschafft, da wir dem Taxifahrer nun klar machen müssen, dass wir Schleppermethoden kennen und uns von ihm nicht in das Guesthouse seiner Wahl fahren lassen möchten. Er verweigert aber unseren Wunsch – »Don't know this guesthouse.« – und fährt uns anstelle der gewünschten Hostel-Adresse zum Guesthouse seines Kumpels / Bruders / Cousins / was auch immer.
Die Zimmer hier haben den seltsamen Preis von 13 Dollar pro Nacht. Der Schlepper bekommt also drei Dollar Provision vom Betreiber. Wir bedanken uns nach der kurzen und vollkommen unnötigen Führung freundlich und sagen, dass wir uns auf die Suche nach dem Hostel machen, in das wir eigentlich

wollen. Das finden die zwei überhaupt nicht witzig. Wir finden deren Methode aber auch nicht amüsant und lassen sie bedröppelt zurück.

Der Marsch mit Rucksäcken durch das mittägliche Siem Reap ist ein Spießroutenlauf. Sämtliche Tuk-Tuk-Fahrer der Stadt stürzen sich wie Schmeißfliegen auf uns. Das Abwimmeln ist möglich, bedarf aber mehr Anstrengung als an allen anderen Orten, die wir auf dieser Reise mit dem Rucksack durchquert haben.

Siem Reap ist in roten Staub gehüllt. Der trockene und sandige Boden wird durch den wirklich heftigen Verkehr in dieser kleinen Stadt aufgewirbelt und verfärbt die Straßen. Der Straßenverkehr ist pures Chaos. Jetzt fällt uns auch auf, dass unser Taxi das Lenkrad auf der rechten Seite hatte, aber auch auf der rechten Spur gefahren ist. Durch Siem Reap fahren sowohl Autos, die für Linksverkehr, als auch Autos, die für Rechtsverkehr gebaut wurden. Es scheint sich hier aber um Rechtsverkehr zu handeln … Geisterfahrer auf Rollern machen aber gut und gerne fünf Prozent des Gesamtverkehrs aus und solch ein Verkehrschaos haben wir noch nie zuvor erlebt. Wie überlebt man dieses Chaos? Ganz einfach: Partizipieren! Wenn man über die Straße will, schaut man einfach nicht nach links und rechts, sondern geht einfach los. Glücklicherweise fährt hier kaum jemand schneller als 25 km/h, weswegen jeder immer bremsen kann. Das hoffen wir zumindest … Unfälle werden wir in Siem Reap übrigens – zu unserer eigenen Überraschung – keinen einzigen erleben.

Wir sind müde, es ist furztrocken und kochend heiß. Also beschließen wir, nicht weiter zu suchen und gehen in ein Hostel unweit der Pub Street. Die Pub Street ist – wie der Name schon sagt – die Kneipenstraße, die sich mit Anbruch der Dunkelheit in eine kleine Partymeile verwandelt.

Unser sehr schönes Hostel, das den stark übertriebenen Namen »Five Star Angkor Villa« trägt, befindet sich direkt am Fluss, der den gleichen Namen wie die Stadt trägt. Auf unserer Seite des Flusses stehen Steinhäuser und Kambodscha wirkt wie ein Land der Zweiten Welt, wohingegen auf der anderen Uferseite selbst gezimmerte Holzhütten stehen, keine Straße entlang führt und die Menschen offensichtlich extrem viel ärmer sind. Wir schauen über einen 20 Meter breiten Fluss in die Dritte Welt hinein. Sehr *strange*.

Nachdem wir unsere Rucksäcke im Hostel deponiert haben, spazieren wir über den Night Market, bei dem auch tagsüber bereits sämtliche Geschäfte geöffnet sind und dann in Richtung Pub Street. Nun lässt es sich wesentlich entspannter an der Tuk-Tuk-Armada vorbeigehen: Ohne Rucksack ist man eben nur noch halb so interessant. Die Angebote der Fahrer ändern sich nun auch von: »Need hostel?«, in: »Wanna go Angkor Wat tomorrow morning?«

Wir lehnen dankend lächelnd ab und die Fahrer lassen uns zurücklächelnderweise in Ruhe. Neben der Pub Street befindet sich der Old Market, auf dem man alles kaufen kann, was das Touristenherz begehrt: alle möglichen Angkor-Souvenirs, Aufnäher verschiedener Landesflaggen, T-Shirts, Hosen, Bil-

der, Postkarten, Schmuck, Opiumpfeifen, Taschen aus echtem Krokodilleder, Geldbeutel aus Krokodilleder, Bettvorleger (!?) aus Krokodilleder, ausgestopfte aufrecht stehende Krokodile und Schnäpse mit Kobras und Skorpionen darin. Krass … Ich frage eine Verkäuferin, aus welchem Material die Opiumpfeifen bestehen.
»Elephant«, antwortet sie trocken.
»Ivory?!«, entgegne ich … ähm … geschockt?
»Uhm, no no.«
Jetzt klingt sie, wohl aufgrund meiner geschockten Reaktion etwas überrascht: »No no, it's bone.«
Dabei fährt sie sich über den Arm und weiß wohl, dass sie in mir keinen Kunden finden wird. Und da hat sie recht: Ich werde mein Opium in Zukunft nicht durch »Elefantenknochen« rauchen. Aber wer raucht denn auch sein Opium durch Elefantenknochen? Das ist wie in den Tauchanzug pinkeln oder im Flugzeug scheißen: Das macht man nicht. Das ist ein Ehrenkodex …
Neben den Läden im Markt gibt es auch hier überall Massageangebote. Was dabei allerdings heraussticht, sind die oftmals als »Dr. Fish Massage« angepriesenen »Behandlungen«. Man setzt sich auf einen Wasserbeckenrand und hält seine Füße ins kühle Nass. Im Becken schwimmen Hunderte kleiner Fische, die – wie beim Wasserfall auf unserer glorreichen James-Bond-Tour – einem überschüssige Haut von den Füßen knabbern. Es gibt unzählig viele dieser »Dr. Fish Massage«-Becken.
In Siem Reap gibt es, wie überall, Straßenstände. Aber hier kann man erstmals auf unserer Reise Durian kaufen. Die Stinkfrucht macht ihrem Namen alle Ehre und verbreitet rund um die Verkaufsstände einen wirklich unangenehmen Gestank. Und das soll schmecken? Noch trauen wir uns nicht … Außerdem müsste man sich gleich eine komplette Frucht kaufen, was dann doch etwas zu viel des Guten wäre. Zudem ist Durian nicht die billigste Frucht.
Es ist dunkel geworden und wir bekommen Hunger. Im Zentrum Siem Reaps scheinen die Tuk-Tuk-Fahrer und andere Einheimische nun ihrem Zweitjob nachzugehen: »Need Tuk-Tuk?«
Und dann leiser und konspirativ: »Or wanna get stoned? Grass, Cocaine, MDMA …«
Ob man bei Zustimmung eines Deals tatsächlich Drogen oder Handschellen bekommt, testen wir nicht aus. Es heißt, dass die Polizei in Thailand – und vermutlich auch in Kambodscha – einheimische Nichtpolizisten dafür bezahlt, naive Touristen, die sich illegale Rauschmittel kaufen möchten, direkt zu verpfeifen. Den Drogenkauf am Straßenrand sollte man also besser unterlassen …
Parallel zur Pub Street verläuft eine Straße, in der mit Einbruch der Dunkelheit Billig-Straßenrestaurants ihre Klapptische aufbauen und ihre Woks hinter einer brusthohen Mauer zum Glühen bringen. Es sind ungefähr vier dieser Restaurants, die sich die Mauer teilen und die Straße beleben. Wir spazieren an

den Restaurants entlang, als eine süße, junge Kambodschanerin mit winkender Speisekarte auf uns zukommt: »Hello my friend! Eat here!«
Wir schauen auf die Karte und finden sowohl die angebotenen Speisen als auch die Preise sehr ansprechend. Ich gebe dem Mädchen die Karte wieder und bedanke mich, was sie wohl als ein höfliches: »Nein«, aufzufassen scheint und sich leicht enttäuscht von uns abwendet. Als sie aber bemerkt, dass wir ihr folgen, dreht sie sich freudig strahlend wieder zu uns und führt uns zu einem der Klapptische mit Plastiktischdecke. Wir wollen uns gerade an den direkt danebenstehenden Tisch setzen, als sie uns darauf aufmerksam macht, dass dieser nicht mehr zu ihrem Restaurant gehört.
Das Essen ist wirklich lecker, kostet pro Hauptmahlzeit gerade mal einen Dollar und wir bekommen zusätzlich noch eine extrem amüsante Show von den Mitgliedern des kleinen Familienbetriebs geliefert: Die süße Tochter und der nicht minder niedliche, schlaksige Sohn der Chefin, die hinter dem Wok steht, werben weiterhin mit höchstem Elan vorbeilaufende Leute an. Allein das ist schon total spektakulär zu beobachten. Als die beiden so erfolgreich sind, dass es keinen freien Tisch mehr gibt, sie aber trotzdem noch weitere Kunden abgreifen, muss improvisiert werden. Und das sieht so aus: Entweder wird von irgendwoher noch ein weiterer Tisch und Stühle organisiert, die die beiden dann zwischen die bereits recht eng zusammenstehenden Tische klemmen oder aber die zwei Kellner entscheiden einfach, dass sich der neu angeworbene Tourist zu Wildfremden zu setzen hat. Und das führt zu wirklich lustigen Situationen, da sich die zwei Kambodschaner offensichtlich überhaupt nichts dabei denken, die Touris aber zunächst mit den neuen Zufallsabendessenskollegen abklären, ob es für die bereits am Tisch Sitzenden denn okay sei, sich den Tisch zu teilen. Tja, so lernt man am Ende neue Freunde kennen! Die Atmosphäre in dieser Straße ist einfach großartig.
Auf der Karte entdecke ich übrigens etwas Unbekanntes: Sapodilla Shake.
»What is sapodilla?«, frage ich, woraufhin mir die kochende Mutter eine Frucht präsentiert, die wie eine Kartoffel aussieht, aber mehr wie eine Zitrone riecht. Bevor sie mir die unbekannte Frucht über die Mauer reicht, riecht sie daran und stößt ein genüssliches: »Aaah!«, dabei aus. Um ihr zu zeigen, dass auch mir der Geruch gefällt, erwidere ich nach dem Geruchstest das: »Aaah!«, und bestelle den Shake, der dann auch ganz gut schmeckt, aber nicht zu meinem neuen Lieblingsgetränk werden wird. Wikipedia wird mich übrigens später darüber aufklären, dass Sapodilla in Deutschland auch als Breiapfel bekannt ist.
Ein Straßenhändler, der zwei Körbe an einer Bambusstange über der Schulter balanciert, kommt am Restaurant vorbei, was die Aufmerksamkeit des schmalen Kellners erregt. Der Händler legt seine Körbe ab und der schätzungsweise 15- bis 17-jährige Junge kauft sich etwas bei ihm. Ich kann nicht erkennen, was er sich da kauft. Er sieht aber, dass ich neugierig gucke und deutet an, mir ein wenig der gekauften Köstlichkeit vorbeizubringen. Ich nicke interessiert und

ahne Schlimmes, als er vorher noch an einem anderen Tisch haltmacht und dort ein lautes: »Uargh!«, ertönt. Jetzt sehe ich auch, was in der kleinen Plastiktüte ist: Käfer. Brrr ... Ein Mutiger am Nachbartisch lässt sich vom Kellner zeigen, wie man das Ungeziefer isst, was die Sache noch exotischer wirken lässt: Die Viecher werden zunächst wie Shrimps aufgeknackt und dann wird das Fleisch herausgezuzelt. Der ausgelutschte Panzer wird dann – samt Füßchen – auf den Teller gelegt. Würg ...

Jetzt bin ich an der Reihe. Als Veganer fühle ich mich aber zu solch einer Mutprobe nicht verpflichtet. Ich bin also fein raus aus der Situation und entgehe dem Käferessen. Als Fleischfresser hätte ich es aber womöglich mal probiert. Man lebt ja nur einmal ...

Als wir das Straßenrestaurant verlassen, werden wir mit: »See you tomorrow!«, verabschiedet. Ist gebongt: War cool hier!

Wir landen später in einer Bar in der Pub Street und setzen uns zu ein paar Engländern, die ordentlich bechern und mich fleißig an ihrem billigen Bier teilhaben lassen. Eine Kanne Bier, mit der man circa vier Gläser füllen kann, kostet gerade einmal 2,50 Dollar, ein einzelnes Glas 75 Cent.

Leicht angeschwipst und gut gelaunt schlendern wir zurück zum Hostel, als plötzlich eine Vierjährige an Rebekkas Arm hängt und mit todtrauriger Stimme: »Food ... Give me food«, säuselt. Das Kind lebt vermutlich auf der anderen Seite des Flusses und hat einen unwiderstehlichen Hundeblick. Zunächst schütteln wir den Kopf und sagen leise: »Sorry«, woraufhin die Kleine: »Cannot eat sorry«, entgegnet. Ach komm, der Abend war – auch dank der Engländer – so preiswert, da können wir der Kleinen, die Rebekkas Arm einfach nicht mehr loslässt und schon seit fünf Minuten bettelt, auch etwas zu Essen kaufen. Wir gehen mit ihr zum Supermarkt und haben auf einmal noch drei arme Jungs an uns dran hängen, die laut eigener Aussage ebenfalls kein »Sorry« essen können. Oh. Es gibt nun kein zurück mehr und so lassen wir uns von den Kindern durch den Supermarkt ziehen. Seltsamerweise steuern die vier sofort das Regal mit der Babynahrung an, was uns skeptisch macht. Aha, irgendwer schickt die Kinder also. Wir lassen die Kinder wissen, dass wir ihnen keine Babynahrung kaufen werden, sondern etwas für sie, was einen der Jungs nervös werden lässt. Er versucht uns zu überreden, bleibt aber erfolglos. Irgendwann sieht er ein, dass er sich die Babynahrung abschminken kann und sucht nach Alternativen. Wir lehnen ab, was zu teuer ist und stimmen irgendwann bei einer Süßigkeit für gerade einmal 85 Cent, die man auch gerecht aufteilen kann, zu. Der Kleine will sich noch vor der Bezahlung die Tüte schnappen, was ich aber vehement zu verhindern weiß. Der halbe Meter wird zusehends gestresster und beginnt auch langsam zu nerven. Es wird klar: Der Typ will nicht teilen. Wir bezahlen das Essen und verlassen mit den Kiddies den Supermarkt. Der Nervsack hängt noch immer am unteren Ende der Tüte und lässt nicht los. Also beginne ich ihn zu kitzeln, was dann endlich den gewünschten Erfolg mit sich bringt. Ich reiße

die Tüte auf, woraufhin der Egoist laut: »No!«, ruft.
»We share!«, entgegne ich bestimmt.
»No!« Er ist nicht weniger bestimmend.
»Share!«, rufe ich lauter und beginne die kleinen Päckchen, die sich in der Tüte befinden aufzuteilen. Die anderen Kinder sind brav und ruhig, halten mir ihre Hände oder ihr T-Shirt entgegen und ich verteile das Essen. Zwei arme Mütter mit Babys in einer Halsschlaufe stellen sich auch an und bekommen ebenfalls etwas ab. Als der meckernde Dreikäsehoch an die Reihe kommt, reißt er mir die Tüte aus der Hand und rennt weg.
»He never shares«, sagt die Kassiererin, die mit uns aus dem Supermarkt heraus gekommen ist, und schüttelt dabei den Kopf.
Einige Tage später erfahren wir, dass die Masche mit der Babynahrung folgendermaßen funktioniert: Dumme Touristen kaufen den Kindern für fünf Dollar das Anrührpulver und gehen samariterhaft ihres Weges. Sind sie weit genug entfernt, geht das beschenkte Kind wieder in den Supermarkt und gibt dem Kassierer das noch immer verschlossene Päckchen zurück, wofür es zwei Dollar bar auf die Kralle bekommt.
Richtig dumme Ausländer geben den Kindern sogar Bargeld. Rebekka und ich beobachten solch eine Szene einmal: Zwei 50-jährige Französinnen schenken einem Kind mindestens fünf Dollar und spazieren um die nächste Ecke. Das Kind geht daraufhin auf die andere Straßenseite und liefert das Geld bei zwei 20-jährigen Mädels ab, die sich sämtliche Scheine in die eigene Tasche stecken. Wir wundern uns über die Naivität solcher Touristen und fragen uns, wie man nur so blöd sein kann. So wie wir es gemacht haben, ist es korrekt, denken wir uns: Eine geöffnete Tüte Essen kann man keinen skrupellosen Supermarktmenschen zurückverkaufen und auch keinen Zuhältern in den Rachen werfen. Traurig ist diese Situation aber allemal.

Die Tempel von Angkor
Tage 30 & 31: 25. & 26. März 2010

Wir haben uns für acht Uhr morgens mit dem Tuk-Tuk-Fahrer unseres Guesthouses verabredet. Vorher bekommen wir noch ein im Zimmerpreis inbegriffenes Frühstück serviert, welches von unserem – wie wir erst anschließend erfahren – Tuk-Tuk-Fahrer aufgetischt wird.
Chel (oder so ähnlich) spricht leider so gut wie gar kein Wort englisch und versteht auch nahezu nichts. Das ist etwas schade, da wir schon von Tuk-Tuk-Fahrern gehört haben, die sogar etwas zu den Ruinen von Angkor erzählen können. Das können wir uns nun also abschminken.
Die Fahrt im Tuk-Tuk nach Angkor dauert eigentlich gute 20–25 Minuten. Kurz vor der Ticketstation bricht Chel aber eine Schraube am Roller ab, wes-

wegen er versucht eine Ersatzschraube zu organisieren, was leider erfolglos bleibt. Also müssen wir zum Hostel zurückfahren. Das erweist sich dann aber als glückliche Fügung, da wir keine Ahnung haben, wie teuer der Eintritt zur Anlage ist und »nur« 60 Dollar mitgenommen hatten. Alle Versuche aus Chel den Preis für ein Drei-Tages-Ticket herauszubekommen, scheitern an seinen extrem geringen Englischkenntnissen. Als wir kurz neben einer Travel Agency halten, nutze ich die Chance, um mich dort über die Kosten zu informieren: 40 Dollar pro Person. Wow.

Mit neuer Schraube und genügend Geld in der Tasche geht es wieder zurück nach Angkor, einer Region, die über sechs Jahrhunderte das Zentrum des historischen Khmer-Königreiches Kambuja bildete. Nacheinander wurden in diesem Gebiet mehrere Hauptstädte und in deren Zentrum jeweils ein Haupttempel errichtet. Das Gelände, auf dem die Ruinen der Tempel stehen, ist riesengroß: über 200 km²! Es gibt Vermutungen, dass im Großraum von Angkor am Höhepunkt des historischen Königreiches bis zu einer Million Menschen auf etwa 1000 km² gelebt haben könnten.

Nach dem Ticketschalter, wo man ein personalisiertes Ticket mit Webcamfoto darauf erhält, fährt man noch ein paar Kilometer durch den Wald, ehe man vor einem breiten Wassergraben ankommt. Die Außenmauern, die Angkor Wat, den berühmtesten Bau der Anlage, umgeben, sind auf der anderen Uferseite bereits zu sehen.

Wir umfahren den rechteckig angelegten und gut 200 Meter breiten Wassergraben bis zum westlichen Steinsteg, der als Haupteingangsportal zum berühmten Tempel führt. Angkor Wat ist wahnsinnig beeindruckend. Die Tempelanlage ist 1500 mal 1300 Meter groß und mit solch einer Detailverliebtheit erschaffen, dass man nur staunen kann. Man bedenke auch, dass der Tempel schon fast 1000 Jahre alt ist! Als grober Erbauungszeitraum wird 1113 bis 1150 vermutet. Angkor Wat war ursprünglich ein hinduistischer Tempel und trug den Namen Brah Bishnulok oder Vrah Vishnuloka, was soviel heißt wie »heiliger Wohnsitz von Vishnu«. Im 13. Jahrhundert kam es unter König Jayavarman VII. zu einer religiösen Revolution und das Khmer-Reich wurde buddhistisch, weswegen der Hindu-Tempel zu einem buddhistischen Wat umgewandelt wurde. Um den zentralen Prasat (= Pyramidentempel oder Turmheiligtum), von dem aus man eine super Aussicht genießen kann, betreten zu dürfen, muss man – wie üblich in buddhistischen Tempeln – in angemessener Kleidung erscheinen. Das bedeutet, dass man seinen Hut oder seine Kappe abnehmen muss, die Schultern bedeckt und Beinkleider trägt, die bis über die Knie reichen. Rebekka erfüllt am heutigen Tage die letzten beiden Anforderungen nicht und muss sich lustigerweise für einen Dollar eine Hose und ein Schultertuch mieten.

Nach etwas mehr als zwei Stunden haben wir den ersten Tempel des Tages – und auch den größten Tempel der kompletten Anlage – ausgiebig erkundet und gehen zurück zu unserem Tuk-Tuk-Fahrer. Auf dem Weg zu ihm kommt eine strahlende Kambodschanerin auf uns zu und bietet uns diverse Bücher an. Wir verhandeln kurz mit ihr – was man in Angkor auch bei Getränken, Armbändchen etc. machen muss – und kaufen uns für zehn Dollar den National Geographic Art Guide von Angkor, der in Deutschland für 30 Euro zu haben ist. Ein Schnäppchen also und wir bekommen jetzt auch Informationen zu den Ruinen von Angkor. (Interessante) Informationstafeln sucht man hier nämlich vergeblich, ein registrierter Fremdenführer kostet zehn Dollar aufwärts am Tag und mit einem Buch in der Hand kann man sich die Zeit nehmen, die man selbst wählt, um durch die imposanten Bauten zu flanieren und wird nicht von einem hektischen Guide durchgeschoben.

Der nächste Stopp ist der Bayon, ein Tempel, der so oft verändert wurde, dass Archäologen eine Interpretation schwierig fiel. Erst 1925 einigten sich die Wissenschaftler darauf, dass er buddhistischen und nicht hinduistischen Ursprungs ist. Der im Vergleich zu Angkor Wat mit 156 mal 141 Metern eher kleine Tempel ist neben Angkor Wat der wohl schönste Bau im gesamten Komplex. In konisch geformte Steintürme gemeißelte Gesichter von imposanter Größe und Detailtreue blicken über den Besucher hinweg in den Dschungel. Wirklich wunderschön!

Die Toilette neben dem Tempel hingegen ist alles andere als wunderschön und beim Anblick der stockdunklen Kabäuschen vergeht mir der Wunsch mich zu erleichtern. Die kambodschanischen Mädels, die mir das hinter einer hölzernen und sehr einfach gehaltenen Mönchsbehausung gelegene Klo zeigen, verlangen zudem noch eine Million Dollar für die Nutzung. So viel habe ich gerade nicht dabei und ich beginne zu verhandeln. Bei einer halben Million einigen wir uns und ich verspreche hoch und heilig, das Geld später vorbeizubringen, was ich aber … nicht tue.

Chel fährt uns nun zum Ta Keo, einem Tempel mit extrem dünnen und steilen Stufen. Rebekka sind die Stufen zu steil, weswegen ich den Pyramidenturm alleine erklimme. Kaum bin ich oben im zentralen Prasat angekommen, was übrigens wirklich nicht ganz ohne ist, werde ich von zwei jungen Kambodschanerinnen empfangen: »Buy something, Sir! Buy something!«

Die zwei Kleinen halten mir ihre Ware entgegen, ihre schweigsame Oma bleibt ruhig und regungslos im Hintergrund. Ich lehne dankend ab und versuche noch etwas durchzuschnaufen. Die Hitze macht einem schon zu schaffen. Die tüchtigen Verkäuferinnen versuchen weiter ihr Glück und ich beginne langsam die Flucht nach unten. Eine der beiden gibt den Kampf auf, wohingegen die andere neue Geschütze auffährt: »When you buy this, you can show everyone at home«, sagt die eine und grinst dabei verschmitzt. Wieso sind hier eigentlich alle Kinder so zum Knuddeln? Gerade als ich die ersten fünf Stufen hinabgeklettert bin, ändert sie erneut ihre Taktik: »Hey Mister! You look like monkeys.« Bitte wie?

»Did you say that I look like a monkey?«, frage ich vorsichtshalber noch einmal nach.

»Yes!«, ruft sie und fährt mit ihrer einen Hand über ihre Backen und das Kinn, mit der anderen zeigt sie auf mich. Oha, mein mittlerweile prächtig gewachsener Vollbart lässt mich in ihren Augen animalisch aussehen. Ich stoße ein empörtes: »Oh!«, aus und beginne dann wie ein Affe auf den Stufen umherzuspringen, kratze mich am Kopf und unter der Achsel und gehe vom empörten: »Oh!«, in ein affieskes: »Uh uh, ah ah!«, über. Das amüsiert die Kleine so sehr, dass sie mich jetzt in Frieden die Pyramide hinabklettern lässt. Aus Sicherheitsgründen unterlasse ich dabei das Springen und das auf die Brust klopfen. Außer mir, den beiden Mädels und der Oma befindet sich übrigens kein anderer Mensch im oberen Teil des Tempels. Manchmal hat man in Angkor wirklich Glück und ein anderes Mal sind die Tempel vollkommen überlaufen. Als Rebekka und ich den Bayon besichtigt haben, hatten wir ebenfalls riesiges Glück und waren dort quasi alleine.

Ta Prohm heißt das nächste Ziel, ein in die Länge gezogener flacher Tempel, der im Laufe der Jahrhunderte von zwei riesigen Bäumen überwuchert wurde. Rund um den Tempel, der knapp einen Hektar einnimmt, lebten im ausgehenden 12. Jahrhundert auf einer Fläche von rund 60 Hektar an die 80.000 Menschen!

Nach dem Ta Prohm sind wir von der Hitze zu geschafft, um uns noch Banteay Kdei anzusehen. Wir beenden die »kleine Tour« nach gut sechs Stunden und bitten Chel uns zum Hostel zu fahren.

Am nächsten Tag machen wir die »große Tour«. Die Definition »groß« oder »klein« bezieht sich einzig und allein auf die vom Tuk-Tuk heruntergerissene Strecke. Zeitlich gesehen sind wir nämlich mit der »kleinen Tour« länger beschäftigt. Für die »große Tour« benötigen wir lediglich vier Stunden, in denen wir uns Preah Khan, Neak Pean, Ta Som, den östlichen Mebon und Pre Rup ansehen. Diese Tour ist ebenfalls sehr schön, so extrem beeindruckende Tempel wie Angkor Wat und den Bayon bekommen wir aber nicht mehr zu sehen.

Im Hostel werden wir jeden Abend von der vermeintlichen Chefin, deren Namen wir wieder vergessen haben, zugetextet. Das macht die an sich recht nette Lady sehr gerne und hört damit auch nicht mehr so schnell auf: Sie ist seit September mit einem Engländer verheiratet. Die Hochzeitsfotos – auf denen man sie überhaupt nicht wieder erkennt – hat sie uns bereits gestern gezeigt … zusammen mit Fotos von ihrem »stupid puppy«. Das ist ein kleines weißes Wollknäuelhündchen, dessen Geschlechtsidentifikation schief gelaufen ist, weswegen sie jetzt Marco heißt. Natürlich dürfen Bilder ihrer neuen Verwandtschaft in »bloody« England auch nicht fehlen. Die Frau flucht schon wie ein Brite! Jedes dritte Wort ist »bloody«, »shitty«, »stupid« oder »f***ing«. Letzteres verschluckt sie aber bewusst so sehr, dass man nur noch den ersten Buchstaben und die Endung verstehen kann. Oh ja, sie erzählt viel: auch, dass sie gar nicht die Chefin ist, sondern nur aushilft. Die eigentliche Chefin – eine gute Bekannte – hat nämlich einen Nervenzusammenbruch erlitten und weiß nicht mehr, wo oben und unten ist. Seit zwei Wochen ist sie erst im Business und das merkt man dann auch. Als sie uns beispielsweise fragt, wie zufrieden wir mit unserem ersten Tag sind und wir mit asiatisch korrekter Diplomatie, also ohne direkte Kritik, andeuten, dass Chel kein Wort von dem versteht, was wir sagen und wir uns eigentlich die ein oder andere Info zu den Bauten erhofft haben, geht sie sofort zu unserem Fahrer und sagt, dass wir unzufrieden mit ihm sind. Was!? Oh nein! Ich erkläre ihr, dass dem gar nicht so ist, und entschuldige mich mit gefalteten Händen und leichter Verbeugung bei Chel. Toll gemacht, Chefin. Das Gleiche macht sie übrigens am nächsten Tag erneut, weswegen sie uns dann doch irgendwann etwas auf die Nerven geht. Und habe ich schon erwähnt, dass sie nicht aufhört zu reden?

Borramy und die Kinder von Angkor
Tag 32: 27. März 2010

An unserem letzten Tag in Angkor besuchen wir drei Ruinen. Los geht es mit Banteay Samré, einem hübschen Tempel, der sich etwas außerhalb hinter dem Dorf Pradak befindet. Hierhin verirren sich anscheinend nicht allzu viele Besucher, weswegen die Armbändchen-, Tuch- und Gemäldehändler, die man an jedem Tempel antrifft, am Banteay Samré besonders fleißig sind.

Da uns auf der Fahrt zum Tempel das Dörfchen neugierig gemacht hat, bitten wir Chel auf der Rückfahrt in Pradak haltzumachen. Wir wollen ein wenig durch den Ort spazieren, der offenbar primär von Bauern bevölkert ist. Aus irgendwelchen Gründen denkt Chel, dass er dabei im Schritttempo neben uns herfahren muss, was uns ziemlich auf die Nerven geht. Wie sieht das denn aus? Zwei Europäer mit ihrem Privat-Tuk-Tuk »trauen« sich ins authentische Einheimischennest, lassen sich aber sicherheitshalber vom Tuk-Tuk mit laufendem Motor begleiten, damit sie, sobald »Gefahr im Verzug ist«, schnell die Fliege machen können. Sehr entspannt das Ganze. Ich versuche Chel zum Stoppen zu bringen, indem ich mit meinen Händen eine »Stopp«-Bewegung mache und ihn mit höflichem Ton bitte: »You wait here, please.«

Chel versteht wieder einmal kein Wort und tuckert weiter neben uns her. Auch als wir die Straßenseite wechseln und ihn somit zum Geisterfahrer machen, folgt er uns. Wir beschließen, dass wir den Spaziergang nach knapp 20 Metern besser wieder abbrechen und begeben uns in ein »Einheimischenrestaurant«. Hier ist alles sehr einfach gehalten: Eine Speisekarte gibt es nicht, denn es werden nur zwei Mahlzeiten angeboten. Diese sind auch bereits gekocht und warten in ihren Töpfen auf Hungrige, die sie verspeisen. Leider ist das eine ein Hühnchen Curry und das andere »Amok«. In Siem Reap gelingt es mir, das kambodschanische Nationalgericht mit dem seltsamen Namen vegan zu bekommen, was mich zu dem Schluss kommen lässt, dass Amok – meiner feinen Zunge nach – nichts anderes ist, als Massaman Curry mit Fisch. In Pradak wird Amok aber eben nur mit Fisch angeboten und extra Gemüse schnippeln will oder kann man für uns nicht. Die Frau sieht ziemlich hilflos aus, als wir sie fragen … Wir probieren es gegenüber. Chel hat mittlerweile übrigens endlich mal den Motor abgestellt und beobachtet uns. Ich glaube, er findet es gut, dass wir uns in einen Imbiss, der zu 99 % von Einheimischen frequentiert sein dürfte, hineintrauen und dort auch essen wollen; zumindest lächelt er uns ununterbrochen an.

Kinder entdecken uns! Fünf Mädchen versammeln sich um uns und versuchen, uns ihre selbst gebastelten Figürchen aus gefärbten Palmblättern zu verkaufen. Wir lehnen dankend ab, was die Kinder aber nicht zur Aufgabe bringt. Die sympathischen Damen zwischen fünf und 13 folgen uns unter das gegenüberliegende Bambusdach und schauen uns zu, wie wir versuchen, die Köchin zu bitten uns etwas Gemüse über den Reis zu schnippeln. Die Köchin ist sich nicht hundertprozentig sicher, ob sie uns richtig versteht, als sich das älteste der Mädchen einmischt und dolmetscht. Englisch können hier erstaunlich viele, vor allen Dingen junge Kambodschaner. Chel, etwa Anfang 30, ist da eine eher seltene Ausnahme. Die Köchin versteht nun. Anhand ihrer Reaktion merken wir, dass sie uns auch bereits zuvor verstanden hatte, es wohl aber nicht wahrhaben wollte, dass wir auf leckeren Fisch und schmackhaftes Hühnchen in Soße verzichten wollen, um Reis mit Gemüse zu essen. Seltsam, diese Farangs. Und wir wundern uns gleichzeitig etwas darüber, dass alle benachbarten Essensstände – Restaurant ist nicht unbedingt die korrekte Bezeichnung hierfür – dasselbe Essen anbieten.

Für 1000 Riel, knapp 25 Cent, bekommen wir trockenen Reis mit Gemüse, was erstaunlicherweise richtig gut schmeckt. Die Köchin kann es aber – glaube ich – immer noch nicht fassen.

Die Kinder setzen sich an den Nebentisch und schauen uns vollkommen ruhig und geduldig beim Essen zu. Keine bietet uns mehr ihre Figürchen an; sie schauen uns einfach nur zu. Das amüsiert mich und ich beginne mal wieder zu schielen und doof zu gucken, was bei den jungen Fräuleins eine Mischung aus irritierter Faszination und amüsierter Unterhaltung auslöst. Als ich mir den Zeigefinger so tief ins Ohr stecke, dass er in meinem Mund ankommt und ich damit meine Backe von innen zu kratzen beginne, nimmt die Irritation überhand über das »merkwürdige Geschehen«. Vielleicht hat die Kleinste, für die ich dieses Kunststück vorführe auch nur bemerkt, dass nicht etwa mein Zeigefinger, sondern meine Zunge die Bewegung in der Backe auslöst. Und dann schmunzelt sie doch noch. Yeah.

Weil die Mädchen einmal mehr so niedlich sind und die Älteste uns bei der Essensbeschaffung behilflich war, kaufen wir ihnen doch noch etwas ab. Ich frage, ob die fünf Geschwister sind.

»We three and they«, antwortet die Kambodschanerin mit den Englischkennt-

nissen. Ich frage, ob es möglich wäre, dass sie das Geld teilen, woraufhin die herzige Kleine: »Sure«, antwortet. Wir geben also jeder »Familie« 500 Riel und bekommen dafür von der Ältesten einen Palmvogel. Wir verabschieden und bedanken uns – »Aukun Cheran« – und fahren weiter zur nächsten Anlage.
Wir passieren nicht zum ersten Mal den Srah Srang, ein im 10. Jahrhundert angelegtes 350 mal 700 Meter großes Wasserbecken. Becken dieser Art werden auf Kambodschanisch Baray genannt und waren einst das Herzstück eines komplexen Be- und Entwässerungssystems. Einmal mehr denke ich mir, dass es einfach großartig ist, dass kein Zaun um Angkor gezogen wurde, der die Bevölkerung von den Tempelanlagen ausschließt. Überall, speziell in Pradak und rund um den Srah Srang, leben noch einfache Khmer (= Kambodschaner), wodurch die Anlagen trotz ihres Verfalls nach wie vor belebt wirken und einem somit die Vorstellung erleichtern, wie es hier wohl vor einigen Hundert Jahren ausgesehen haben mag. Wir sehen Pferde, die einfachste landwirtschaftlich (nicht touristisch) genutzte Wagen und Pflüge hinter sich herziehen, grasende Kühe und Wasserbüffel, Bauern mit Longtailtraktoren (!?), die den Motor und das Vorderrad an einer für Longtailboote üblichen lange Stange weit vor sich haben, Händler, Hunde, Hühner, Essensstände … Und im vor Hunderten von Jahren angelegten Srah Srang, mit der noch immer sehr gut erhaltenen Sandsteinumrandung aus dem 12. Jahrhundert, planschen fröhlich ein paar Kinder. Mach das beispielsweise mal in den Brunnen von Sanssouci.
Der Tempel, den wir am ersten Tag aufgrund der Hitze ausgespart hatten, ist der nächste, den wir besuchen: Banteay Kdei. Als wir durch die Pforte des lang gezogenen Tempels gehen, kommt uns eines der Armbändchen verkaufenden Mädchen entgegen: »Where you from?«
Das ist in Angkor die Standardfrage derer, die einem etwas verkaufen wollen.
»Germany«, antworten wir wie immer brav.
»80 million people, capital Berlin«, entgegnen einem die Kinder dann immer. Dieses Mädel hat aber noch eine Info mehr zu bieten: »80 million people, capital Berlin, four million people live there.«
»Wow! Very good!«, loben Rebekka und ich die Kleine für ihr Wissen.
»Thank you«, sagt die Kleine schüchtern, aber durchaus auch stolz. Normalerweise beginnt nun das Verkaufsgespräch. Aber dieser Sonnenschein bleibt erstaunlicherweise bei der Unterhaltung: »What's your name?«
Die kleine Khmer lispelt niedlich.
»I like your name«, sagt sie nach erhaltener Info zu Rebekka.
»And what is your name?«, möchte ich wissen.
»Borramy.«
»That's a beautiful name.«
»Thank you.«
Wir bleiben stehen. Tempel haben wir nun schon einige gesehen, weswegen es uns nicht mehr mit allzu extremer Neugierde in diesen hineinzieht. Außerdem

wollen wir uns als nächsten und letzten Tempel den »Sonnenuntergangstempel« Phnom Bakheng anschauen. Und es dauert noch, bis die Sonne untergeht. Wieso also nicht einmal ein paar Minuten mit einer jungen Einheimischen verbringen?
»You are nice«, lächelt sie uns mit ihren glänzenden dunklen Augen an. »This is for you. A present.«
Sie holt einen breiten und einen schmalen Armreif aus ihrem Körbchen und legt sie Rebekka auf den National Geographic Art Guide.
»Oh … no! You don't have to …«
Wir versuchen uns zu wehren, aber sie besteht darauf. Intelligente Taktik oder pure Freundlichkeit … vielleicht ja auch einfach beides. Borramy ist unglaublich süß.
»How old are you?«
»26.«
Sie ist erstaunt. In Phuket hat mich eine für 30 gehalten. Kommt jetzt schon wieder so etwas?
»You look younger.«
Borramy hat's drauf.
»Like … 19.«
So ein Schatz!
»What about you? How old are you?«
»Eleven. Do you have sisters and brothers?«, fragt die kleine Neugierige.
»Two sisters and one brother«, hört sie von Rebekka und: »Three sisters«, bekommt sie von mir als Antwort.
»Only sisters?« Sie kann es kaum fassen.
»Only sisters«, bestätige ich.
»I have ten sisters and two brothers.«
»Wow!«
Sie hat eindeutig gewonnen.
»But four of them are already dead.« Das ist dann plötzlich wie ein Schlag ins Gesicht. Die Kindersterblichkeitsrate ist in Kambodscha mit knapp sechs Prozent noch ziemlich hoch. Über einer Spendenbox in unserem Hostel hat Rebekka gelesen, dass eins von sieben Kindern in Kambodscha stirbt.
»I speak ten languages.«
Zum Glück wechselt Borramy das Thema.
»Ten?!« Das glauben wir nicht.
»Yes: German, danke. English, thank you. Spanish, gracias. French, merci. Russian, spasiba. Polish, dziękuję. Japanese, arrigatō. Chinese, xièxie. Thai, kop khun ka. And Cambodian: aukun cheran.«
Das ist beeindruckend: »You are very intelligent. You must be very good at school.«
»I want to become a doctor.«

»Good choice.«
»Thank you. You want to see the temple?«
Schon fast schweren Herzens bejahen wir die Frage. Vorher wollen wir ihr aber noch etwas für die geschenkten Armbändchen zurückgeben. Blöderweise haben wir kein anständiges Geschenk in unseren Taschen. Das einzige, was bleibt, ist also unromantischerweise ein Dollar.

Lieber Leser, falls du einmal nach Kambodscha reisen solltest: Pack dir einen zusätzlichen Rucksack mit schönen kleinen Geschenken für diese unfassbar liebenswerten und hübschen Kinder! Über Spielsachen oder Ähnliches freuen die sich bestimmt mindestens genauso sehr, wie über das Geld, mit dem sie in ihrem jungen Alter bereits ganze Familien ernähren. Vielleicht freuen sich die Kinder über Spielzeug ja sogar noch mehr, da das Geld zu Hause garantiert den Eltern übergeben wird, damit diese Essen, Kleidung etc. davon kaufen können. Wenn in diesem Land schon Kinder arbeiten gehen müssen, dann gebt ihnen auch zusätzlich noch etwas, das ihre Mühen für sie selbst besser spürbar belohnt. Bedenkt auch, dass jeder einzelne Tourist eine gewisse Mitschuld an der Kinderarbeit in Kambodscha trägt. Die Kambodschaner sind ein schlaues Volk und wissen, dass Touristen einem süßen Kind viel eher Armbändchen abkaufen als einem Erwachsenen. Die Erwachsenen, die man in Angkor arbeiten sieht, verkaufen übrigens Essen und Trinken, sind Fremdenführer und Tuk-Tuk-Fahrer oder Landminenopfer, die Musik machen.

Borramy nimmt den Dollar dankend an und schenkt uns daraufhin noch zwei viel hübschere und aufwendigere Armbänder.

Als wir nach erfolgreicher Besichtigung den Tempel wieder verlassen, verabschieden wir uns von Borramy, die mittlerweile ein altes Fahrrad mit Holz bepackt hat. Ich frage sie, was sie damit vorhat, woraufhin sie uns mitteilt, dass ihre Mutter nun Feuer machen und etwas kochen kann.

Der Sonnenuntergang auf dem Tempelberg von Phnom Bakheng ist eher für'n Arsch und ein touristisches Massenspektakel. Trotz der Höhe sieht man eigentlich nichts, zumindest von den Tempeln, die einen umgeben. Die Massen pilgern den Hügel hinauf zum Berg und besetzen den immer voller werdenden Tempel. Wer faul, alt, unsportlich oder einfach respektlos gegenüber Tieren ist, lässt sich für 20 Dollar von einem Elefanten hoch und für 15 Dollar wieder herunterschleppen.

Und so endet unser Drei-Tages-Trip nach Angkor.

Zum Abschluss unseres Siem-Reap-Aufenthaltes essen wir mal wieder in unserem Lieblingsstraßenrestaurant. Dort kennt man uns. Allerdings muss man auch sagen, dass die beiden Geschwister, die den Laden mit ihrer Mutter schmeißen, sich auch tatsächlich jedes Gesicht merken können. Unglaublich. Wenn man mal mit einem: »See you tomorrow!«, von den beiden verabschiedet wurde und plant nicht mehr dort essen zu gehen, sollte man sich beim Durchqueren der Straße eine gute Ausrede einfallen lassen. Die beiden sprechen

nämlich jeden einstigen Kunden an. Einmal mehr ist der Unterhaltungswert in dieser Straße großartig. Als wir wieder mit: »See you tomorrow!«, verabschiedet werden, informieren wir die Familie traurig, dass wir morgen abreisen. Also rufen uns die Mutter und die beiden Geschwister: »See you next year!«, hinterher. Na dann …
Auf dem Night Market verhandle ich über den Preis eines Trikots der kambodschanischen Fußballnationalmannschaft. Bei 4,50 Dollar treffen wir uns und ich bin nun glücklicher Besitzer eines knallgelben Trikots mit blauen Ärmeln. Rebekka meint, dass es meinen Teint noch dunkler wirken lässt und ich nun aussehe wie ein Schwede … was wohl auch an der Trikotfarbe liegen mag.
Zwei Italiener verhandeln mit dem Besitzer des Antiquitätenstandes über den Preis einer wahrlich antik aussehenden Statue. Als Laie würde ich die Figur als echt bezeichnen; zumindest sieht sie wirklich alt und toll aus. Wenn wir es richtig mitbekommen, treffen sie sich bei 350 Dollar und besprechen nun die Ausfuhr beziehungsweise die Einfuhr nach Italien. Sollten das am Ende etwa tatsächlich echte Antiquitäten sein? Schließlich gibt es hier ja auch Elfenbeinpfeifen und Krokodilledertaschen …

Eugen & Patrick
Tag 33: 28. März 2010

S. 184

Da es schon lange nicht mehr geregnet hat, führen der Tonle Sap, Südostasiens größter See, und die Flüsse, die von ihm aus nach Phnom Penh fließen zu wenig Wasser, um mit dem Boot in Kambodschas Hauptstadt einzureisen. Also ist sechs Stunden Bus fahren angesagt. Ein Ticket kostet vier Dollar, da wir aber bei einer Rast zu unvorsichtig sind und Rebekkas Tasche unbeaufsichtigt im Bus liegen lassen, wird uns unser restliches thailändisches Geld geklaut und so kostet uns die Fahrt schätzungsweise 20 Dollar pro Person. Toll.
Die Fahrt, die quer durch Kambodscha geht, ist ansonsten recht interessant, da wir nun mehr vom Land zu sehen bekommen, als das doch schon extrem auf Touristen ausgelegte Siem Reap und Angkor. Allzu lange interessant ist es dann aber doch nicht, weil es irgendwie überall gleich aussieht: ein, im Vergleich zum überall grünen Thailand, erstaunlich trockenes und flaches Land ohne jegliche Erhebungen. Ackerbau und Viehzucht beherrschen das Bild, was womöglich noch ein Überbleibsel aus der Khmer-Rouge-Tyrannei ist: Die Roten Khmer sahen Stadtleben als unnatürlich und böse an, wohingegen der Landmensch als rein galt. Aus diesem Grunde wurde Phnom Penh quasi »evakuiert« und schrumpfte während der Schreckensherrschaft Pol Pots auf gerade einmal 40.000 Einwohner zusammen! Heute, 31 Jahre nach dem Ende des fehlinterpretierten Kommunismus', leben wieder zwei Millionen Menschen in der Hauptstadt.

Unser Bus teilt sich vorrangig mit Rollern, Lastwagen, anderen Bussen sowie Pferdewagen und -pflügen die Straße in Richtung Südosten. Unser Fahrer hat jedoch offensichtlich nicht mehr alle Tassen im Schrank und hupt bei jedem Vehikel, das er überholen will dreimal zur »Ich komme!«-Warnung, und dann noch einmal zur »Jetzt bin ich gerade direkt neben dir«-Information. An Schlaf oder Entspannung ist daher nicht zu denken.

Ein Gutes hat die Fahrt dann aber doch noch: Wir lernen Eugen und Patrick aus Bochum kennen. Die beiden arbeiten nebenbei als Filmvorführer in einem Bochumer Kino. Patrick studiert Sozialarbeit und Eugen Archäologie, dementsprechend angetan ist er von Angkor.

In Phnom Penh angekommen beschließen wir vier, dasselbe Hostel zu beziehen und gemeinsam die Stadt zu erkunden. Dabei lernt man sich kennen und spart obendrein Geld beim Tuk-Tuk-Fahren. Am Busbahnhof lehnen wir sämtliche Schlepper-Tuk-Tuks erfolgreich ab und schlagen uns durch das extreme Verkehrschaos von Phnom Penh in Richtung Olympiastadion durch. Olympiastadion? Richtig: In Kambodscha gab es nie Olympische Spiele, was die lustigen Khmer nicht daran gehindert hat, ihr Stadion, das angeblich bis zu 80.000 Zuschauer fassen soll, so zu benennen.

Der krasse Verkehr von Siem Reap ist übrigens im Vergleich zu Phnom Penh ein Kindergeburtstag. Man fühlt sich wie in einem Ameisenhaufen. Ein Gewusel von Rollermassen, Autos und Tuk-Tuks zwängt sich hier kreuz und quer durch die Stadt. Einmal mehr lautet die Devise: Mitmachen. Es gibt zwar ab und zu mal eine Fußgängerampel, meistens muss man jedoch ohne derartige Hilfsmittel über eine zwei- bis dreispurige Straße laufen. Diesmal empfiehlt es sich aber, nach links und rechts zu schauen, bevor man sein Leben riskiert. In Phnom Penh verstehe ich (ausnahmsweise) auch all diejenigen, die mit Mundschutz herumlaufen. Die Luft ist grausam. Vielleicht spucken hier deswegen so viele Leute ungeniert und oftmals sehr geräuschvoll auf die Straße!?

Unweit des Olympiastadions finden wir ein preiswertes Guesthouse. Sechs Dollar kostet die Nacht im Doppelzimmer; sogar mit Fernseher und Air Condition. Air Condition mögen wir nicht, aber wem's gefällt …

Patrick und Eugen fallen beim Schauen eines Muay-Thai-Boxkampfes im kambodschanischen Fernsehen in Tiefschlaf, während Rebekka und ich die nähere Umgebung erkunden. Die Stadt ist ziemlich dreckig. Wie so oft gibt es auch in Phnom Penh keine Mülltonnen. Der Müll wird einfach auf einer Stelle des Bürgersteigs getürmt und tatsächlich irgendwann von der Müllabfuhr abgeholt. Den Job wollte ich hier nicht haben, da die Männer – wie wir später beobachten können – tatsächlich jedes Müllteilchen einzeln aufheben und in den Abfuhrwagen werfen müssen. Mülltüten werden eher selten verwendet.

Die Leute in Phnom Penh bekommen anscheinend nicht allzu oft Farangs zu Gesicht. Zumindest fühlen Rebekka und ich uns in manchen Straßen sehr kritisch beäugt. Wenige Meter weiter passiert es dann aber meistens wieder, dass

man grundlos angelächelt wird. Angst oder dergleichen muss man also keine haben.
Wir sind müde und gehen wieder zurück in unser Hostel, wo wir gemütlich auf dem Balkon unseres Guesthouses zu Abend essen, während Patrick und Eugen immer noch schlafen. Man kocht gut und preiswert in unserem Hostel. Rebekka hat Tofu-Gemüsespieße und ich Amok im Bauch, als Eugen und Patrick aus ihrem Zimmer kommen und mit uns bis tief in die Nacht erzählen und Bier trinken.

Tuol Sleng, Durian und das Olympiastadion
Tag 34: 29. März 2010

Wir laufen zu viert zum Tuol-Sleng-Genozid-Museum. Das Museum ist eine ehemalige Schule, die in den 1970er Jahren von den Roten Khmer in ein Foltergefängnis (auch S-21 genannt) umfunktioniert wurde. Der Komplex besteht aus vier Häusern, in denen in vier Jahren unvorstellbar grausame Dinge geschehen sind und mindestens 14.000 Menschen zu Tode gefoltert wurden.
Heute kann man hier vor allem die Fotos der zahlreichen Opfer ansehen und sogar noch in die alten Zellen der Gefangenen hineingehen: Neben den schulklassengroßen Zellen für hochrangige Offiziere des geschlagenen Systems und Reiche wurden auch brutal kleine und eher provisorisch errichtete Zellenverschläge von 80 Zentimeter Breite und zwei Metern Länge benutzt. Die originalen Folterwerkzeuge und die vermutlich vom Blut verfärbten Fliesen offenbaren den Terror des Pol-Pot-Regimes und verbreiten auch über 30 Jahre nach den Gräueltaten noch eine extrem bedrückende Atmosphäre.
Im Schulhof wurde neben den Turnstangen der Schüler ein Holzgestell errichtet. Den Gefangenen wurden die Hände hinter dem Rücken verbunden. Dann bekamen sie ein Seil um ihre Handgelenke gebunden und wurden an diesem hoch- und heruntergezogen, bis sie das Bewusstsein verloren. Man stelle sich diese Schmerzen vor: Auf brutalste Art und Weise bekamen die Opfer ohne Unterlass die Schultergelenke durch ihr eigenes Körpergewicht ausgekugelt! Sobald die Gequälten in Ohnmacht gefallen waren, wurden ihre Köpfe in stinkende und eiskalte Abwasserkübel getaucht, wodurch sie sofort ihr Bewusstsein wieder erlangten und die Tortur von Neuem begann. Auf diese Weise wollte man sie zu »Geständnissen« zwingen. Eine weitere Foltermethode, die man im S-21 anwandte, war die des Waterboardings: Der Kopf des Opfers wird so lange unter Wasser gedrückt, bis der Gefangene fast ertrinkt. Fingerspitzen wurden ohne Betäubung amputiert und Brustwarzen abgeschnitten.
Als das Gefängnis von vietnamesischen Truppen entdeckt wurde, fand man nur 14 Überlebende vor. Sieben dieser 14 Geretteten starben aber noch innerhalb einer Woche nach ihrer Befreiung an Unterernährung und Krankheiten. Alle

Beweismittel, wie Aufzeichnungen, versuchten die Verantwortlichen vor ihrer Flucht noch zu zerstören, was ihnen größtenteils auch gelang. Lachen ist im Museum übrigens untersagt, worauf man durch Schilder hingewiesen wird. Wer an diesem Ort lachen muss, muss aber auch einen gehörigen Schaden haben.
Nach dem Museum und einem Spaziergang auf dem Monivong Boulevard organisieren wir uns ein Tuk-Tuk. Der Fahrer amüsiert sich köstlich darüber, dass wir mit ihm den Preis aushandeln und fährt uns dann zum Central Market. Hier probieren wir erstmals Durian als Frucht. Bislang kannten wir Durian nur als stinkendes Eis (Kuala Lumpur) mit mäßig gutem Geschmack und seinen üblen Geruch (Siem Reap). Heute wird der Geschmack der frischen Frucht gekostet! ... Und darauf hätte man auch verzichten können. Ich frage mich, ob mein Nachbar Alex unter Geschmacksverirrungen leidet oder mich weniger mag, als ich es verdiene. Die Konsistenz der seltsamen Frucht, die optisch der Jackfruit sehr nahe steht, ist ungefähr genauso ekelig wie der Gestank, den sie verbreitet. Jeder von uns vier würgt sich ein Stück der ekelhaften Kötzlichkeit herunter, bis wir beschließen, sie unauffällig verschwinden zu lassen. Unauffällig, weil wir sie in einer kleinen Bar unweit des Marktes konsumieren und von den Tischnachbarn schon genervte Blicke wegen des von uns verbreiteten Gestanks rübergeworfen bekommen.
Der Central Market ist übrigens nicht sonderlich spannend, neben dem Tuol-Sleng-Genozid-Museum und den gut 60 Kilometer weit vor Phnom Penh gelegenen Killing Fields, auf denen Tausende Kambodschaner ermordet wurden, aber die einzige angepriesene »Sehenswürdigkeit« der Stadt. Bis auf die Killing Fields, von deren Besichtigung uns aber vorher bereits mehrfach abgeraten wurde, haben wir nun also anscheinend alles gesehen, was die Hauptstadt der Khmer zu bieten hat. Den Verkehr kann man aber auch als Sehenswürdigkeit bezeichnen ... In Phnom Penh gibt es laut Wikipedia geschätzte 500.000 motorisierte Zweiräder! Und das ist bestimmt nicht übertrieben.
Die Killing Fields sollen – wie gesagt – nicht allzu interessant sein: Anscheinend bekommt man einen einfachen Acker sowie einige Totenköpfe gezeigt und wird währenddessen darüber informiert, was hier Grausames passiert ist.
Außerdem soll es einen Baum geben, an dem Babys erschlagen wurden. Die Truppen der Roten Khmer besaßen nämlich nicht viel Munition, weswegen sie auf andere Tötungsmethoden wie Erschlagen zurückgriffen. Barbarisch ... Ebenfalls barbarisch ist die Tatsache, dass viele Touristen sich nach Besichtigung der Killing Fields zu einem Schießstand fahren lassen und dort mal richtig schön losballern. Wie bescheuert können Menschen eigentlich sein?
Mit dem Sonnenuntergang pilgern viele Einheimische zum Olympiastadion. Rebekka und ich konnten bereits gestern aus der Entfernung sehen, dass sich die Menschen dort anscheinend zum Massenyoga treffen. Das wollen wir uns heute mal anschauen.
Den Sonnenuntergang verpassen wir leider, dafür bekommen wir eine ganz

andere Show geliefert, die wir so nicht erwartet haben: Die Kambodschaner treffen sich nicht zum Yoga, sondern zum Tanzen! Hunderte, vielleicht sogar ein paar Tausend junge Leute versammeln sich am oberen Tribünenrand und hüpfen lustig zu schrecklicher Dancefloor-Musik aus den 90ern. Individuell zappelt hier allerdings keiner herum: Ein Vortänzer, oftmals mit angestecktem Mikrofon, das in noch miserablerem Zustand als die knatternden Lautsprecher zu sein scheint, gibt die Schritte vor. Alle 50 Meter gibt es einen anderen Vortänzer mit anderer Musik und so entsteht ein bunter und lauter Klangteppich vor Phnom Penhs abendlicher Kulisse. Den besten Ausblick über die Stadt dürfte man übrigens auch vom Tribünenrand des Olympiastadions aus haben.

Wie auch schon zuvor in der Stadt läuft eine Frau mit einer alten Badezimmerwaage umher und lässt die Leute gegen Geld Gewissheit über ihr Gewicht bekommen.

Die Stimmung ist toll, doch Blitzlichtgewitter aus Europa sind die schüchternen Tänzer wohl nicht gewohnt. Zumindest drehen sich die durchgehend nicht wirklich guten Tänzer bei jedem Blitz fast schon erschrocken um, manche pausieren sogar, solange Patrick und ich wie wild fotografieren.

Nach unserem Besuch im Stadion verbringen wir mit Eugen und Patrick einen feuchtfröhlichen Abend auf der Terrasse unseres Hostels. Allabendlich schließen die Besitzer aber den Raum, in dem der Kühlschrank mit dem Bier steht zu, sodass wir gezwungen sind, im gegenüberliegenden Green Guesthouse Nachschub zu organisieren. Als ich den Versorgungsengpass schließen muss, grüße ich auf Kambodschanisch einen Tuk-Tuk-Fahrer, der uns schon eine Weile von der Straße aus beobachtet hat. Er erwidert den Gruß grinsend mit den Worten: »You drink a lot.«

»Uhm, no«, erscheint mir die sinnigste Antwort zu sein. Also, ich merke noch nichts. Im benachbarten Guesthouse ist der Rezeptionist schon weit weniger kritisch: »You can speak cambodian.«

»Uhm, no?«, müsste auch diesmal die passende Reaktion sein.

»Yes, yes!«, beharrt der Mann mit dem knallgrünen Polohemd auf seiner Aussage: »You said ›sousdey‹!«

Ja, da hat er wiederum recht. So habe ich sowohl den Tuk-Tuk-Fahrer, als auch ihn begrüßt.

»But that's all I can say: sousdey, aukun cheran and leah huey.«

Das heißt hallo, vielen Dank und tschüss. Er lacht und bringt mir noch schnell ein paar Zahlen und »gute Nacht« bei. Für Kambodschanischunterricht war es dann vielleicht doch schon ein Bier zu viel. Zumindest habe ich, nachdem ich kurz bei Rebekka und unseren neuen Freunden mit meinen frisch erworbenen Kenntnissen herumgeprollt habe, schon wieder alles vergessen. Ist aber auch eine schwere Sprache. »Otey« heißt »nein« …

Zu später Stunde gesellt sich noch die bereits mittelstark angeschwipste Susanne an unseren Tisch! Die nette Berlinerin arbeitet seit einigen Monaten in einem

Krankenhaus in Phnom Penh und wohnt in unserem Guesthouse. Susanne erzählt uns von ihrer Arbeit in Kambodscha, was hochinteressant ist. Ganz nebenbei ist sie auch eine Heldin: Sie hat Medikamente für HIV-Infizierte, die viel zu teuer sind und von denen es in Kambodscha viel zu wenige gibt, über die Grenze geschmuggelt.

Kurz vor Sonnenaufgang bemerken Rebekka und ich, dass wir wohl zu wenig Geld haben, um die Hostelrechnung am nächsten Morgen begleichen zu können. Am Automaten noch mal Geld abheben, wollen wir vermeiden. Zum einen kostet das ordentlich Gebühren, was ärgerlich ist, und zum anderen muss man in Phnom Penh ganz schön suchen, um mal einen Geldautomaten zu finden!

Susanne leiht uns deswegen zehn Dollar. Nicht nur, um ihr das geliehene Geld zurückgeben zu können, versprechen wir uns gegenseitig, uns nach ihrer Rückkehr in Berlin zu treffen.

Zurück nach Thailand
Tag 35: 30. März 2010

S. 184

Wir haben trotz Susannes Zehn-Dollar-Spende und einer kleinen Riel-Spende von Patrick und Eugen nicht genug Geld, um die Hostelrechnung komplett zu zahlen. Ups. Es fehlen ein Dollar und 1000 Riel. Also, 1,25 Dollar. Dieses Mischen der Währungen in Kambodscha ist irgendwie amüsant. Anstelle von Cents, die ja bekanntlich ein Hundertstel eines Dollars sind, rechnet man hier mit Riel: 4000 Riel sind ein Dollar, 1000 somit 25 Cent, womit 40 Riel einem Cent entsprechen. Münzen gibt es wohl auch, sind uns aber nie untergekommen. Solch kleine Beträge wie 100 Riel gibt es in Kambodscha bereits als Geldscheine. Der kleinste Schein, 100 Riel, entspricht gerade einmal zweieinhalb Cent. Beim Bezahlen reicht man also durchaus öfter einmal eine Handvoll Scheine über den Tresen.

Leicht peinlich berührt, stehen wir dem Kollegen vom Hostel gegenüber und lassen durchblicken, dass wir wegen 5000 Riel nicht zum Bankautomaten rennen werden, wo uns dann noch mal gut vier Dollar Gebühren erwarten würden. Er verlässt uns, um das Problem mit dem Chef zu besprechen. Das große Taktieren beginnt nun. Nachdem er nach über einer Viertelstunde noch immer nicht zurückgekehrt ist, gehe ich zu ihm runter ins Erdgeschoss und frage ihn, wie wir das Problem denn nun lösen sollen. Wir haben zwar noch einen 50-Dollar-Schein einstecken, den benötigen wir aber für die Ausreise aus Kambodscha! Die kostet nämlich 25 Dollar pro Person, wenn man mit dem Flugzeug das Land verlässt. Dies scheint eine übliche Masche in postsozialistischen Staaten zu sein. In Kuba mussten wir 2007 auch bereits eine Ein- und Ausreisegebühr blechen.

»It's okay«, sagt der Mann vom Hostel zum Glück. Na dann ist ja gut. Er soll auch mal nicht rummeckern, schließlich haben wir uns gestern Abend noch nach Tuk-Tuk-Preisen zum Flughafen erkundigt und auf der Straße Fahrten für fünf Dollar angeboten bekommen – die vermutlich sogar noch verhandelbar gewesen wären. Er hingegen verlangt dafür sieben Öcken und behauptet, dass man am Flughafen eine Zufahrtsgebühr von zwei Dollar zahlen muss. Die Tuk-Tuks von der Straße würden uns angeblich vor dem Flughafen rausschmeißen und uns somit eine gut zehnminütige Wanderung auferlegen. Das haben wir ihm zwar gestern schon nicht geglaubt, aber weil wir gute Gäste sind und die Bequemlichkeit nach unserem langen Tag an Phnom Penhs heißer und staubiger Luft gesiegt hat, haben wir den Abzocker trotzdem gebucht. Dank unseres Geldmangels sparen wir nun immerhin wieder 5000 Riel und kommen den fünf Dollar von der Straße ein nettes Stück näher.

Die Zufahrtsgebühr erweist sich natürlich als Humbug und selbst wenn man uns vor dem Zaun rausgeschmissen hätte, würden wir wohl keine zehn Minuten für die 75 Meter zum Terminal benötigen. Manchmal darf man dann doch auch ein weniger netter Gast sein. Aber wir sind nun mal zwei sehr gut und höflich erzogene Menschen, höhö.

Da wir am Flughafen noch immer ohne Geld dastehen, schnorren wir uns in altgewohnter Punkermanier durch: Rebekka schnappt sich einen verlausten Straßenköter und setzt sich vor den Terminaleingang. Ich feuchte meine Haare an, stelle sie hoch und gehe auf die vorbeigehenden Flugticket-Bonzen zu und frage: »Haste mal 100 Riel?«

… Ganz so muss es dann doch nicht kommen. Wir entdecken einen Eis- und Getränkestand, bei dem man mit VISA zahlen kann. Wir nehmen uns eine Wasser- und eine Colaflasche aus dem Kühlschrank und … können einmal mehr nicht bezahlen. Wie schon in Kuala Lumpur verweigert die scheiß Kreditkarte den Dienst. In Kuala Lumpur wollten wir bei Starbucks für Rebekkas Schwester eine Tasse kaufen: Ging nicht. In drei Filialen! Und jetzt in Phnom Penh die gleiche Kacke. VISA, wir verfluchen Dich!

»Do you have free water around here?«, frage ich mit meinem wehleidigsten Blick, den ich auflegen kann, und habe unerwarteterweise Erfolg! Gegenüber schenkt man tatsächlich kostenlos Trinkwasser aus! Heureka! Gerettet!

Den Flug verbringen wir größtenteils im Traumland und schon landen wir in Bangkok. Diesmal wollen wir nicht in die Khaosan Road, sondern zum Southern Bus Terminal, um dort den Bus nach Kanchanaburi zu nehmen: Es geht zum River Kwai!

Wie immer in Thailand muss man sich keine großen Sorgen darum machen, wie man von A nach B kommt: Zwei freundliche Thais gefragt und schon sitzen wir im kostenlosen Shuttle zum Linienbusbahnhof nahe des Airports. Hier erkennt man uns nach über fünf Wochen Thailand seltsamerweise noch immer als Farangs und nähert sich uns mit den Worten: »Where you go?«

»Kanchanaburi«, lautet die Antwort und schon stehen wir am richtigen Bus in Richtung Southern Bus Terminal. Der Bus zum südlichen Busbahnhof, der seltsamerweise im Nordwesten der Stadt liegt und vermutlich »Southern« heißt, weil man von hier aus in Richtung Süden reist, fährt – warum auch immer – mit über 20 Minuten Verspätung ab. Das macht uns ein wenig nervös, da der letzte Bus nach Kanchanaburi um 22 Uhr abfahren soll. Auf der langen Fahrt quer durch Bangkok sehen wir im Vorbeifahren eine Demonstration der Rothemden, die derzeit weltweit in den Medien sind, da sie sofortige Neuwahlen fordern. Dies ist unsere erste Begegnung mit den Massen, die Bangkok seit gut zwei Wochen belagern.

Um kurz vor zehn erreichen wir den Bahnhof und werden einmal mehr direkt dorthin gelotst, wohin wir wollen: Der erste Thai vor dem Terminal ruft: »Where you go?«

Wir antworten. Er deutet die Richtung an. Wir folgen dem Fingerzeig und treffen auf den nächsten Thai: »Where you go?«

So geht es über gut fünf Stationen, bis wir am richtigen Ticketschalter stehen. Es folgt das gleiche Spiel wie zuvor. Nun leitet man uns zu unserem Bus, der sogar extra auf uns wartet. Kaum sind wir drin, geht die Reise los.

Gegen Mitternacht erreichen wir die Stadt am Kwai, nehmen uns gemeinsam mit einer Holländerin ein Tuk-Tuk und lassen uns zum Jolly Frog Guesthouse fahren. Das bekannteste Backpackerhostel der Stadt hat aber kein Zimmer mehr frei und so fahren wir weiter von Hostel zu Hostel, um noch ein Bett zu finden. Eigentlich wollen Rebekka und ich den Tuk-Tuk-Fahrer schnell loswerden, um keine Schleppergebühr zahlen zu müssen. Die Holländerin ist aber jedes Mal schneller mit Antworten als wir und so können wir der Gebühr für heute Nacht wohl nicht mehr entgehen. Außerdem sind wir müde und wehren uns nur sehr halbherzig gegen die Tuk-Tuk-Fahrt …

Nachdem uns zwei weitere Hostels die Übernachtung verwehren – alles voll hier?! – landen wir schließlich im Sugar Cane Guesthouse und können uns endlich schlafen legen, bis …

Der Charme Kanchanaburis
Tag 36: 31. März 2010

Hier krabbelt etwas! Wir drehen das Licht an und finden uns in einem Bett aus Käfern wieder. Schlagartig juckt es uns überall. Vollkommen angeekelt stehen wir vor dem Bett, in dem es von Käfern der verschiedensten Größe und Couleur nur so wimmelt. Buah!

»Ähm … da will ich mich nicht mehr reinlegen«, unterbreche ich irgendwann die Stille der Fassungslosigkeit.

Unser Zimmer befindet sich auf einem Floß, das auf dem River Kwai liegt.

Dass wir hier womöglich ein Mückenproblem bekommen könnten, war uns bewusst. Mit Bettwanzen oder -flöhen oder was auch immer das für Viecher sind, haben wir aber nicht gerechnet.

Es ist halb fünf in der Nacht und ich habe wenig Hoffnung noch jemanden vom Guesthouse an der Rezeption anzutreffen. Zu meiner Überraschung sitzt jedoch noch eine ganze Gruppe vor der Rezeption. Ein Ladyboy empfängt mich mit: »Where you go?«

»Is anyone of you working here?«, frage ich zurück. Die Gruppe besteht aus Italienern und dem Ladyboy. Alle zeigen auf den auf einem Stuhl schlafenden Sicherheitsmann, der uns um Mitternacht empfangen und uns das Käferzimmer zugewiesen hatte. Der Mann ist sofort wach und ich beklage mich übermüdet und genervt, dass unser Bett »full of bugs« ist. Wie zu erwarten, versteht der Thai nicht viel Englisch und ich zeige ihm mit Krabbelbewegungen der Finger und Kniffen in meinen Unterarm, was sich in unserem Zimmer abspielt. Sonderlich überrascht reagiert er nicht und sagt mir, dass ich ihm folgen soll. Der Mann von der Security steuert zielstrebig das Hausfloß und unser Zimmer an. Rebekka und ich zeigen ihm die Massen, die auf unserer Matratze herumkreuchen. Erneut reagiert der Mann erschreckend nüchtern und teilt uns auf recht rüde Weise mit, dass wir ihm folgen sollen. An Nettigkeit hat der Mann schon von Anfang an gespart. Der Nachtwächter führt uns in ein anderes Zimmer auf demselben Floß. Dass es dort auch Käfer haben wird, ist uns sofort klar. Zum Glück zeigt sich auf dem Bett auch bereits ein Exemplar, als wir hereinkommen. In dem Zimmer, in dem wir uns gute vier Stunden die Matratze mit dem Ungeziefer geteilt haben, kamen die heimtückischen Krabbeltiere erst im Schutze der Dunkelheit hervor. Wir zeigen dem angepissten Sicherheitsmann den Käfer, der mich daraufhin wieder mit zur Rezeption nimmt, wo einer der Italiener, gute 60 Jahre alt, gerade mit dem Ladyboy, höchstens 25, auf sein Zimmer verschwindet. Ich teile dem Thai mit, dass wir sein Etablissement verlassen werden und gerne unser Geld zurück hätten. Er versucht es noch einmal mit einem anderen Zimmer und schaltet auf Durchzug, als ich ihm auf dem Weg dorthin bereits ununterbrochen: »No. No, thank you. We want to leave!«, in den Rücken schmettere. Im Zimmer schalte ich wieder auf Zeichensprache: »We«, ich deute auf Rebekka und mich, »want to leave«, Zeige- und Mittelfinger marschieren durch die Luft. »Give us our money back.« Der Daumen reibt die Kuppen von Zeige- und Mittelfinger, bevor die Finger zusammengedrückt auf meine Brust deuten. Damit durchstoße ich sein Herz.

»Noooo«, stöhnt er.

»Yes.« Ich nicke überdeutlich wie ein Kamel, damit er auch ja versteht, dass wir hier nicht bleiben werden. Gleich weint er los: »Ohooo.«

Die Taktik kennen wir. Jetzt bloß nicht nachgeben: »Give us our money back.« Er blickt uns fragend an, während wir das Zimmer verlassen und die Rezeption ansteuern. Er folgt uns. Die zwei an der Rezeption verbliebenen Italiener kommen gerade vom Zimmerfenster des Ladyboyknatterers zurück und lachen sich kaputt. Da hat wohl jemand vergessen, die Gardine vorzuziehen, was aber sofort nachgeholt wird, wie ich Sekunden später bemerke. Der Sugar-Cane-Sicherheitsmann tut noch immer so, als verstünde er nur Bahnhof. Zu unserem Glück kann tatsächlich einer der Italiener thailändisch! In einer Mischung aus Erstaunen und Freude bitte ich ihn, zu übersetzen. Jetzt gibt es für den Nachtschichtler kein Entkommen mehr und wir erhaschen einen kleinen Blick hinter die Kulissen: Der Nachtwächter erklärt dem Italiener, dass er dem Tuk-Tuk-Fahrer 100 Baht Schleppergebühr gezahlt hat und uns deswegen nicht die kompletten 300 Baht zurückgeben kann.

»Das ist nicht unser Problem«, übersetzt der Italiener für uns. Das muss man sich auch erst mal geben: Eigentlich kostet ein Zimmer hier 200 Baht, wegen dem Taxifahrer müssten wir aber jeden Tag aufs Neue 100 Baht extra zahlen! Aus den Schleppergebühren der ersten Nacht wird also ein dreister Aufschlag für jede kommende Nacht. Wir sind heute übrigens zum ersten Mal »geschleppt« worden.

Der Sicherheitsmann bietet uns 200 Baht an. Das ist immerhin schon einmal ein Anfang. Die 200 Baht nehme ich an. Mehr hat er angeblich nicht, was ich ihm nicht glauben will, da er um Mitternacht ja bekanntlich 600 Baht bekommen hat: 300 von uns und 300 von der Holländerin, die noch in ihrem Käferbett schläft. Ob wir sie wohl besser wecken sollten? »Das Geld hat der Chef abgeholt.« Schwachsinn. Damit kommt er nicht durch. Das Spielchen geht noch einige Minuten so weiter, bis ich ihm einen Zettel vorlege, auf dem steht, dass wir noch 100 Baht vom Sugar Cane zu bekommen haben. Ich bitte ihn, den Brief zu unterschreiben, was er auch tatsächlich tut.

Wir ziehen ab. Wanzen und Flöhe waren es wohl keine, die da auf uns herumgekrabbelt sind. Zumindest juckt es nur aus Ekel, nicht aber aufgrund von Bissen. Den Biss bekommt Rebekka dafür von jemand anderem: Ein nerviger kleiner Kläffer überfällt uns 50 Meter hinter dem Sugar Cane und beißt Rebekka in die Ferse! Was ist denn hier los?! Rebekka ist im Übrigen nichts passiert. Der Köter hat nur geknappt.

Die nächsten zwei Stunden verbringen wir vor dem 7-Eleven und warten bis die Hostels Kanchanaburis ihre Pforten um sieben in der Frühe wieder öffnen. Zu dieser Tageszeit saßen wir in Thailand bislang noch nicht auf der Straße, weswegen wir auch noch nie Folgendes beobachten konnten: Bettelmönche ziehen die Straße entlang ... und zwar nicht zu wenige. Über einen Zeitraum von gut 30 Minuten kommen bestimmt zehn Gruppen von drei bis acht Mönchen vorbei, die von am Straßenrand wartenden Buddhisten mit Reis und Obst empfangen werden. Die Gläubigen schenken den Mönchen, die allesamt zwischen fünf und höchstens 30 Jahren alt sind, das mitgebrachte Essen und bekommen im Gegenzug ein Gebet in tiefer Stimmlage monoton vorgetragen.

Um sieben Uhr probieren wir es erneut im Jolly Frog. Die Chancen stehen gut,

da wir bereits am frühen Morgen mindestens zwei Parteien auschecken sahen. Das Hostel öffnet pünktlich und wir bekunden, dass wir gerne ein Zimmer hätten. Geht klar, allerdings erst in einer knappen Dreiviertelstunde: Die Putzfrau muss noch sauber machen. Das klingt – nach dieser Nacht – sehr gut.
Wir frühstücken leckere Frühlingsrollen im sehr sympathischen Restaurant des Jolly Frog Guesthouses und bekommen dann unser neues, sauberes Zimmer im sehr hübsch angelegten Garten gezeigt.
Bevor wir uns ausschlafen, marschieren wir zum Ekelhostel in der Nachbarschaft und verlangen die restlichen 100 Baht zurück. Der Chef schläft noch, teilt uns die Rezeptionistin frech mit, woraufhin ich ihr mitteile, dass wir heute noch überhaupt nicht geschlafen haben, da ihr Hostel Käfer in den Matratzen hat. Das ist ihr egal und wir sollen später wiederkommen.
Als wir nach einigen Stunden zurückkehren, bekommen wir tatsächlich sofort und ohne noch ein weiteres Wort zu verlieren die 100 Baht in die Hand gedrückt. Damit haben wir nicht gerechnet. Unser erneutes Auftauchen war eigentlich als ein letztes Noch-mal-auf-die-Nerven-Gehen geplant, um den Betreibern des Sugar Cane Guesthouses aufzuzeigen, wie ekelhaft es ist, Käfer in seinen Matratzen zu züchten.
Das Jolly Frog ist wirklich cool: Hübsche Anlage im Grünen mit schönem Blick auf den Fluss und ein nettes Restaurant mit guter und sehr preiswerter Speisekarte, wobei man unbedingt auf Nudelgerichte wie Pad Thai und Pad Siew verzichten sollte. Nudeln können die Köche im immer gut besuchten Restaurant nämlich überhaupt nicht kochen. Die Currys sind dagegen sehr gut und als Nachspeise können wir die Taro Balls in Coconut Cream empfehlen. Hmm … pappsüß, aber so gut!
Der Charme Kanchanaburis erreicht uns dagegen irgendwie so überhaupt nicht. Man hat uns Kanchanaburi bereits zweimal wärmstens empfohlen, bislang fühlen wir uns aber eher so, als hätten wir die Pub Street in Siem Reap gegen die Puff Street in Kanchanaburi eingetauscht: Am Abend verwandelt sich das Touristenviertel am Fluss in ein reines Rotlichtviertel. Neben den in quasi jedem Restaurant und in jeder Bar anzutreffenden weiblichen und transsexuellen Prostituierten macht noch der Straßenverkehr Kanchanaburi zu einem ziemlich anstrengenden Ort. Ich habe an sich kein Problem mit Prostitution, solange es sich natürlich nicht um Zuhälterei oder Zwangsprostitution handelt. Wenn ich aber im Jolly Frog sehe, wie ein über 70-jähriger Mann, nur mit Unterhose bekleidet, mitten am Tag bei offener Tür auf seinem Bett sitzt und sich ein *höchstens* 18- bis 20-jähriger kleiner Thai mit ebenso wenig Textilien am Körper auf dem Bett rekelt, finde ich die Atmosphäre Kanchanaburis eher abschreckend.
Auf Nightlife haben wir aufgrund des oben beschriebenen Klientels nicht wirklich viel Lust. Dafür kaufen wir uns in der Apotheke erstmals Elektrolyte. In Thailand gibt es in jeder Stadt das lokale Trinkwasser zu kaufen, das allerdings

durch zig Filterprozesse völlig entmineralisiert ist. Für fünf Baht kann man sich die Mineralien in Pulverform kaufen und das Wasser somit selbst wieder mineralisieren. Außerdem schmeckt es dann auch nach Orange.

Die Brücke am Kwai
Tag 37: 1. April 2010

Wir schlagen uns durch den nervigen Verkehr der einzigen Straße im Touristenteil von Kanchanaburi, der Mae Nam Kwae Road, zur berühmten Brücke durch und entdecken zur Abwechslung einmal etwas, was uns Kanchanaburi etwas sympathischer erscheinen lässt: Die Stadt bietet kostenlosen Fitnessspaß auf der Straße an! An zwei Stellen auf dem Weg zur Brücke entdecken wir frei zugängliche Fitnessgeräte, die jeder einfach so nutzen kann. Zusätzlich sind die Geräte quietschbunt, sodass diese kleinen Anlagen den Charme eines Spielplatzes für Erwachsene versprühen.

An der Brücke angekommen, treffen wir auf viele Tagestouristen, die mit Bussen angekarrt werden, um eine nett anzuschauende Eisenbahnbrücke mit schlimmer Vergangenheit zu fotografieren: Im Zweiten Weltkrieg, von Juni 1942 bis Oktober 1943, zwangen die Japaner 200.000 asiatische Zwangsarbeiter und 62.000 Kriegsgefangene aus Australien, den Niederlanden und Großbritannien dazu, eine Eisenbahnstrecke zu bauen, die Bangkok mit Rangun im damals noch Burma genannten Myanmar verbinden sollte. Auf dieser Strecke musste der Kwai überwunden werden, weswegen die Gefangenen auch zwei Brücken zu errichten hatten. Während der unmenschlichen Behandlung durch die Japaner starben über 90.000 Zwangsarbeiter und Kriegsgefangene an Unterernährung, Krankheiten und Unfällen. Eine der beiden Brücken bestand ausschließlich aus Holz. Die andere ist eine kleine, irgendwie niedlich aussehende Stahlträgerkonstruktion mit Steinsockeln von geschätzt über 300 Metern Länge und einer einzigen Schienenspur darauf. Die Holzbrücke existiert indes nicht mehr.

Unweit der Brücke gibt es noch das World War II Museum, das laut unserem Reiseführer aber »bizarr und voller Fehler« ist.

Wir planen unseren Ausflug zur Brücke so, dass wir den Zug der »Death Railway«, wie die Strecke genannt wird, zu sehen bekommen. Gestern konnten wir das laute Pfeifen der Bahn hören, als sie sich der Brücke näherte, weswegen wir nun die ungefähre Ankunftszeit kennen. Kurz nach 17 Uhr ist es dann tatsächlich so weit und der Zug kündigt sich mit lautem Hupen an. Das muss er tun, damit Bahnangestellte, die an der Brücke wachen, genug Zeit haben, um die Touristen von der Brücke zu verscheuchen oder um sie auf die sicheren Plattformen auf der Brücke zu lotsen. Da die Brücke extrem schmal ist und man als Fußgänger über die Gleise klettert, ist diese Vorsichtsmaßnahme mehr als erforderlich. Das Bimmelbähnchen, das im Schritttempo über die Brücke tuckert, kommt um die Kurve und vertreibt allzu neugierig Fotografierende durch unaufhörliches Weiterhupen von den Gleisen. Das ist ganz lustig anzuschauen, aber nicht allzu spektakulär. Wir erleben sogar noch einen zweiten Zug, der auf denselben Gleisen in die entgegengesetzte Richtung fährt und verlassen die Brücke wieder … allerdings erst nachdem wir noch von einer Gruppe junger Thais für ein kurzes Fotoshooting »benutzt« worden sind. Wir sehen ganz offensichtlich einfach nur verdammt gut aus: In Phuket entdeckt uns das Fernsehen und in Kanchanaburi werden wir zu begehrten Fotomodellen. Vielleicht hatten wir auch bereits unseren großen Auftritt in Thailands Krankenhaus-Telenovela und wurden lediglich wiedererkannt … Wer weiß das schon?

Busfahrt nach Ayutthaya
Tag 38: 2. April 2010

S. 184

Wir haben genug von Kanchanaburi und lassen uns von einem kleinen Motorradtaxi im Beiwagen zum Busbahnhof fahren. Das hatten wir bislang noch nicht: ein Roller mit einem angeschraubten Beiwagen, der über zwei gegenüberliegende Sitzbänke verfügt. Ist lustig und mit 50 Baht erstaunlich billig; 50 % billiger als mit einem gewöhnlichen Tuk-Tuk oder Songthaew.

Am Busbahnhof besteigen wir einen quietschbunten Linienbus, in dem wir die einzigen Farangs sind. Yeah! Die allermeisten Touristen, die Kanchanaburi verlassen, fahren mit dem Bus nach Bangkok. Wir planen jedoch nach Norden zu reisen, weswegen sich die Linienbusse nach Suphanburi und dann weiter nach Ayutthaya anbieten. Ayutthaya soll mit seinen alten Tempelanlagen à la Angkor sehr schön sein. Die alten Gemäuer in Ayutthaya (Aussprache: Ajutt-taja) stammen primär aus dem 14. bis 16. Jahrhundert und sind somit rund 500 Jahre jünger als die Tempel von Angkor.

Um 1350 entstand das Königreich von Ayutthaya, das sich von seinem Vorgängerreich Sukhothai unter anderem darin unterschied, dass sich die Könige göttliche Eigenschaften zuschrieben und Ayutthaya somit zu einem Staat der absoluten Monarchie werden ließen. Über 417 Jahre lang war Ayutthaya die Königsstadt des siamesischen Reiches. 1767 kamen dann aber die Burmesen und zerstörten die damalige Weltmetropole. Heute sind nur noch wenige Überreste der riesigen Stadt übrig.

Aber noch sitzen wir in Kanchanaburi. Der Bus rollt los, hält zwei Ecken weiter aber bereits wieder und wartet auf irgendetwas. Ein alter Mann mit amputiertem Bein nähert sich einer Eisenglocke mit einem Eisenklöppel und läutet diese. Oha. Zwei Minuten später schlägt er erneut mit der Eisenstange gegen die Glocke und unser Bus setzt sich wieder in Bewegung. Cool: eine Haltestelle mit provisorischem Abfahrtssignal.

Wir verlassen Kanchanaburi und fahren ohne weitere größere Pausen bis nach

Suphanburi durch. Die Landschaft ist toll: grüne leuchtende Reisfelder mit unzähligen, nach Fröschen suchenden Störchen darauf, ziehen sich bis zum Horizont.

Zwei Schulmädchen steigen zu. Beide trinken aus Plastiktüten Cola mit jeder Menge Crushed Ice. Man sieht sehr oft Thailänder mit Röhrchen aus kleinen Plastiktüten trinken. Als die zwei genug erfrischt sind, knoten sie die Tüten an den Lehnengriff des Vordersitzes und verlassen kurz darauf wieder den Bus. Eine junge Mutter mit ihrer kleinen Tochter steigt zu und setzt sich auf die gerade frei gewordenen Plätze. Die Plastiktüten stören sie nach wenigen Sekunden, weswegen sie die Knoten löst und die Tüten ganz selbstverständlich aus der – während der kompletten Fahrt über – geöffneten Bustür auf die Straße wirft. Den Umweltschutzgedanken haben die Thais noch nicht wirklich verinnerlicht. Auf Mülltrennung trifft man hier extrem selten und in den Städten muss man Mülltonnen und -eimer ewig suchen.

Bei einer kurzen Pause in U-Thong steigen Straßenhändler zu und verkaufen im Bus ihre Getränke und Fleischspieße. Reisen im »Thai-Style« ist fett.

In den von Thais benutzten Linienbussen fehlen – endlich einmal – die Air-Condition-Anlagen. Stattdessen hängen an den Decken Ventilatoren, die aber während der Fahrt ausgeschaltet sind. Die Luftzirkulation durch die Ventilatoren braucht man auch nicht: Die geöffneten Fenster und Türen sorgen für mehr als genug Durchzug.

Wir erreichen Suphanburi und fahren an einem riesigen Gebäude vorbei, das die Form eines Drachens hat und ebenso wie die Drachenfiguren in buddhistischen Wats knallbunt angestrichen ist. Es sieht fantastisch aus! Wir erreichen den Busbahnhof und werden – kaum dass wir den Bus verlassen haben – sofort von einer Thailänderin mit der Frage: »Ayutthaya?«, empfangen und zum nächsten Bus geführt, der mit unserem Zusteigen auch direkt losfährt. In Thailand achtet man nicht unbedingt auf die pünktliche Abfahrt der Verkehrsmittel, dafür aber darauf, dass auch ja jeder der mitfahren will an Bord ist. Großartig! Unser neues Vehikel, das uns nun also nach Ayutthaya fahren wird, scheint ein Bus der Marke Eigenbau zu sein, in dem man sich trotzdem sicher fühlt. Der Style ist einfach so unschlagbar, dass man vielmehr mit der Begutachtung jeder einzelnen Schraube, als mit der Angst, dass das Teil auseinanderbrechen könnte, beschäftigt ist: Der Boden besteht aus Brettern. Als Zeichen, dass man den Bus verlassen möchte, wurde neben der auch hier durchgehend geöffneten Tür ein Lichtschalter angebracht, der nach Betätigung ein Klingeln auslöst. Eine Stange zum Festhalten, die den Boden mit der Decke des Busses verbindet, war offensichtlich zu kurz, weswegen man noch kleine Holzscheiben dazwischenschrauben musste, um die Stange befestigen zu können. Die Ticketverkäuferin sitzt vorne neben dem Fahrer auf einem festgeschraubten Sitzkissen. Die Aufzählung könnte noch lange weitergehen …

In Ayutthaya klappern wir drei Hostels ab. Das erste, Tony's Place, gefällt uns

bereits sehr gut. Wir wollen aber schauen, ob wir noch ein billigeres finden. Das zweite, das P. U. Inn Guesthouse ist eines der vielen Gästehäuser, die sich damit rühmen im Lonely Planet, dem mittlerweile wohl mainstreamigsten und somit wohl uninteressantesten Reiseführer der Welt, zu stehen. Uns gefällt es weniger gut und zusätzlich ist es auch ziemlich teuer. Schräg gegenüber befindet sich das klitzekleine B. J., das von anscheinend recht sympathischen Thais betrieben wird, die sich kaum trauen, einem ein Zimmer anzubieten. Zu groß ist wohl die Konkurrenz. Das Zimmer ist spottbillig, im Vergleich zum Style von Tony's Place, der stark an das On On in Phuket erinnert, aber nicht billig genug. Wir gehen erneut zu Tony's Place, um uns noch einmal nach dem Preis zu erkundigen und einen Rabatt auszuhandeln. Das Handeln können wir uns sparen, da die Rezeptionistin sofort mit einer Preisminderung daherkommt. Für 250 Baht nächtigen wir also in einem der stilvollsten Hostels unserer bisherigen Reise: Das Restaurant, durch das man laufen muss, um zu den Zimmern zu gelangen, ist eine tolle Mischung aus Garten und hölzernem, zweistöckigem Innenhof mit Balkonen. Die Zimmer selbst sind ebenfalls vom Boden über die Wände bis zu den Möbeln komplett hölzern und mit Flügeltüren ausgestattet. Das Bad befindet sich auf dem Balkon. Das heißt: An freier Luft duschen und … so weiter. Das Waschbecken ist eine steinerne Waschschüssel mit Abfluss. Überhaupt haben alle Möbel – Schränke und Bett – den Stil und Charme der 20er bis 40er Jahre.
Zudem schmeckt das Essen bei Tony's Place sehr gut und die Kellnerinnen und Kellner sind die wohl zuvorkommendsten und freundlichsten, die uns bisher untergekommen sind. Tony's Place ist eine absolute Empfehlung!
Als ich nachts Reiseberichte schreibe, führt einer der Kellner einen rotzbesoffenen, fetten und singenden Chinesen ganze fünfmal aufs Klo und schaut dabei zum Wegschmeißen hilflos drein. Auch das gehört bei Tony's Place zum Service. Genauso wie eine ziemlich einseitig geführte kurze Unterhaltung auf Thai mit dem etwas verpeilt wirkenden Security-Mann. Ich habe noch immer keine Ahnung, um was es da ging …

Die Ruinen Ayutthayas *oder:* Der hohle Ole greift an!
Tag 39: 3. April 2010

Wir sind auf dem Weg zum 7-Eleven, als uns ein Tuk-Tuk-Fahrer anquatscht und uns das Angebot macht, uns innerhalb von drei Stunden zu sechs Tempeln zu fahren. Die Stunde soll zunächst 200 Baht kosten, wir einigen uns auf 150. Der Fahrer heißt Wang Chuan, ist gute 50 Jahre alt und sieht wie die thailändische Antwort auf Steven Seagal aus. Sein Tuk-Tuk ist – wie so ziemlich jedes Tuk-Tuk in Ayutthaya – im Isetta-Style. Es sieht also aus wie ein Auto, hat aber nur drei Räder und ist vermutlich nur ein Roller mit Fahrerkabine und Blech

125

drum herum. Stranges Teil …

Unser preiswerter Chauffeur dreht seine Anlage auf und schon geht's mit Creedence Clearwater Revival zum ersten Tempel des Tages: Wat Yai Chai Mongkon.

Der Tempel wurde im Jahre 1357 vom ersten König Ayutthayas, U Thong oder besser Ramathibodi I., wie er sich nach seiner Thronbesteigung selbst nannte, erbaut. Das erst sechs Jahre zuvor gegründete Königreich war noch sehr jung und Ramathibodi I. damit beschäftigt, die ihn umgebenden Fürstentümer unter seiner Herrschaft zu vereinen. Mit dem Khmer-Reich aus Angkor gab es zu jener Zeit zudem regelmäßig Ärger. 1369 besetzten dann die Truppen Ayutthayas sogar erstmals das Khmer-Reich.

In der Mitte des hübschen Tempels prangt ein 80 Meter hoher Chedi, was im Prinzip das Gleiche ist, wie in Angkor ein Prasat, also ein Turmheiligtum. Im Garten des Wat sitzen massenhaft Buddhastatuen nebeneinander, die mit orange-goldenen Tüchern bekleidet sind und weiter vorne gibt es einen etwa zwölf Meter langen, liegenden Buddha zu sehen.

Als wir den Chedi betreten, beobachten wir Thais, die sich Goldpapier kaufen und damit eine Buddhastatue Stück für Stück »neu vergolden«. Dieses Spektakel werden wir heute noch mehrfach beobachten können.

Mit »Twist and Shout« steuern wir den nächsten Tempel an. Wang grölt ordentlich mit und präsentiert uns erneut mit einer kleinen Einleitung den Tempel: Wat Phanan Choeng.

Der Tempel stammt aus dem 14. Jahrhundert und beeindruckt architektonisch durch eine 19 Meter große, vergoldete Buddhastatue. Beeindruckend ist auch, wie die Gläubigen hier interagieren: Wieder werden Buddhastatuen mit Gold beklebt, einige Gläubige beten mit Blumen und Räucherstäbchen in ihren Händen und wieder andere suchen einen der rund um den riesigen Buddha sitzenden Mönche auf und lassen sich von diesem entweder mit Wasser bespritzen oder mit einer kleinen Rute auf den Kopf hauen. Dazu kommen noch zwei Herren, die ununterbrochen irgendetwas durch ein Mikrofon erzählen. Beide haben trotz ihrer Nonstop-Monologe keine Textblätter zur Hilfe und sehen dabei nicht wie Prediger, sondern vielmehr wie unseriöse Staubsaugerverkäufer aus. Cool ist auch, dass man einfach so ziemlich laute Glocken läuten darf. Macht hier jeder, also lasse ich die Glocken auch mal erklingen. Na, hier können sich die lahmen Christenkirchen mal was abschauen. Der Tempel bietet die reinste Show, hat einen großen interaktiven Unterhaltungswert, liegt schön am Chaophraya Fluss und ist randvoll mit Besuchern. Einheimischen Besuchern wohlgemerkt! Wir sind hier die einzigen Farangs. Die Nebensaison hat angefangen … Yeah!

Die Tour macht richtig Spaß und in Ayutthaya fühlen wir uns wohl. Als wir auf dem Weg zum dritten Tempel sind, lächeln wir mit einheimischen Auto- und Rollerfahrern um die Wette und bekommen sogar einen Wheelie vorgeführt.

Das heißt, dass uns ein Roller überholt, der plötzlich sein Vorderrad in die Luft reißt und nur noch auf seinem Hinterrad an uns vorbei düst. Rock und Roll. Ich gebe einem anderen Rollerfahrer, der soeben noch neben dem Poser gefahren ist, ein Zeichen, dass wir nun dasselbe von ihm erwarten. Der Kollege winkt aber ab.

Die Thais in Ayutthaya unterscheiden sich enorm von den Einheimischen in Kanchanaburi. Dort hatten wir oftmals den Eindruck, den wir übrigens sonst nirgends in Thailand hatten, dass die Thais von den Farangs genervt sind. Das können wir aber auch durchaus nachvollziehen: Man stelle sich nur mal vor, dass man eine Kleinstadt bewohnt, die sich nach und nach immer mehr zu einem beliebten Touristenziel entwickelt und dadurch die Prostitution in Massen anzieht … weil es die Touristen anscheinend verlangen. In Ayutthaya hingegen brachte der Tourismus offensichtlich auch einen gewissen Wohlstand mit sich. Hier ist man kein bisschen genervt, sondern eher hyperfreundlich zu uns langnasigen Bleichgesichtern. Die Thais sind toll, die Tour macht Spaß, was kann da noch schief gehen? Ganz einfach: Man trifft auf … Farangs!

Wang gondelt uns zum nächsten Tempel, als uns zwei Farangs zunächst nur freundlich anlächeln. Kaum halten wir, kommen die beiden auf uns zu. Er, ein Deutscher, erkundigt sich, wie viel wir für das Tuk-Tuk bezahlen und ob sich die Fahrt lohnt. Ich, voller Freude über den bisherigen Tag, empfehle den beiden, sich auch unbedingt ein Tuk-Tuk zu nehmen und es uns gleich zu tun. Als ob es keine anderen Tuk-Tuks in Ayutthaya gäbe, fragt der unbeholfene Potsdamer unseren Wang, ob er ihm eine Telefonnummer eines Kollegen geben könnte.

»Hä?«, frage ich mich da schon. Die stehen doch im Dutzend an jeder Ecke. Wang erkundigt sich, weshalb, woraufhin Ole ihm erklärt, dass er mit seinen drei Kollegen – der Polin neben ihm und noch einem anderen Deutschen und einer zweiten Polin – sofort ein Tuk-Tuk mieten möchte, um solch eine Tour zu machen, wie wir gerade. In Wang kocht das Tuk-Tuk-Blut hoch und er wittert seine Chance auf ein gutes Geschäft: »Drive with me!«

»Na, wenn ihr nichts dagegen habt …«, sagt Ole und bevor wir überhaupt mehr als: »Öhm, naja …«, sagen können, sitzt der Sack auch schon in unserem Tuk-Tuk. Das glaube ich ja jetzt nicht! Wie die Ölsardinen fahren wir von dem soeben angesteuerten Tempel wieder weg – ohne ihn gesehen zu haben, nebenbei bemerkt.

Nächster Stopp: Wat Chaiwatthanaram, der 1630 im damals populären Khmer-Stil erbaut wurde und dementsprechend den Tempeln Angkors ähnelt. Auch das ist ein Grund, weswegen Rebekka und ich wesentlich schneller mit dem Tempel fertig sind, als der hohle Ole und seine Gefolgschaft. Wir warten gut 20 lange Minuten vor dem Tempel auf Ole den Hohlen, Silent Bob, Barbie und die Hummelpummel. Dabei lassen wir Wang wissen, dass wir keine Lust auf die vier haben und schon gar keine Lust darauf, dass unser Preis durch Warten in die Höhe steigt. Er verspricht uns, dass er die Wartezeit verrechnen wird und wir dadurch keinen finanziellen Nachteil erfahren werden. Dass er auf seinen finanziellen Vorteil nicht verzichten möchte, ist uns klar.

Als die Spasemacken dann endlich wieder zurück sind, teilen wir ihnen auf der Fahrt zum vierten Tempel des Tages mit, dass wir eigentlich ganz gerne alleine in unserem Tuk-Tuk umherfahren möchten.

»Okay, dann sage ich dem Tuk-Tuk-Fahrer, dass ihr alleine weiterfahren wollt«, antwortet Ole tumb.

»Das wird nichts bringen, da Wang nicht auf Euer Geld verzichten wollen wird«, erkläre ich ihm. »Das Einzige, was hilft, ist, dass ihr ihm mitteilt, dass ihr keine Lust mehr auf die Tour habt und aussteigen wollt. Ein neues Tuk-Tuk findet ihr übrigens überall.«

Ole ist der Wortführer; vermutlich weil Barbie und die Hummelpummel sowieso kein Wort Deutsch verstehen und sein Kollege Silent Bob den Mund nicht aufbekommt – und notabene bis zum Schluss auch kein einziges Wort von sich geben wird. Der Boss der Gang gibt uns zu verstehen, dass unsere nicht wirklich subtil geäußerte Botschaft bei ihm angekommen ist und verspricht uns, Wang mitzuteilen, dass die vier keine Lust mehr auf eine Fortsetzung der Tour haben. Als wir am Wat Lokaya Sutharam die Ladefläche des Tuk-Tuks wieder verlassen, geht der hohle Ole direkt auf Wang zu und beginnt mit den Worten: »These guys told me that ...«

Den Rest will ich mir gar nicht mehr anhören. Was für ein Dummbatzen. Kurz darauf kommt das Hohlbrot auf mich zugelaufen: »Also, der Typ meint, dass er Euch sowieso nur noch zwei Tempel zeigen will. Dann stört das doch auch nicht mehr, oder?«

Jedes weitere Wort mit der Dummschule wäre verschwendete Zeit und so schüttele ich nur noch genervt den Kopf und lasse ihn wissen, dass ja nun alles dufte wäre ... was der Spacko dann auch tatsächlich glaubt. Hohler, dich soll der Blitz beim Scheißen treffen!

Zum Tempel muss man nicht allzu viele Worte verlieren, da er lediglich aus einem imposanten, gut 40 Meter langen und bis zu acht Metern hohen liegenden Buddha besteht.

Zwischen die Tuk-Tuk-Parasiten gequetscht, geht es zum nächsten Heiligtum, dem Wat Phu Khao Thong aus dem Jahre 1387. Der weiße Chedi ist etwa 80 Meter hoch, begehbar und auf einer Seite ziemlich stark abgesackt. Der schiefe Turm von Ayutthaya also. Wie bei allen anderen Tempeln, außer dem ersten des heutigen Tages, sind wir auch hier wieder die einzigen Farangs ... wären da nicht die »Spastastischen Vier«, die uns ständig – allen voran Ole – ins Bild rennen, wenn wir am Fotografieren sind. Wie sehr kann ein einzelner Mensch eigentlich nerven?

Man kann durch einen schmalen und sehr niedrigen kleinen Tunnel ins Innere des Chedi vordringen. Dort treffen wir auf einen offensichtlich höchst brei-

ten Mönch, der auf meine höfliche Frage, ob ich ihn fotografieren dürfe, mit: »Ääääh ... öhm ... öööh ... hmm ... ähm ...«, und einem sehr langsamen Nicken antwortet. Als ich dann das Foto mache, überlegt er es sich noch mal und sagt so etwas wie: »Äh, öhm ... üäääh ... hmm.«
Geht klar.
Die letzte Station, bevor Wang, nach Auskunft Oles, die Tour mit uns beenden wird, ist Wat Na Phra Men. Hier steht laut Steven Wang Seagal der schönste Buddha überhaupt. Der schönste Buddha überhaupt ist sechs Meter hoch, natürlich gülden und wahrhaftig sehr schön anzusehen. Auch wenn dieser Buddha das sogenannte »ungnädige Gesicht« hat.
Dieser Tempel hat historisch betrachtet eine interessante Stellung: Mitte des 18. Jahrhunderts wurde hier ein Friedensvertrag zwischen Burma und Siam unterzeichnet.

Siam

Thailand hieß früher Siam und erstreckte sich weit über die heutigen Grenzen Thailands hinaus: Kambodscha und Laos, sowie Teile Malaysias, Myanmars und Vietnams gehörten einst zu Siam.

Die Burmesen hielten sich aber nicht allzu lange an die Vereinbarung und griffen Ayutthaya erneut an. Im Bezirk des Tempels ließen die Angreifer Kanonen aufstellen, von denen der burmesische König höchstselbst eine abfeuern wollte. Allerdings explodierte das Teil und verwundete ihn schwer. Nach burmesischem Gesetz wurde, aufgrund der Verletzung des Königs, der komplette Angriff abgebrochen und die Belagerung aufgegeben. Gebracht hat's wenig, da der Oberburmese auf dem Rückweg seinen schweren Verletzungen erlegen ist. Dumm gelaufen.
Dumm gelaufen ist auch das mit unserem Tuk-Tuk. Das nächste Mal, wenn so ein blöder Farang in unser Territorium vordringt, drohe ich ihm einfach eine Tracht Prügel an. Basta. In der Nähe des Wihan Phra Mongkhon Bophit beendet Wang dann auch tatsächlich unsere Tour und ich ärgere mich mittlerweile kolossal, dass ich ihm nicht nur die erste Stunde bezahlt habe und die beiden anderen Stunden den Hohlköpfen im Tuk-Tuk überlassen habe. Hätte bestimmt funktioniert ...
Wir gehen über einen Markt, auf dem allerlei Interessantes zu essen angeboten und zubereitet wird. Eine Frau beispielsweise tunkt ihre Hand in einen relativ festen grünen Brei und fährt in einer Kreisbewegung über eine heiße Platte. Eine dünne Schicht der grünen Masse bleibt auf der Platte kleben und erhärtet sofort: grüner Crêpe? Außerdem fragen wir uns, wie oft sich die Köchin bei dieser Prozedur wohl die Hände verbrennt.
Der Wihan Phra Mongkhon Bophit beherbergt einen zwölf Meter hohen Bud-

dha, der einen Brand des Tempels relativ unbeschadet überstanden hat. Lediglich der rechte Arm und ein Teil des Kopfes mussten wiederhergestellt werden. Das Gebäude rund um die Statue herum brannte vollkommen nieder. Auch hier sind wieder massenhaft gläubige Buddhisten bei ihren Ritualen zu beobachten.

Wir laufen weiter durch den Park inmitten Ayutthayas, vorbei an weiteren Tempelanlagen, zurück in die Stadt. Zwischendurch müssen wir aufpassen, dass uns keiner der vielen Elefanten, die hier zu touristischen Zwecken durch die Stadt laufen, auf die Füße tritt. An einem Pad-Thai-Stand gibt's noch lecker was zu Essen und dann ruhen wir uns in unserem Guesthouse noch ein wenig aus, bevor wir den Bus nach Chiang Mai besteigen.

Wir sollen vom Bus um 20 Uhr direkt am Guesthouse abgeholt werden. Einmal mehr ein Service, bei dem man sich als Deutscher nur die Augen reiben kann. Wir bezahlen für die gut zehn Stunden lange und 650 bis 700 Kilometer weite Strecke auch nur zehn Euro pro Person.

Als es bereits nach acht ist, beschließen Rebekka und ich, uns vor das Guesthouse zu setzen, falls der Bus 20 Meter weiter vorne parkt und wir ihn deswegen nicht sehen können. Sofort kommen die durchweg extrem sympathischen und niedlichen Kellnerinnen auf uns zu und verabschieden uns so, als seien wir lange dort wohnende Stammgäste. Dann kommt noch der hauseigene Tuk-Tuk-Fahrer hinzu, der uns darauf aufmerksam macht, dass der Bus noch nicht da sei und wir uns ruhig noch einmal hinsetzen können. Der ulkige Security-Mann, der mich gestern Abend schon zugetextet hatte, bietet uns den Platz neben sich an. Kaum sitzen wir, zeigt er uns das Heft, in dem er gerade blättert. Darin ist eine ziemlich seltsam aussehende Kuh abgebildet.

»Cow«, erklärt er und führt weiter aus: »เฝ้าวนเวียนทำนามาชั่วชีวิต เพราะว่าติดหนี้สิน ที่ดินเขา ทำพอได้กินไปโอ้ตัวเรา พอได้ข้าวแบ่งใช้หนี้ไม่มีกิน ทั้งค่าปุ๋ยค่ายาค่าเช่านา cow หลายอย่างหนาหาไม่พอจ่ายหนี้สิน พอ ทำไปหวังจะได้เพลี้ยมากิน ต้องมาสิ้นเงินเชียมาวฉีดมัน ฝน ไม่ตกน้ำแล้งข้าวแห้งเหลือง ต้องขุ่นเคืองแย่งน้ำมาเข้านาฉัน หอย เชอรี่มาระบาดต้องฆ่ามัน บางคืนนั้นนกหนูนามากัดกิน cow.«

Zwischendurch blättert er im Heft hin und her und zeigt uns Fotos, die er wie folgt erläutert: »ทนตาก แดดถางหญ้าดันนาไร่ ซื้อฉีดไปยาฆ่าหญ้าพาหนี้สิน กว่าจะได้เป็น cow. เม็ดข้าวมาเก็บกิน ค่าที่ดินหักค่าเช่าเอาแบ่งไป ขายข้าว เปลือกถูกกว่าซื้อข้าวสาร ทนทำนานครั้งเมื่อหว่านยันลากไถ cow. เป็น อาชีพของพ่อแม่ปู่ย่าให้.«

Durch Zeichensprache erklärt er uns, weswegen eine Kuh ein tolles Tier ist: Man kann Essen daraus machen, Schuhe, Trommeln etc. Er beschließt schließlich seine interessanten und unter Umständen auf manch einen gewagt wirkenden Thesen mit dem Fazit: »ทนทำไปหวังพอได้ข้าวไว้กิน พอ โรงเรียนเปิดเทอมเริ่ม ปวดหมอง มีข้าวของเอาไปฝากมากหนี้สิน ทำ เท่าไหร่ไม่พอจ่ายดอกเบี้ยกิน ก็ต้องดิ้น

ต้องสู้ทนดิ้นรนไป … I like cow.«

Der Tuk-Tuk-Fahrer kommt zu uns und teilt uns mit, dass der Bus nicht hierherkommen wird und er uns nun mit seinem Vehikel zum Bus bringen wird. Wir durchqueren also mit dem Tuk-Tuk Ayutthaya und bekommen von einem knallbunt beleuchteten Bus eine Abschiedsfanfare gehupt, als wir ihn im Vorbeifahren fotografieren. Der Beifahrer hängt währenddessen aus der geöffneten Türe des Busses und winkt uns freudig hinterher. Wir fahren mit dem Tuk-Tuk auf die Autobahn, was uns schon etwas wundert. Noch spektakulärer wird die Aktion, als wir sehen, dass der Bus, auf der linken Fahrbahn stehend, auf uns wartet. Zur Erinnerung: In Thailand gilt Linksverkehr. Der Bus steht also nicht auf der Überholspur. Wir steigen zu und die Farangs, die den Bus schon seit Bangkok bevölkern, staunen nicht schlecht über unseren Auftritt.

»The laaaaaady rentssss the roooooom to youuuu.«
Tag 40: 4. April 2010

S. 184

Gegen 6:30 Uhr erreichen wir endlich Chiang Mai. Es sieht diesig aus, was wohl an der etwas höheren Lage Chiang Mais liegen mag – wobei 314 Meter über Normalnull noch nicht wirklich hoch ist. Verglichen mit Bangkok, das im Schnitt nur zwei bis fünf Meter über Normalnull liegt, befindet sich Chiang Mai dann aber doch schon in vergleichsweise hohen Gefilden. Rund um Thailands zweitgrößte Stadt, die rund 150.000 Einwohner hat, erheben sich auch tatsächlich einige Berge, wovon der südwestlich von Chiang Mai gelegene Doi Inthanon mit seinen 2565 Metern der höchste des Landes ist. Chiang Mai selbst liegt in einem Flusstal.

Die gesamte Busladung wird mit Tuk-Tuks zum in der Altstadt gelegenen Nice Guesthouse gefahren. Dort bekommen wir erst einmal eine Einweisung in die touristischen Möglichkeiten, die Chiang Mai, die »Rose des Nordens«, seinen Gästen zu bieten hat. Wir hören nicht wirklich hin, denken an Schleppergebühren und Massentourismus, und werfen lieber einen Blick auf den Stadtplan. Wir wollen ein Hostel im Nordosten der von künstlichen Wasserbecken und teilweise noch von einer Stadtmauer umgebenen Altstadt finden. Die Zimmer im Nice Guesthouse inklusive Swimming Pool sind erstaunlich billig. Wie da noch eine Schleppergebühr versteckt sein soll, können wir uns nicht erklären. Trotzdem wollen wir nicht hier bleiben. Es gibt sicherlich noch stylishere Unterkünfte in dieser sehr beliebten Stadt.

Als wir die Straßen der Altstadt entlang laufen, passieren wir bereits den einen oder anderen Tempel. In der kompletten Stadt soll es über 200 buddhistische Wats geben! Diese Anzahl können wir uns bei dieser Tempeldichte auch durchaus vorstellen.

Noch nicht jedes Hostel hat geöffnet, weswegen die Suche dann doch etwas

länger dauert als gewünscht. Entweder sind die Häuser zu teuer oder ziemlich uncool. Dann finden wir doch noch ein putziges kleines Häuschen, in dem ein dicker alter Farang hinter einem schaufenstergroßen Fenster vor seinem Fernseher sitzt und frühstückt. Wir klopfen vorsichtig gegen die Scheibe, woraufhin der ulkig aussehende Rentner zur Türe trottet und uns freundlich lächelnd begrüßt: »Hellooo«, heißt er uns mit lang gezogenem »o« und aquariumdicken Brillengläsern willkommen.
»Sawadie krap!« Ich mag ihn jetzt schon. »Do you have a free room?«
»Yessss. But, I do not rent themmmm. There is a laaaady!«
Oha.
»The laaaaaady rentsss the rooooom to youuuu.«
Hihi ... Der ist cool!
»Look, if there's a laaaady.«
Er deutet mit seinem Doppelkinn links hinter uns. Ich schaue kurz neben meine Schulter, will dann aber die Show nicht weiter verpassen und richte meinen Blick wieder auf den Opi.
»Is there a laaady? You have to look!«
Ach so. Ja ... Ich schaue um die Ecke und tatsächlich: »Yes, there's a lady.«
»So, ask heeeer. Bye bye.«
Und schon watet er wieder, einer Schildkröte gleich, zurück zu seinem Frühstück. Die Lady dürfte seine Frau sein. Vermutlich ist sie Thailänderin, wobei sie dafür dann doch schon fast zu groß und ihre Haut zu dunkel ist. Vielleicht ist sie Laotin oder kommt aus Myanmar? Die Lady ist extrem schüchtern und flüstert immer nur. Die geschätzt 60-jährige, zierliche, aber wie gesagt relativ hoch gebaute Dame, strahlt uns immerzu an. Da muss man wie immer automatisch zurücklächeln. Sie zeigt uns kurz das Zimmer im ersten Stock, zu dem man als 120-Kilo-Koloss, aufgrund des sehr engen Flures, wohl nie gelangen könnte, und schon wohnen wir für 200 Baht in Napa's House. Napa ist der Name der Laaaady.
Es ist Sonntag, weswegen auch in Thailand sehr viele Geschäfte geschlossen bleiben. Trotzdem erkunden wir die Stadt und erfahren auch, dass sich sonntags ab 17 Uhr der offenbar riesengroße Sunday Market quer durch die Altstadt erstreckt. Wir sind gespannt. Im Lanna House trinken wir Soja-Eisschokolade und Soja-Ice-Moccha. Hm, lecker. Überhaupt scheint man sich in Chiang Mai sehr auf das herbivore Publikum eingestellt zu haben: Viele Restaurants werben mit ihrem »vegetarian« oder gar »vegan food« und es soll auch rein vegetarische Restaurants geben. Chiang Mai gefällt uns bisher sehr gut.
Der späte Nachmittag bricht an und wir schlendern zum Tapae Gate, einem Tor in der Stadtmauer, wo der Sunday Market anfangen soll. Der Markt besteht angeblich aus gut 4000 Ständen! Was das für Ausmaße sind, erfahren wir, als wir mehrere Stunden durch dichtes Gewusel auf dem mit Abstand schönsten Markt, den wir in Thailand gesehen haben, spazieren. Unglaublich! Der Markt

nimmt kein Ende, zieht sich über mehrere Straßenzüge und durch die Höfe sämtlicher Wats, die sich in den entsprechenden Straßen befinden. Überall gibt es Interessantes zu entdecken: Chiang Mais berühmtes Kunsthandwerk in all seinen Facetten (Holz, Schmuck, Textilien), dazu Essen, Musikinstrumente etc. Zwischendurch sitzen immer wieder Musiker, alleine oder in der Gruppe, und beschallen einen kleinen Abschnitt der Straße. Blinde Sänger, wie wir auch in Krabi ein Mädel gesehen haben, Musiker mit exotischen Instrumenten, aber auch Soft-Rock- und Thai-Pop-Bands scheinen an jeder Ecke zu stehen. Auf dem Platz vor dem Chiang Mai City Arts & Cultural Centre ist eine große Bühne aufgebaut worden, auf der in Popstar-Manier ein Sänger im weißen Anzug mit einem halben Dutzend Tänzerinnen und Tänzern die Masse unterhält. Darauf folgen ein anderer Künstler und wieder neue Tänzer in anderen Kostümen. Chiang Mais Sunday Market bietet einen unglaublich vielfältigen Unterhaltungswert. Es macht einfach nur Spaß!

Zu meiner persönlichen Freude entdecken wir auch eine Gruppe Punks! Yeah, es gibt sie also doch: Thai-Punks! Bunte Haare, hohe Stiefel und einer sogar mit hochgestelltem Iro. Chiang Mai rockt!

Als uns die Füße wieder höllisch brennen und die Verkäufer langsam mit dem Abbau ihrer Stände beginnen, setzen wir uns in die Barli Bar, hören gute Musik aus den 60er- und 70er-Jahren, trinken etwas und schauen den liebenswürdigen Thais beim Zusammenräumen ihrer Waren zu. Es ist 22:30 Uhr und kleine Kinder von drei Jahren helfen fleißig beim Abbau, während sie zwischendurch neckisch vom Papa – der große Ähnlichkeit mit Jackie Chan hat – mit der Wasserspritzpistole geärgert werden. Ein absolut süßes Bild und ein toller Tag, um Chiang Mai in kürzester Zeit ins Herz zu schließen. Das werden bestimmt ein paar tolle Tage hier …

Das Giant und die Folterkammer der 200-Baht-Masseuse
Tag 41: 5. April 2010

Wir erkunden aufs Neue Teile der schönen Altstadt und landen in der Ratchawithi Road im Kona Café. Der Name weckt schöne Erinnerungen und birgt für uns eine gewisse romantische Symbolik: 2004, während unserer ersten längeren Reise, die wir in Hawaii verbrachten, arbeiteten wir die ersten vier Wochen auf einer Bio-Kaffee-Farm in Kona.

Beim Betreten der Terrasse des Cafés begrüßt uns ein kleiner Hund, der wie Idefix aussieht. Da ich ihn streichelnd zurückgrüße, weicht er uns im Café nicht mehr von der Seite und benutzt meinen Fuß als Kopfkissen. Die Fruit Shakes sind hier aber leider nicht so der Bringer.

Rebekka hat von einem vegetarischen Restaurant zwei Ecken weiter gelesen. Wir begeben uns auf die Suche und finden das Restaurant leider im Umbau und somit geschlossen vor. Trotzdem lohnt sich dieser Spaziergang, da wir nur wenige Meter weiter in der Moon Muang Soi 6 das Giant Guesthouse entdecken. Bevor ich vom Giant schwärme, erkläre ich noch schnell, wie es zu solch kruden Straßennamen kommt: Die Moon Muang Road ist die Hauptverkehrsstraße, die die Altstadt im Osten begrenzt. Die Nebenstraßen haben in Chiang Mai – bis auf die größeren – keine eigenen Namen erhalten, sondern wurden durchnummeriert und mit dem thailändischen Wort für Gasse oder Weg – »soi« – versehen. Das Giant befindet sich somit in der sechsten Nebenstraße der Moon Muang Road.

Und es ist großartig: Das Giant bietet sehr günstige Gerichte an und verbreitet genau den Charme, nach dem wir eigentlich an jedem Ort unserer Reise suchen und bislang im Independent Bo auf Koh Chang noch am erfolgreichsten gefunden hatten: Backpacker-Atmosphäre! Die Nahrungssuche ist also beendet und das Giant gefunden.

Hier sitzen Menschen aus allen Ecken der Welt beisammen, die als Gäste des Hauses kostenlos Kaffee, Tee und Wasser konsumieren dürfen, mit den vom Guesthouse gestellten Notebooks gratis und jederzeit im Internet surfen können und sogar Fahrräder umsonst ausleihen dürfen. Che-Guevara-, Lenin- und »No more dictatorship in Thailand«-Fahnen wehen im Wind. Ein Doppelzimmer mit eigenem Bad kostet nur 250 Baht, mit Gemeinschaftsbad gerade einmal 160 Baht! Das Essen ist recht einfach, kostet aber auch nur 30 Baht und schmeckt gut. Viel spektakulärer aber ist die Show, mit der das Essen ... sagen wir mal »organisiert« wird: Rebekka zum Beispiel bestellt sich Reis mit Ananas. Der lustig aussehende, dicke Thai-Kellner mit einem mir bislang völlig unbekanntem Ramones-T-Shirt notiert sich ganz normal die Bestellung und geht damit in die Küche. Kurz darauf kommt er wieder heraus, schnappt sich einen Roller und verschwindet für fünf Minuten. Als er wieder zurückkommt, hält er eine Ananas in der Hand. Die hatten sie wohl gerade nicht mehr vorrätig. Bevor er aber kommt und sagt: »Sorry, no more pineapple«, schwingt er sich lieber auf seinen Roller und kauft eben eine Frucht auf dem Markt. Extrem cool.

Bis das Essen hier serviert wird, dauert es jedoch so seine Zeit und ich bin zudem bereits fertig mit Essen, als Rebekka ihren Teller erst serviert bekommt. Lässig. Die Erdbeer-Shakes sind außerdem ganz großes Kino! Wir bestellen uns noch Tofu Bread, also Tofu auf Toastbrot. Als unser neuer Lieblingskellner, der durchaus mit dem Style des Coconut-Beach-Kellners auf Koh Pha Ngan konkurrieren kann, uns den Teller bringt, fragen wir ihn – Böses ahnend –, ob da auch Ei mit drauf sei.

»Egg? Yes«, lautet leider die Antwort. Oh, shit. Der Mann checkt sofort, dass wir nicht auf Ei stehen und sagt, dass das kein Problem sei und er uns eben einen neuen Teller macht. Ich sage ihm, dass er das Essen aber bitte nicht wegschmeißen soll und doch einen von den anwesenden Backpackern fragen soll, ob er oder sie nicht vielleicht ... als sich plötzlich Jamie, ein netter Londoner

Anfang 40 meldet und fragt, ob wir das nicht essen wollen. Leicht peinlich berührt, erkläre ich ihm, dass wir Veganer sind und nicht darauf geachtet haben, dass da Ei mit drauf ist.
»What is it?«
»Tofu bread … with egg«, erklärt der Kellner.
»Hm, sounds good. How much?«
»30 Baht.«
»Okay, I take it.«
Und schon ist das Problem gelöst. Was für ein toller Ort! Ein Spanier setzt sich zu Jamie und fragt, was er da isst.
»Tofu bread with egg. ¿Quieres? We can share.«
»How much?«
»15 Baht each.«
»Sounds good.«
Rock und Roll!
Nach dem Essen bleiben wir noch im Giant sitzen, als Jamie auf uns zukommt: »I'm going to 7-Eleven. Do you need something?«
Yeeehaw! Hier will ich hin! Rebekka geht es zum Glück genauso und so beschließen wir Folgendes:
Übermorgen wollen wir nach Pai, einem alten Hippie-Nest, das gut 150 Kilometer von Chiang Mai entfernt in den Bergen liegt. Dort wollen wir knapp drei Tage bleiben und dann wieder nach Chiang Mai zurückkehren. Wohin wir dann ziehen werden, ist nun klar.
… Und zwischendurch betritt noch eine Obsthändlerin den Hof des Giant und verkauft Jamie eine Ananas.
Abends wollen Rebekka und ich uns massieren lassen. Wir gehen zu einem Studio, dass mit 120 Baht die Stunde wirbt. Was für ein Preis. Letztlich entscheiden wir uns für eine 150-Baht-Ganzkörper-Thai-Massage, die wir schwer bereuen sollen … Zunächst fängt alles sehr gut an: Wir bekommen unsere Füße in frischem Zitronenwasser gewaschen – was sich aber schon etwas strange anfühlt … sich für solch einen Preis auch noch die Füße waschen lassen. Wow. Dann sollen wir unsere Klamotten gegen Textilien des Massage-Studios tauschen. Kein Ding, sieht zudem lustig aus. Tja, und dann werden wir massiert … oder wie wir nun sagen: massagiert. Massagiert ist eine Kombination der Worte »massiert« und »massakriert«. Die Damen schaffen es, wohl jeden einzelnen Nerv unserer Körper an der empfindlichsten Stelle zu berühren, wobei »berühren« ein untertriebener Ausdruck ist. Wie Ochsen drücken die zwei überall drauf und wir Greenhorns lassen es geschehen. Die werden schon wissen, was sie tun. Zwischendurch lassen sich die Damen noch von was und wem auch immer ständig ablenken, massieren mal nur mit einer Hand weiter und schieben mit der anderen den Vorhang beiseite, um zu sehen, was auf der Straße geschieht oder unterhalten sich mal kurz mit Personen aus dem Vorzimmer.

Wirkt alles irgendwie seltsam und tut höllisch weh. Nach der Massagierung serviert man uns noch Tee und dann verlassen Rebekka und ich das Folterstudio. Die ersten fünf Meter fühlen sich noch ganz gut an, doch dann beginnt sich der Ganzkörperschmerz bei uns beiden zu manifestieren. Wir essen bei einem ziemlich verpeilt wirkenden Thai-Hippie-Künstler im Funky Dog zu Abend, als ich auf einmal stark abbaue: »Ich glaube, die haben mich krank massagiert.« Und anscheinend liege ich mit dieser These nicht ganz falsch …

Fieber, Red Shirts, Hell's Angels und Pandapolizisten
Tag 42: 6. April 2010

Die Nacht ist nicht so geil. Uns beiden tut alles weh und ich habe obendrein noch den Dünnschiss massiert bekommen. Ob unser Trip nach Pai mit geplantem Zwei-Tages-Trekking durch den Urwald so realisierbar ist, ist fraglich. Toll gemacht, die Frauen Masseurinnen.
Bis auf einen kleinen Spaziergang die Moon Muang Road herunter, bei dem wir erstmals Zeugen einer Red-Shirt-Demonstration werden, erleben wir nichts Aufregendes.
Nach den Red Shirts brettern übrigens noch die Hell's Angels oder irgendeine andere Harley-Gang mit Weltuntergangsbassmotorengeräuschen die Straße herunter, bevor der skurril-spannende Hauptstraßenspaziergang dann noch von einer Demonstration der Polizei auf seine bizarre Spitze getrieben wird: Mit Blaulicht und als Pandas verkleidet – ja, als Pandas verkleidet! –, fahren die Polizisten an uns vorbei und winken den Passanten zu. Na, halleluja. Rebekka bestätigt mir, dass ich nicht unter Fieberwahn leide … und ihr geht's bis auf Gelenkschmerzen hier und da und überall eigentlich soweit ganz gut …
Abendessen gibt es im Nice Kitchen. Es ist lecker dort, aber ich bekomme nicht mehr als fünf Gabeln runter und lasse mir den Rest einpacken.

Wer oder was sind eigentlich die Red Shirts?

Wir schreiben das Jahr 2010 beziehungsweise 2553. Die »National United Front of Democracy Against Dictatorship«, kurz UDD, bewegt Zehntausende dazu, Bangkok seit März 2010 mit Massendemonstrationen in roten Shirts in den Fokus der Weltöffentlichkeit zu rücken. Ihr Ziel ist es, Neuwahlen zu erzwingen. Recht viele der Rothemden würden zudem den 2006 gestürzten Präsidenten Thailands Thaksin Shinawatra gerne wieder im Amt sehen. 2006 wurde Thaksin vom Militär und einer Flut in Gelb demonstrierender Thais zu Fall gebracht, die damals wochenlang sämtliche Flughäfen des Landes besetzten, um seine Rückkehr aus dem Ausland zu verhindern und um dem Land durch die Behinderung des Tourismus' wirtschaftlich zu schaden. Seitdem lebt er im Exil und muss bei seiner Rückkehr nach Thailand mit seiner Verhaftung (unter anderem wegen Wahlbetrugs und Korruption) rechnen. 2008 wurde er in Abwesenheit zu zwei Jahren Haft wegen Amtsmissbrauchs verurteilt. Diese Tatsache macht es unwahrscheinlich bis unmöglich, dass er jemals wieder nach Thailand zurückkehren und erneut die Präsidentschaft übernehmen wird.

Thaksin ist sicherlich kein Opfer und schon gar kein Politiker, wie man ihn sich wünscht: korrupt, populistisch, nationalistisch, autoritär und reich. Er ist der reichste Mann Thailands, dem auch viele TV-Sender gehörten. Der Berlusconi Südostasiens könnte man meinen. Trotzdem ist er speziell bei der ärmeren Landbevölkerung beliebt. Bei den momentanen Protesten wird er persönlich übrigens als Drahtzieher und Geldgeber vermutet, der die Demonstranten in Söldnermanier bezahlt, was den leicht faden Beigeschmack dieser Revolte ausmacht.

Die allermeisten Red Shirts gehören den unteren Schichten des Landes an. Die Provinz Chiang Mai ist laut Medien die Hochburg der Rothemden in Thailand. Die aktuelle Regierung unterstützt vor allem die Interessen der Bangkoker Elite. Der amtierende Präsident Abhisit Vejjajiva gilt als diktatorisch angehauchter Herrscher, der nicht rechtmäßig gewählt, sondern vom Militär an die Macht geputscht wurde.

König Bhumibol, der in Thailand gottgleich verehrt wird und dessen Wort demnach viel Gewicht hat, schweigt bislang.

Elektrolyte und der Umzug ins Giant
Tag 43: 7. April 2010

Pai ist, aufgrund meiner angeschlagenen Gesundheit, vorerst gestorben. Außerdem steht Songkran vor der Tür, das thailändische Neujahrsfest, das wir in Chiang Mai feiern wollen. Zu der drei Tage andauernden Dauerparty wird solch ein Andrang erwartet, dass wir befürchten, kein Zimmer mehr im Giant zu bekommen und dann nur noch teurere Zimmer zur Wahl haben werden. Zahlreiche Hostels ziehen für Songkran nämlich kräftig ihre Preise an – teilweise um 100 %. Aus diesen Gründen ziehen wir also bereits heute ins Giant um und verlegen Pai entweder auf die Zeit nach Songkran oder kürzen es auf einen Ein- oder Zwei-Tagestrip herunter. Mal sehen ...

In einer Apotheke wollen wir uns neue Elektrolyte kaufen. Der Apotheker fragt uns, ob wir Elektrolyte gegen »sweating«, also Schwitzen oder gegen »diarrhoea« haben wollen.

»Sorry?«, frage ich.

»Diarrhoea. Uhm ...«, der Thai ist sichtlich peinlich berührt, als er seine linke Hand an seinen Hintern führt und eine ... ähm ... »ausfallende« Bewegung in Richtung Knie mit ihr vollzieht. Ah! Diarrhö! Durchfall! Wir wussten gar nicht, dass es auch Elektrolyte dagegen gibt. Immer her damit, lasse ich den Apotheker wissen. Von nun an dünge ich mein Wasser mit salzigem Orangengeschmack. Büah.

Wegen meines empfindlichen Magen-/Darmtraktes sind wir heute leider auch nicht sonderlich aktiv, lernen im Giant aber Anna und Arek aus Polen kennen, die uns fragen, ob wir morgen mit ihnen einen Ausflug machen wollen: Ein Angestellter des Giant Guesthouses bietet uns gegen 400 Baht an, ihn und das Auto des Guesthouses zu mieten. Er will uns zum gut 15 Kilometer außerhalb von Chiang Mai gelegenen Wat Phrathat Doi Suthep, zu einem Wasserfall und zu einem Dschungelpfad fahren. Je mehr Leute mitfahren, desto billiger wird es. Wir sagen zu, wodurch wir nun also zu viert sind. Macht 100 Baht pro Person für einen Tagestrip. Fett.

Hoffentlich ist mein Magen morgen wieder auf dem Damm … Eine Besserung ist bereits spürbar.

Mister Joe, Mister Duck, Taste from Heaven, Pain from Hell
Tag 44: 8. April 2010

Morgens um neun treffen wir Anna und Arek. Anna ist am Vortag mit dem Roller umgekippt und hat sich dabei den Oberschenkel und das Knie böse aufgeschrubbt. Da sich die Wunde am Knie etwas entzündet hat und grünlich aussieht, wollen die beiden Polen unseren für heute geplanten Ausflug vorsichtshalber auf einen anderen Tag verschieben. Schade, aber kein großes Problem.

Dafür kommen wir in den Genuss, den Chef des Giant Guesthouses ein wenig kennenzulernen. Das Giant wird von einem 30–35 Jahre alten Thai mit langen Haaren und Studentenbrille geführt, der an seinem Hals, seinen Handgelenken und seinen Füßen ordentlich viele Ketten – teilweise mit irgendwelchen Tierkrallen daran – trägt. Klingt martialischer als es tatsächlich ist. Der Kollege wirkt, wie so ziemlich alle Thais, einfach nur sympathisch.

»What's your name?«, frage ich ihn.

»I'm Mister Joe«, lautet die dann eher unerwartete, aber dafür umso lustigere Antwort. Mister Joe: Yeah!

Wir kommen mit Mister Joe ins Gespräch, weil er natürlich mitbekommen hat, dass wir wegen Annas Knie den Trip absagen müssen. Daraufhin textet er uns mit Tipps für den Tag, die kommende Woche und eigentlich für vermutlich gleich mehrere Monate zu. Dinge, die man in Chiang Mai machen kann, in Pai, während Songkran und so weiter. Dabei lacht er immerfort laut auf, zappelt dabei lustig herum und zieht die Vokale in seinem an sich sehr guten Englisch so sehr in die Länge, dass es einfach nur nach richtig coolem Thai-Englisch klingt.

»You know: On Songkran eeeeverybody in town runs crazyyyy! Everything deeeead: nothing work anymore. For traffic: when I go to town, normally ten minute. On Songkran, everybody leave car to make fun with the water and it take maybe five hour! Five hour! Crazyyyy!«

Zur Erklärung: Am thailändischen Neujahrsfest Songkran, das über mehrere Tage hinweg gefeiert wird, spritzen sich sämtliche Thais gegenseitig mit Wasser voll. Den ganzen Tag lang … eine halbe Woche lang!

Das ist uns bereits bekannt. Was Mister Joe uns aber noch so darüber erzählt, wussten wir noch nicht. Nachdem er uns den Tipp gegeben hat, mit dem Motorrad nach Pai zu fahren, merkt er sofort an, dass wir das besser nicht während Songkran tun sollten, da sich so manch lustiger Thai am Straßenrand verstecken könnte und uns in voller Fahrt einen Eimer Wasser überschütten könnte. Bitte, was?

»Yes, very dangerous. Hahaaaaaa! You know: slippy! Hahaaaaa!«

Nach Pai wollen wir auf jeden Fall fahren. Während Songkran wollten wir die Fahrt sowieso nicht machen und mit dem Motorbike war es eigentlich auch nicht geplant. Mister Joe macht uns die Fahrt mit dem Roller aber schmackhaft:

»Take as long as with bus or shorter. Maybe only two hoooour! With motorbike you can pass slow caaaar in mountain road. Bus cannoooot! 800 curves! You know? 800 curves! Crazyyyy! And you can stop where you want: see waterfall or hot spring. Watch mountain. Nice, very niiiice!«

Ja, klingt geil!

Was machen wir denn morgen, Rebekka? Motorbike? Pai? Bekki findet auch, dass das cool klingt. Wunderbar: Morgen fahren wir mit dem Roller 140 Kilometer nach Pai und wieder zurück. Geiler Scheiß.

»You can have motorbike from heeere. 150 Baht for 24 hour.«

Schon wieder: geiler Scheiß!

»Yes, do tomorrow. Not on Songkran. Crazy people with water eeeeeverywhere! You know: shock is important. Some people take ice water. You know: Ice wateeeer! Shock! And women! You know, is nice: Women with water on shirt … you can see eeeeeverything! Eeeeeverything! Hahaaaaaaaa! In traffic: they open door of car and fill it with water! So, don't forget to close your car! Shock is important!«

Außerdem gibt er uns den wichtigen Tipp, Tickets für die Abreise mehr als rechtzeitig zu buchen, da komplett Thailand Songkran-Ferien bekommt und alle Thais reisen. Busse und Züge werden randvoll sein und spontanes Ticketkaufen kann man vergessen. Auch in den Tagen direkt nach Songkran soll es kompliziert sein durch Thailand zu reisen.

Mister Joe war bereits in Deutschland. In Nürnberg, um genau zu sein. Dort hat er anscheinend Architektur studiert und ein wenig gejobbt. Er mag Deutschland und die Schweiz auch. Amüsant findet er es, dass in Deutschland die alten Leute alle vor ihren Häusern sitzen und die Menschen beobachten. Vor allem, wenn sie anders aussehen. Da er eben nicht wie der typische Deutsche aussieht, wurde er wohl ganz genau beäugt. Als Thai hat er die fränkischen Rentner dann

auch thaitypisch stets angelächelt, was nie erwidert wurde.
»They never smile back! Hahaaaaa!«
Außerdem fahren wir in Deutschland auf der falschen Straßenseite. Rechts. Komisch. Das muss man sich auch erst mal merken … Eines Tages konnte er es sich anscheinend nicht merken, als er mit seinem Roller auf einer komplett verkehrsfreien Straße durch Deutschland gefahren ist und ihm urplötzlich dann doch ein Auto entgegenkam: auf seiner Spur! Ausweichen hat dann auch nicht mehr so wirklich erfolgreich funktioniert: »But it's nice. Hahaaaaa!«
Wir sind durch die vielen Infos, Tipps und Storys von Mister Joe leicht reizüberflutet und entschließen uns von daher, heute noch mal einen ruhigen Tag in Chiang Mai zu verleben und die Stadt noch etwas zu erkunden. Auf unserem Erkundungstrip entdecken wir in der Nähe des sehr schönen Wat Bupparam – vor dem eine Donald-Duck-Statue steht (!?) – ein unglaublich köstliches vegetarisch-veganes Restaurant: »Taste from Heaven« nennt es sich und kann absolut halten, was der Name verspricht. Wahnsinn!
Auf dem Hinweg zum Restaurant hat uns ein Thai einen Flyer für heute Abend stattfindende Muay Thai Boxkämpfe in die Hand gedrückt. Ja, den thailändischen Volkssport Nummer 1 muss man sich auch mal geben, denken wir uns schon seit längerem und beschließen, heute unser Vorhaben in die Tat umzusetzen. Wir gehen mit dem Flyer wieder zum Zettelverteiler, der sofort unser Interesse riecht und uns umgehend zum Box Stadium führt, um uns Tickets zu verkaufen. Für 400 Baht pro Person bekommen wir einen Tisch für zwei direkt hinter den VIP-Plätzen, die es bereits für 600 Baht gibt.
Als wir abends wieder in die Boxhalle kommen, reißt ein etwas älterer und ziemlich stämmiger Ladyboy, der noch nicht einmal sonderlich versucht, weiblich zu klingen, unsere Tickets ab und lässt uns zu unseren Plätzen führen. Man führt uns dann zwar zu vollkommen anderen Plätzen, die uns aber sogar noch besser gefallen, da wir von hier aus sogar noch näher am Ring sitzen und zudem noch einen guten Blick auf das stehende Thai-Publikum haben. Die Thais wetten während der Kämpfe wie die Wilden und machen einen Heidenkrach in der Halle. Die Stimmung bei den einheimischen Damen und Herren wird – soviel sei verraten – ganz schön temperamentvoll. Vor uns auf den VIP-Plätzen nehmen nicht etwa feine Pinkel im Anzug Platz, sondern die richtig schön klischeehaftesten Assi-Farangs, die man sich bei solch einem Event nur wünschen kann. Highlight ist ein Paar aus England, das direkt vor uns sitzt und wohl mitte 40 ist. Die zwei gehen gut ab, lachen lauthals und dreckig, wetten ordentlich (verlieren durchgehend) und brüllen so Sprüche wie: »You beat him! He's just a ladyboy! Muahahahaha!«
Den ersten Kampf bestreiten zwei Kinder. Zumindest sehen sie noch sehr, sehr jung aus. Sie sollen 14 beziehungsweise 15 Jahre alt sein und geben es sich richtig übel: Blut spritzt und einer der beiden Jungs bekommt mit an großer Sicherheit grenzender Wahrscheinlichkeit die Nase zertrümmert. In Runde 3

geht er dann stehend K.o. und seine Ecke wirft das Handtuch.
Wir sind ehrlich gesagt ganz schön geschockt. So brutal haben wir uns das nicht unbedingt vorgestellt. Außerdem tragen die Kämpfer bis auf einen Zahn- und Sackschutz keinerlei Schutzkleidung. Stürzt einer der Kämpfer oder, was auch oft geschieht, beide Kämpfer zu Boden, versucht der Ringrichter bei den jüngeren Kämpfern den Aufprall des Kopfes mit seiner Hand oder seinem Fuß zu verhindern oder zumindest zu mildern. Es geht also ganz schön ab im Ring.
Beim Muay Thai Boxing ist anscheinend alles erlaubt: Es wird geboxt und vor allen Dingen getreten, was das Zeug hält. Möglichst immer in die Fresse rein oder auf die Rippen, Nieren und Oberschenkel. Auch mit dem Knie wird ordentlich zugestoßen. In manchen Kämpfen ist es sogar erlaubt, den Kopf des Gegners in Richtung Boden zu drücken und ihm dann das Knie ins Gesicht zu rammen!
Ein Kampf geht über fünf Runden à drei Minuten, wenn er nicht schon vorher entschieden wird. Autsch.
Neben uns sitzen zwei verliebte Amerikaner, die ihren Mund vor Schock nicht mehr zubekommen. Rebekka und ich finden erstaunlicherweise langsam Gefallen am Herumgekloppe und amüsieren uns mittlerweile ganz gut. Einen solch brutalen Fight, wie den ersten, wird es am heutigen Abend auch nicht mehr geben.
Vor den Kämpfen vollführt jeder Boxer ein eigenes Ritual: Alle Boxer beten zunächst kurz in jeder Ecke des Ringes und führen danach entweder eine Art Tanz in der Ringmitte inklusive Stretching auf oder konzentrieren und sammeln sich noch mal ruhig in ihrer Ecke. Während der Kämpfe läuft eine sehr seltsame Musik, zu der die Kämpfer sich zu Kampfbeginn und zwischendurch auch immer mal wieder rhythmisch bewegen. Diesen kleinen Tanz führen die Boxer stets in ihrer Ausgangsposition auf. Somit dient der Tanz wohl der Konzentration und des sich wieder Sammelns.
In der Kampfpause verlassen die geschockten New Yorker die Halle. Das war zu viel für die beiden. Die lauthals mitgrölende Kellnerin versucht noch, die beiden zum Bleiben zu bewegen, doch der Versuch bleibt erfolglos. Und die Yankees verpassen was!
Es folgt nämlich zur Auflockerung der »Fun Fight« und der ist tatsächlich zum Schreien komisch … aber auch wieder ultrabrutal: Vier dicke Thais bekommen im Ring die Augen verbunden und dreschen nach Ertönen des Gongs blind aufeinander ein. Wie Windmühlen kreisen diese Bekloppten mit ihren Armen durch den Ring. Der Ringrichter steht plötzlich mit dem Rücken zu einem der Boxer und bekommt eine volle Ladung auf den Hinterkopf. Der Athlet freut sich, dass er offenbar einen Kombattanten erwischt hat, und lässt weitere Schläge auf den überraschten Ringrichter niederprasseln. Der Richter geht zu Boden und rollt sich zur Seite. Nachdem er sich wieder aufgerichtet hat, schüttelt er kurz seinen Kopf und geht auf den ahnungslosen, weil blinden,

Dicken zu und brettert ihm aus Rachegelüsten böse eine vor die Kimme. Der Getroffene geht zu Boden und zappelt wie ein Fisch, den man aus dem Wasser gezogen hat. Rund um ihn herum wird weiter geprügelt, was die Knochen aushalten. Das ganze Spektakel geht mindestens drei Minuten lang. Der Spezi, der sich mit dem Ringrichter angelegt hat, schafft es – nachdem er mehrfach zu Boden gestreckt wurde und immer wieder aufgestanden ist – tatsächlich, den Unparteiischen erneut zu finden und mit Schlägen zu bombardieren. Kurz darauf ertönt der Gong und die vier Kämpfer hören brav auf, sich blind gegenseitig zu verprügeln. Die Halle tobt und kreischt vor Lachen, als der Ringrichter noch zum finalen Coup ausholt: Nachdem er bereits drei der vier Fun Fighter die Augenbinden abgenommen hat, nimmt er kurz Anlauf, springt in die Luft und tritt seinem neuen Erzfeind, der noch blind dasteht, eiskalt vor die Brust. Der Kamerad fliegt locker einen Meter nach hinten und knallt rücklings auf den Boden. Ein unglaubliches Schauspiel ist das! Aber sie machen es ja freiwillig … Keine fünf Minuten später laufen die vier Kumpel übrigens gemeinsam durch die Reihen des Publikums und sammeln fröhlich grinsend, als wäre nichts geschehen, Spenden »for the fun fight«.

Beim Main-Fight, dem siebten offiziellen Kampf des Abends, kocht dann die Stimmung bei den wettenden Thais über. Der Geräuschpegel verdoppelt sich und man weiß gar nicht, wo man lieber hingucken möchte: in den Ring oder daneben, auf die wild um sich jubelnden und mit ihren schwingenden Händen irgendwelche Wetten abgebenden Thais.

Nach dem Main-Fight interessiert sich dann kaum noch jemand für den International Fight zwischen einem Engländer und dem Typen, der uns heute Mittag die Tickets verkauft hat. Unser Ticketverkäufer gewinnt durch K.o. in der 5. Runde und beendet diesen gelungenen und total kranken Abend mit einer höchst sportlichen Geste: Er schnappt sich den niedergeschlagenen und einen Kopf größeren Engländer, legt ihn sich über die Schulter und trägt ihn zurück in dessen Ecke. Dann hebt er die Faust des noch immer im Delirium verlorenen Farangs und verabschiedet sich so vom Publikum.

Wenn ich wieder in Berlin bin, werde ich Muay Thai Boxer.

Die 800 Kurven nach Pai
Tag 45: 9. April 2010

S. 183

Mong, der kleine Angestellte des Giant, der laut Besitzer Mister Joe einen Blutegel zwischen den Augen sitzen hat, der schon so tief ins Hirn vorgedrungen ist, dass man ihn nicht mehr entfernen kann – es ist ein dicker, herausstehender Leberfleck –, möchte uns einen Roller mit Schaltung geben. Da heute aber erst mein zweiter Tag überhaupt ist, an dem ich ein motorisiertes Zweirad lenke, bitte ich ihn um einen Automatikroller. So einen hat das Giant jedoch leider

nicht. Ist aber gar kein Problem: Er fährt mich einfach mit seinem Roller zu einem Verleiher, der zum gleichen Preis Automatikroller verleiht: 150 Baht für 24 Stunden. Hier ist immer alles so schön problemlos und unkompliziert …
Laut Mong müssen wir Chiang Mai auf der nördlichen Hauptstraße verlassen und dann eigentlich nur noch geradeaus fahren. Klingt so, als könnten wir das hinbekommen. Gegen zehn geht's dann mit dem geliehenen Roller los und wir sind im wuseligen Verkehrschaos von Chiang Mai.
Die Road hat ihren King zurück. Yeah, Baby!
Solch dichten Verkehr hatten wir in Koh Pha Ngan nicht, fährt man aber selbstbewusst, weitestgehend egoistisch und ohne Höflichkeiten, kommt man ganz einfach von Ampel zu Ampel durch. Allzu viele Farangs fahren nicht mit dem Roller umher. Dafür sind die Songthaews meistens mit Menschen westlicher Herkunft besetzt. An einer Tankstelle tanken wir den heißen Ofen noch kurz voll und schon geht es die ersten 20 Kilometer im nach und nach weniger werdenden Verkehr in Richtung Norden aus Chiang Mai heraus und ich kitzle bis zu 90 km/h aus dem Maschinchen heraus. Uh yeah.
Man muss auf dem Weg nach Pai tatsächlich nur sehr selten abbiegen: Seit unserem Guesthouse sind wir noch keine fünf Mal abgebogen, als wir zum letzten Mal für die nächsten gut 110 Kilometer die Straße wechseln. Ab sofort geht es nur noch geradeaus, wobei die letzten gut 90 Kilometer aus rund 800 Kurven Berg rauf und Berg runter bestehen. Halleluja.
Eine Gruppe kleiner Mädchen kommt bei einer kleinen Siedlung auf die Straße gelaufen und winkt uns zu. Es sieht so aus, als ob sie uns anhalten wollen. Hm? Was wollen die denn? Ist was passiert? Ich drossele die Geschwindigkeit. Kurz bevor wir die Mädels mit mittlerweile recht langsamer Geschwindigkeit erreichen, beginnen die Kiddies auf einmal breit zu grinsen und präsentieren uns unerwartet kleine Eimerchen, die sie hinter ihrem Rücken versteckt gehalten haben. Uns schwant, was nun passiert! Songkran steht vor der Tür! Ich gebe wieder Gas … doch es ist zu spät und wir werden ordentlich geduscht. Uff, Mister Joe hatte recht.
Solche Szenen wiederholen sich auf unserer Fahrt gute zehn Mal und so werden wir zwischendurch immer mal wieder mit Wasser erfrischt und durchnässt. Erwischt werden wir auch jedes Mal, da man bei den Wasserkindern immer abbremsen muss, weil die Straße so nass ist und wir nicht ins Schleudern geraten wollen. Außerdem sind Ladungen, die man mit hoher Geschwindigkeit abbekommt, schmerzhaft.
Die Strecke ist total geil. Man durchquert kleine Dörfer und Siedlungen, die aus höchstens 20 Holzhütten bestehen. Getränke, Essbares und Sprit kann man aber überall kaufen, was auch bitter notwendig ist, da es mal wieder wahnsinnig heiß ist und der Roller genauso viel Durst hat wie wir. Der Verkehr ist minimal und die Kurven teilweise echt krass. Außerdem wird auf der gesamten Strecke um uns herum der Wald brandgerodet. Wie das funktioniert, ohne dass der

komplette Berg plötzlich in Flammen steht, ist uns ein Rätsel. Überall zwischen den Erhebungen sitzt der Rauch, der einfach nicht abzuziehen scheint. Die Aussicht ist dadurch stark eingeschränkt: Allzu weit sieht man von hier oben nicht. Die Brandrodung wird übrigens durchgeführt, damit der Wald bei der allgemeinen Trockenheit nicht unkontrolliert beginnt niederzubrennen.

Am Straßenrand ist eine heiße Quelle ausgeschildert. Die wollen wir uns mal anschauen. Nach sechseinhalb Kilometern auf einer von der Straße nach Pai abzweigenden kleinen Straße erreichen wir ein Kassenhäuschen!? Die heiße Quelle gehört leider zu einem Nationalpark und der Kollege hinter der Kasse will tatsächlich vier Euro pro Person haben. Die Karte ist dann zwar auch am heutigen Tag für alle anderen Sehenswürdigkeiten des Nationalparks gültig, aber so viel Zeit haben wir gar nicht. Schließlich wollen wir, möglichst noch vor der Dunkelheit, die 800 Kurven der Bergstraße zurück nach Chiang Mai wieder hinter uns gebracht haben. Die heiße Quelle ist somit also leider gestorben und der Kassierer will keine Ausnahme machen und uns mal kurz für fünf Minuten umsonst reinlassen. Schade.

Nach vier Stunden erreichen wir Pai. Unsere Hintern schmerzen, meine Arme sind von der Sonne knallrot gefärbt und unser erster Eindruck von Pai ist nicht so grandios: Bevor man das eigentliche Dorf erreicht, reiht sich ein schickes Urlaubsresort an das nächste. Vom Hippieflair ist noch nichts zu spüren. Dafür liegt Pai interessant: Man verlässt die extrem kurvige Bergstraße und findet sich in einem staubigen, braunen Tal wieder, durch das sich ein kleiner Fluss schlängelt.

Im Ortskern wird es dann aber zum Glück besser beziehungsweise sogar richtig schön. Zunächst trinken wir etwas im Yellow Peace of Pai, einer sehr stylish gebauten Bambusbar. Die Eingangstür des sich noch in der Fertigstellung befindlichen Hauses ist im Hobbingen-Stil angelegt, also groß und rund. In der Bar im ersten Stock gibt es keine Stühle, sondern ausschließlich Sitzkissen. Eine Front der Etage ist offen, weswegen man einen tollen Blick über den Fluss und das Tal genießen kann. Das Haus steht am nördlichen Stadtrand, weswegen die Aussicht (noch) nicht verbaut ist.

Nach der Erfrischung im Yellow Peace of Pai fahren wir tiefer in den Ort hinein. Hier finden wir endlich das Hippieflair, das durch Thaksins harten Anti-Drogenkurs, bei dem in kürzester Zeit massenhaft Dealer eingeknastet wurden, stark beeinträchtigt wurde. Heute wird in Pai vielerorts eher ein Cocktail geschlürft als Gras geraucht.

Der Magen knurrt gewaltig und so gehen wir ins Good Life Mittagessen. Das Good Life ist ein rein vegetarisches Restaurant mit Bio-Anspruch. Die Wände des Bambusrestaurants sind übersät mit Kübeln, in denen leuchtend grünes Weizengras gedeiht. Das frisch gepresste, gesunde Kraut kann man sich in Drinks mixen lassen. Hatten wir in Thailand noch nicht, also her damit. Die giftgrünen Shakes schmecken nach einem frischen Stück Wiese. Na, wenn das mal nicht muy gesund ist.

Gegen 17 Uhr treten wir den Rückweg an. Nach gut zwei Stunden auf der Bergstraße fahren wir auf einmal durch ein bestimmt drei bis fünf Kilometer langes Waldstück, das auf unserer Hinfahrt noch völlig intakt war, nun aber vollends niedergebrannt ist! An manchen Stellen schwelt das Feuer noch und der Rauch brennt in den Augen. Eine extrem seltsame und befremdliche Atmosphäre.

Als die Sonne untergeht, kommen die Insekten hervor, machen Krach und stürzen sich suizidal gegen unser Rollerlicht, unsere Gesichter und meine Brust. Wenn ab und an dann etwas Kinderfaustgroßes gegen meine Schulter oder meinen Hals platscht, ist das auch ganz schön eklig.

Zurück dauert es wieder gut vier Stunden. Neben dem Hintern schmerzen mir nun auch die Hände, speziell die rechte, mit der ich heute acht Stunden lang Gas geben musste. Das war ein anstrengender, aber auch verdammt cooler Trip. Im Giant spricht sich unsere Aktion dann auch recht schnell herum und Jamie bewundert uns: »The vegan ones are the toughest ones.«

Doi Suthep und das belgische Koma
Tag 46: 10. April 2010

S. 183

Mister Joe kommt mit dem Auto einfach nicht bei: Rebekka, die beiden Polen Anna und Arek, Dani aus Spanien, Ioanna aus Griechenland, Loïc aus Belgien und ich warten knappe 90 Minuten bis Mister Joe endlich mit dem Pick-up vorfährt und ihn Mong übergibt. Mong, der Mann mit dem Blutegel zwischen den Augen und dessen Spitzname »Hobbit« ist, fährt uns bei unserem heute also stattfindenden Tagestrip.

Während der Fahrt auf der, für sieben Personen dann doch zu kleinen, Ladefläche sitzen wir fast aufeinander und lernen uns ein klein wenig näher kennen. Dani und Ioanna leben im »wahren Leben« als Artisten, bereisen nahezu den kompletten Südosten Asiens und haben drei Mal geheiratet: in Spanien, in Griechenland und »für den Staat«. Loïc ist bislang noch recht ruhig, was wohl daran liegt, dass sich der französisch sprechende Lütticher ein wenig für sein Englisch schämt. Wir erfahren aber recht schnell, dass er auf kulinarische Abenteuer steht und in Chiang Rai, was weiter im Norden liegt, Hund gegessen hat. Später am Tag taut er dann richtig auf und offenbart seine belgische Herkunft auf genau die Weise, wie sich Belgier am ehesten zu erkennen geben: Er philosophiert vom Bier. Nahezu nonstop. Arek macht einen Thai-Massage-Kurs und plant in Europa als Masseur durchzustarten. Anna, die den Trip organisiert hat, arbeitet mal hier, mal da in Europa – nur nie in Polen – als Psychologin.

Unser erstes Ziel an diesem Tag ist ein Trekkingpfad. Der bergauf führende Weg soll gute fünf Kilometer lang sein und an einem Tempel enden. Dort will uns Mong in einer Stunde wieder abholen.

Der den Pfad umgebende Wald ist furztrocken und das hindurch führende Flussbett vollkommen ausgetrocknet. Allzu spannend ist dieser Spaziergang daher nicht. Dafür ist die Wanderung um so schweißtreibender, da es einmal mehr drückend heiß ist und der Trampelpfad wirklich durchgehend bergauf führt.
Nach etwas mehr als 20 Minuten erreichen wir einen Tempel und fragen uns, ob das tatsächlich der Tempel ist, den wir erst nach fünf Kilometern und einer knappen Stunde hätten erreichen sollen.
Der Tempel befindet sich entweder noch im Aufbau oder wird renoviert. Ein paar wenige Arbeiter basteln an der Fassade des Tempels. Die tempeltypischen Figuren sehen demnach brandneu aus. So einen ganz »frischen« Tempel umgibt eine andere Aura als all die Tempel, die wir bisher gesehen haben.
Arek stellt fest, dass der Weg noch weiter den Berg hinauf geht. Ob sich weiter oben noch ein Tempel befindet, können uns die Arbeiter aber nicht sagen. Die Straße führt an diesem Tempel vorbei, weswegen wir uns unsicher sind, ob das tatsächlich schon der Ort ist, an dem wir auf Mong warten müssen. Einige von uns wollen hier bleiben, während andere noch weiter wandern wollen. Schließlich setzen sich Arek und die allgemeine Neugierde durch und wir klettern den schnell immer steiler werdenden Pfad weiter nach oben. Nach höchstens 100 Metern stehen wir auf einmal hinter der Leitplanke der Straße. Hm, dann war das wohl doch der Tempel. Gerade als wir über die Straße kommend wieder den Tempel erreichen, fährt ein anderer Giant-Guesthouse-Angestellter mit dem anderen, wesentlich älteren Pick-up am Tempel vor. Oha, Mong macht Feierabend und mein Rucksack ist im falschen Wagen.
Wir werden zum Wat Phra That Doi Suthep, Chiang Mais Wahrzeichen, das auf dem Berg Doi Suthep liegt, gebracht. Am geschäftigen Parkplatz mit kleinem Markt angekommen, haben wir die Wahl, den Tempel entweder über eine 200 Stufen lange Treppe zu erreichen, deren Geländer zwei riesige Schlangen – Nagas genannt – sind, die sich von Treppenbeginn bis zum oberen Ende durchziehen, oder mit dem schräg den Berg hochfahrenden Aufzug. Rebekka und ich entscheiden uns für den Aufzug. Vorerst genug geschwitzt …
Oben angekommen betreten wir den Innenhof des Tempels. Zuerst fällt der goldene Chedi ins Auge, und das im wahrsten Sinne des Wortes, denn durch die Sonne blendet das achteckige Bauwerk ordentlich. Rund um den Chedi führt ein abgezäunter Weg, den viele Buddhisten mit Blumen in ihren Händen betend entlangschreiten.
Im Außenbereich des Tempels gibt es wie in Ayutthaya ein Glockenspiel, das die Besucher ununterbrochen zum Erklingen bringen. Rebekka und ich lassen uns da nicht lumpen und schlagen auch die Holzklöppel.
Im Tempelhof gibt es auch einen Glocken- beziehungsweise Gongturm mit unter anderem einem zwei Meter großen Gong.
Eine kleine Girl-Group in traditionellen Kostümen tanzt zu weniger traditio-

nell klingender Musik einen Schirmtanz, während auf der gegenüberliegenden Seite des Tempels wieder anders gekleidete Kinder einen völlig anderen Tanz vorführen. Diese Tanzgruppe gehört dem Volk der Hmong an. Die Hmong sind eines der indigenen Völker Thailands. Das bedeutet, dass sie Nachkommen einer Bevölkerung sind, die vor Kolonisation, Eroberung oder Staatsgründung bereits in dieser Region gelebt haben und sich, ihrer Vergangenheit bewusst, ihre Traditionen und Sprachen erhalten. In Thailand leben knapp 150.000 Hmong, die tatsächlich einen eigenen Dialekt oder gar eine eigene Sprache sprechen, die die meisten Thais nicht verstehen können.

Der Tempel ist besichtigt, also geht's wieder runter zum Auto und ab zum bitter nötigen Schwimmen im Wasserfallbecken.

Unser Fahrer fährt uns zum Eingang des Nationalparks. Oh, der Zutritt zum Wasserfall ist kostenpflichtig: 200 Baht pro Person. Hm … Zum Glück denkt jeder so wie wir und die Diskussion mit dem Kassierer beginnt. Als Erstes wollen wir abchecken, ob der Wasserfallzurzeit überhaupt Wasser führt. Was der Kassierer darauf antwortet, klingt nicht so überzeugend. Auf einen Rabatt lässt er sich aber auch nicht ein, was daran liegt, dass das Ticket mal wieder für den kompletten Tag im gesamten Nationalpark gültig wäre. Also entscheiden wir uns zur Umkehr. Unser Fahrer kennt noch andere, kostenfreie Wasserfälle.

Der nächste Versuch schlägt ebenfalls fehl: kein Wasser. Zu dieser Zeit des Jahres gibt es anscheinend einfach keine anständigen Wasserfälle in Thailand. Beim dritten Wasserfall ergeben wir uns dann unserem Schicksal: Am Huaykeaw Waterfall gibt es wenigstens kleine Becken, in denen auch einige Thais schwimmen. Das Wasser sieht allerdings sehr braun aus und macht stellenweise den Eindruck, dass es sich bereits seit Wochen nicht mehr bewegt hat.

Dani klettert den Felsen, über den sich eigentlich das Wasser stürzt, hinauf, um zu sehen, ob es wenigstens oben ein zum Schwimmen geeignetes Wasserbecken gibt. Als er oben ankommt, zeigt er aber mit dem Daumen nach unten.

Meine Fototasche und ich werden von einer kleinen Gruppe pubertierender Thai-Mädels entdeckt. Ich soll den Fotoapparat auspacken und ein Foto von den Mädchen machen. Nachdem ich die komplette Gruppe abfotografiert habe, bestehe ich auch auf ein Gruppenfoto mit mir, was speziell das dicke Mädel zu seltsamen Geräuschen zwischen Lachen und Grunzen animiert.

Lange bleiben wir nicht am Wasserfall. Auf dem Rückweg bewundern wir noch die gegrillten und frittierten Insekten und Frösche, die man sich zum Knabbern kaufen kann und dann geht's weiter. Wir lassen unseren Fahrer wissen, dass wir weniger auf der Suche nach einem schön anzusehenden Wasserfall als vielmehr auf der Suche nach einer Schwimmmöglichkeit sind. Also fahren wir nun zum See, dem Huay Tung Tao. Na, geht doch.

Der Huay Tung Tao ist ziemlich groß und ein schmaler Sandstrand zieht sich um ihn herum. Dort haben sich wiederum kleine Restaurants mit Zeltdächern sowie Schwimmreifen- und Tretbootverleiher niedergelassen. Es gibt kaum einen Quadratmeter hinter dem Strand, der nicht mit einer Holzhütte oder einem Zeltdach belegt ist.

Heute Abend soll irgendwo an diesem See das Chiang Mai Beach Festival stattfinden. Loïc, Ioanna und Dani gehen auf jeden Fall hin. Da wir uns mit der kompletten Ausflugscrew verdammt gut verstehen, beschließen Rebekka und ich also heute Abend ebenfalls Party zu machen.

Am Abend gehen wir zum nahe am Hostel gelegenen Parkplatz, von dem aus ein kostenloses Shuttle zum preiswerten Festival fährt. Das Shuttle ist ein Songthaew, dass die mehr und mehr werdenden Party-People zum Strand bringen soll. Da man – wenn überhaupt – höchstens zwei Songthaews zum Transport einsetzt, dauert es jedoch dementsprechend lange, bis man sein Shuttle zum Strand bekommt.

Die Fahrt zum See ist urkomisch. Loïc ist bereits gut angetrunken und redet noch schlechteres Englisch als er es sowieso schon spricht. Dafür redet er ohne Unterlass. Dani möchte wissen, wie das mit dem »H« am Wortanfang bei französischsprachigen Menschen ist. Können die das wirklich nicht aussprechen? Loïc versteht nicht, was er will und so müssen wir ihm Beispiele liefern:

»How do you say ›hotel‹ in English?«

»Hôtel? Iiin Engelish? The same.«

»So: say it.«

»Hôtel?« Er spricht es französich aus. Also mit stummem »H«: Otel.

»Yes, in English.«

»The same!«

Wir müssen andere Geschütze auffahren: »How do you say ›he‹?«

»What?«

»He.«

Ich buchstabiere ihm das Wort auf Französisch, was in etwa so klingt: »Asch«, für »H« und: »ə.« Das ist ein unbetontes »E« wie in »Schule«. Also: »Asch, ə.«

»ə«, antwortet er mit nach oben gezogenen Schultern und einem irritierten Gesichtsausdruck.

»No, say it in English.«

»I don't understand.«

Das Festival ist klein und sympathisch. Der Eintritt kostet heute Abend 300 Baht, morgen nur 200 Baht. Es gibt auch Zwei-Tages-Tickets, VIP-Tickets und Deluxe-Tickets, die dem Besucher kostenlosen Zugang zu den Getränken gewähren.

Wenn man die Festivalwiese betritt, läuft man direkt auf einen kleinen selbst gebastelten, schwarzlichtaktiven Wegweiser zu. Links geht es zur Chill Out Area, rechts zur Hauptbühne und oben steht groß geschrieben: »You are here.« Höhö. Die Musik ist von ganz gut bis auszuhalten, die Stimmung aber ist ausgelassen. Die Festivalsaison hat begonnen! Yeeeehaw! Rebekka und ich schwingen stundenlang das Tanzbein und Loïc macht das, wofür ein Belgier lebt: Er besäuft

sich hemmungslos. Ich bin irgendwann auch nicht mehr so ganz taufrisch und verschwinde mal eben kurz zum Pinkeln. Eine Stunde später findet Dani mich schlafend auf einem Baumstumpf sitzen. Gemeinsam gehen wir zurück zu den Mädels und Loïc, der mittlerweile im Koma liegt. Aufwecken ist nicht möglich, also tragen wir ihn in der Decke, auf der er liegt zum Shuttle-Parkplatz. Wir müssen mindestens eine halbe Stunde warten, bevor das scheiß Taxi kommt. Loïc macht uns derweil zur Attraktion des Parkplatzes: »Is he okay?«
»Yes, he's from Belgium.«
Loïc bekommt von alldem nichts mit. Selbst die Fahrt im Songthaew, die er auf dem Boden zwischen unseren Füßen verbringt, bekommt er nicht mit. Erst als wir wieder in Chiang Mai ankommen, gelingt es uns, den Belgier zu wecken. Er schafft es sogar, bis zum Guesthouse zu laufen. Loïc ist übrigens kein Gast im Giant. Wo er eigentlich wohnt und wo sein Rucksack untergestellt ist, weiß keiner von uns so recht. Er, zum derzeitigen Zeitpunkt, vermutlich auch nicht. Aus diesem Grund legen wir ihn einfach zu Mong ins Zimmer. Mong schläft zurzeit im Wohnzimmer, das für jeden zugänglich ist. Ein Sofa ist noch frei und schon schläft Loïc wieder.

Eskalation in Bangkok

Am Abend des 10. April werden in Bangkok bei schweren Ausschreitungen Demonstranten, Soldaten und ein japanischer Journalist getötet. Insgesamt fallen 25 Menschenleben der Gewalt zum Opfer.
In Chiang Mai merkt man davon nahezu nichts. Es fällt lediglich auf, dass beispielsweise am Somphet Market fast jeder Stand mit einem Radio oder Fernsehgerät ausgestattet ist, worüber den ganzen Tag über Reden der Rothemden-Führer ausgestrahlt werden.Mit Farangs über Politik zu diskutieren, ist den Thais eher fremd und führt auch zu herzlich wenig, da Chiang Mai die Rothemdenhochburg schlechthin ist. Die meisten Thais fürchten aber primär, dass die Touristen – für viele die einzige oder Haupteinnahmequelle – durch die Unruhen Thailand fernbleiben werden.

Noch einmal zum Chiang Mai Beach Festival
Tag 47: 11. April 2010

Am nächsten Tag chillen wir im Giant und gehen am Abend wieder aufs Festival. Heute sind weit weniger Menschen da als gestern und die Stimmung ist nicht annähernd so gut. Eine Feuershow ist das spektakulärste Erlebnis des ansonsten von Techno durchzogenen Abends. Loïc kann übrigens wieder weitersaufen. Da wundert es einen auch nicht, dass sein Hippie-Tattoo auf der Brust, das primär mit tiefgründigeren und philosophischen Aussagen aufwartet, auch

eine »5« an zentraler Stelle beherbergt, deren Aussage weniger hippiesk ist: »The ›5‹ ise a beer in Belgiüm.«
So sind sie, die Belgier ...

Songkran! ... und die Folgen
Tage 48–53: 12.–17. April 2010

Rock und Roll: Heute beginnt Songkran! Die Thais feiern vier Tage lang ihr neues Jahr. Und das wird im wahrsten Sinne des Wortes »feucht fröhlich«. Es ist nicht nur so, dass sich sehr viele Thais maßlos besaufen, was tragischerweise alljährlich zu vielen Todesfällen durch Verkehrsunfälle führt – dieses Jahr werden es 166 Tote in ganz Thailand sein. Nein: Die Thais spritzen alles und jeden, der ihnen während der Feiertage über den Weg läuft, mit Wasser nass!
Was ursprünglich als eine religiös spirituelle Waschung begann, ist heute eine Wasserschlacht gigantischen Ausmaßes. Speziell die Wasserschlacht von Chiang Mai ist legendär, was daran liegt, dass rund um die quadratische Altstadt Chiang Mais ein gut 15 Meter breiter Wassergraben führt, der dafür sorgt, das es mitten in der Stadt Wasser ohne Ende gibt.
Doch gehen wir chronologisch vor: An Mahasongkran, dem letzten Tag des Jahres, sammeln sich gegen Mittag die ersten Krieger der Giant-Guesthouse-Army vor unserer Feste. Rebekka und ich haben uns am Vortag schweres Gerät beschafft: fette Wasserpistolen vom Typ YX-1500. Wo die einschlagen, bleibt nichts mehr trocken. Pock, der lustige, dicke Kellner hat schon einen Schlauch raus auf die Straße gelegt und Eimer bereitgestellt.
Kurz nachdem die Angriffe auf Passanten und Rollerfahrer beginnen, gesellen sich immer mehr Giants zu uns. Mit Kreidepulver wird eine matschige Pampe angerührt, die der Kriegsbemalung dient. Als wir genügend Kämpfer mobilisiert haben, ertönt der Ruf nach einem heimtückischen Angriff auf ein benachbartes Hostel. Wir füllen unsere Waffen und Eimer und ziehen in die Schlacht. Das gegnerische Guesthouse erwartet unseren Überraschungscoup natürlich nicht. Der Sieg und die Eroberung ihrer Wasserquelle ist eine sichere Sache. Fünf Meter vor dem Feind bricht die Giant Army ein mörderisches Kampfgeschrei los. Der Feind ist geschockt: »Oh my God! They attack us! They attack us!«
Der Sieg ist greifbar nahe, als der feige Gegner plötzlich zurückzuschießen beginnt und wir feststellen müssen, dass es sich nicht nur um einfaches und harmloses, frisch gezapftes Wasser, sondern um extra gekühltes Eiswasser handelt! Uns gelingt es zwar bis zur Eistonne vorzustoßen und den einen oder anderen Eimer mit Eiswasser zu füllen, doch dann wird es einfach zu kalt und wir beschließen den vorübergehenden Rückzug. Trotzdem war der Angriff ein voller Erfolg. Wir haben keinen Mann verloren.
Nachdem sich kaum noch ein Mensch am Giant Guesthouse vorbeitraut – es

muss sich herumgesprochen haben, wie gnadenlos wir sind –, beschließen wir, zur Hauptstraße vorzustoßen. Hier tobt die Schlacht am wildesten: Tausende Thais und Farangs geben sich eine Schlacht »Jeder gegen jeden«. Das Wasser wird entweder von verschiedenen Restaurants, Bars etc. bereitgestellt und ununterbrochen in Regenwassertonnen nachgefüllt oder mit Eimern aus dem Kanal geholt. Hierzu kann man sich sogar extra Schnüre organisieren, die man an die Eimer knotet, um das Wasser aus dem Kanal schöpfen zu können. Außerdem fahren noch massenhaft Pick-ups und Tuk-Tuks über die vollkommen zum Erliegen gekommene Hauptverkehrsstraße, die ebenfalls Tonnen mit (Eis-)Wasser transportieren. Es dauert in der Nähe der Hauptstraße keine fünf Sekunden, bis man bis auf die Unterhose durchnässt ist.

Nicht jeder Thai frohlockt übrigens der »Eimer-über-den-Kopf-Attacke«. Es gibt noch genügend Thais, die mit einem Eimer Wasser durch die vollkommen verrückt gewordene Masse spazieren, lediglich ihre Fingerspitzen befeuchten und dann wenige Tropfen auf Vorbeimarschierende spritzen. Deswegen hat man ab und an schon fast ein schlechtes Gewissen und fragt sich, wie viel Schuld die Farangs an der »Eskalation der Tradition« tragen. Beobachtet man dann aber die vielen mitwirkenden Kinder oder auch unsere direkte Nachbarin, verfliegen solche Gedanken sehr schnell:

Am zweiten Songkran-Tag, auch Nao genannt, was soviel wie »der erste Tag nach dem Ende des letzten Tages« bedeutet, flitzt zum Beispiel ein Eichhörnchen wenige Meter über unseren Köpfen über eine Stromleitung. Irgendjemand aus unserem Guesthouse bemerkt es und fragt im Spaß, wer denn wohl als Erster das Eichhörnchen von dort herunterschießen würde. Alle reagieren »veganisch korrekt« und rügen den Fragenden mit einem: »Uuuaaaah«, als wir auf einmal die uns schon ewig an diesem Tage völlig alleine attackierende knapp 50-jährige Nachbarin hören, die auf Thai wohl so etwas wie: »Ach was! Schaut mal, ein Eichhörnchen!«, ruft und ohne zu zögern das Feuer – äh, Wasser – auf den Nager eröffnet. Das Eichhörnchen plumpst zum Glück nicht von der Leitung, sondern legt einen Zahn zu und kann den Schüssen entfliehen. Die ulkige Nachbarin lacht sich dabei kaputt …

Apropos kaputt: Es gibt erste Opfer zu beklagen! Nach dem ersten Songkran-Tag haben wir mit Laura aus London und ausgerechnet Rebekka zwei wertvolle Kriegerinnen im Kampf verloren. Die zwei liegen krank im Bett und bei beiden wird der Zustand leider mehrere Tage andauern.

Ich muss meine Frau rächen und stoße dabei am dritten Tag, also an Talueng Sok, dem Neujahrstag, auf einen Thai-Teenie, der offensichtlich schwul ist. Seine sehr tuckige Art macht ihn höchst amüsant. Es beginnt mit einer harmlosen Attacke meinerseits: Heute trage ich neben meiner YX-1500 auch einen 10-Liter-Eimer mit mir herum. Diesen bekommt der lustige Kollege ab, was ihn fast zum Umfallen bringt: »Oh! Oh! Ooohooh! Okay!«

Er taumelt und ich kann mir das Lachen bereits nicht mehr verkneifen. Der

Thai ist mit einigen Kumpels auf einem Pick-up unterwegs. Pick-up-Fighter darf man nicht unterschätzen, das habe ich in den letzten Tagen gelernt. Denn, wenn es eine relativ sichere Quelle für Eiswasser gibt, dann auf einem Pick-up. Und so kommt es dann auch. Der mollige Thai füllt sein Eimerchen und holt zum Gegenangriff aus. Nachdem dieser geglückt ist, bin ich es, der: »Uaaah! Uaaaah! Aaaaah!«, brüllt und im Kreis springt. Das Wasser ist schweinekalt! Na warte, denke ich mir und lasse die mich umgebenden Giants wissen, dass wir einen Teenie und einen Pick-up zu zerstören haben! Die Eimer werden wieder gefüllt und gemeinsam wird der Thai mit der Brille attackiert. Diesmal bekommt er gute 30 Liter ab, was ihn wieder sehr stark ins Taumeln bringt. Wie schon beim ersten Angriff und – ich nehme es vorweg – wie auch bei den folgenden 25 Attacken ruft er dabei: »Oh! Oh! Ooohooh! Okay!«, und holt zum Gegenangriff aus. Blöderweise trifft der Gegenangriff immer nur mich! Ausnahmslos! Die anderen Giants interessieren den Kollegen einen Scheiß und ich bekomme massenhaft Eisduschen ab. Nach locker 15 Minuten des unerbittlichen Bekämpfens verabschieden wir uns sportlich und freundlich voneinander und der Pick-up fährt wieder weiter. Uff.

Später am Tag fährt ein Chinese auf seinem Roller am Giant vorbei und drückt in der Angst, einen Eimer abzubekommen – welch Überraschung an solch einem Tag –, volle Möhre auf die Handbremse. Dummerweise drückt er aber nur die Bremse fürs Vorderrad und schon liegt der Mann vor uns auf dem Boden. Tja … der Ellbogen und das Knie sind ein bisschen lädiert und der Spiegel ist kaputt. Eigentlich ist der Mann ja selbst schuld daran, aber Jamie tröstet den Chinesen damit, dass wir für den entstandenen Schaden an seinem gemieteten Zweirad aufkommen werden. Der Spaß kostet letztlich 30 Baht pro Person, worüber sich Mister Joe – nicht ganz zu Unrecht – ziemlich aufregt: »He maybe has drived motorbike two days in his life. And today: must know is Songkran. Own fault! You don't have to pay!«

Es ist einfach unglaublich, wie viel Spaß es machen kann, vier Tage lang andere Leute nass zu spritzen und selbst nass gemacht zu werden. Und das, obwohl es auch den Radius, in dem man sich bewegen kann, stark beeinträchtigt: Rollerfahren ist gefährlich, auf der Ladefläche eines Pick-ups wird man auch nass und in Restaurants, die mehr als eine Ecke vom Giant entfernt sind, kommt man auch niemals trocken an. Vielleicht ist auch das der Grund dafür, dass Jamie an einem und Kicu an zwei Abenden für das komplette Guesthouse kochen. Bei Jamie, der einen Thai-Kochkurs in Chiang Mai absolviert hat, gibt es leckeren Massaman Curry. Jamie hat übrigens 15 Jahre als Musikproduzent gearbeitet und reist nun schon mehrere Monate umher. Das macht er so lange, bis sein Job im Cirque du Soleil in Macau beginnt. Kicu macht einmal Pad Thai Kicu Style und am nächsten Abend Pizza. An allen drei Abenden wird darauf geachtet, dass neben den Fleischfressern auch Vegetarier und Veganer anwesend sind. Sehr cool.

Am 16. April ist es dann vorbei mit dem Begrüßen des neuen Jahres ... und die halbe Stadt liegt, aufgrund des Dreckwassers, das jeder über vier Tage hinweg abbekommen hat, krank im Bett. Mich hat es dann auch erwischt und mit mir 90 % der restlichen Giant Warriors. Wir haben aber auch ausdauernd gefightet! Ich glaube, ich komme jetzt jedes Jahr zum thailändischen Neujahrsfest nach Chiang Mai: vier Tage Party und mindestens zwei Tage Magen-Darm-Infektion. Rock und Roll und Chock Dee Phi Mai! Happy New Thai Year!

Loïc schießt übrigens noch ganz nebenbei den Vogel ab: Nach Songkran will er nach Pai weiterreisen und dort einige Tage verbringen. Also fährt er morgens mit dem Minibus über die kurvenreiche Bergstraße ins vier Stunden entfernte Dorf. Ich liege krank im Bett und frage mich abends, ob ich jetzt auch noch einem Fieberwahn verfallen bin, da ich plötzlich Loïcs Stimme zu hören glaube. Rebekka, die unten bei unseren neuen Freunden sitzt, klärt mich später darüber auf, dass Loïc tatsächlich wieder zurückgekommen ist: Er hat in Pai den Bus verlassen, ist durch zwei Straßen gelaufen, hat kaum einen Menschen auf der Straße gesehen und sich daraufhin gedacht: »Hier ist ja gar nichts los! Fahre ich lieber wieder zurück nach Chiang Mai.«

Dieser Belgier ist Entertainment pur. Ich weiß nur nicht, wie viel Absicht da jedes Mal dahinter steckt ...

Das Dach Thailands: Doi Inthanon
Tag 54: 18. April 2010

S. 183

Mister Mong fährt Anna, Arek, Rebekka und mich heute auf den Doi Inthanon, das »Dach Thailands«. Auf Thailands höchstem Berg, der 2565 Meter misst, wollen wir uns ein paar Wasserfälle angucken und darin baden ... falls wir diesmal welche finden, die auch Wasser führen. Sowohl Mong, als auch der Schweizer Raphael, der den Tagestrip letzte Woche mit Dani und Ioanna gemacht hat, stimmen uns diesbezüglich optimistisch.

Der Berg befindet sich etwas mehr als 50 Kilometer südwestlich von Chiang Mai. Schon am Fuße des Doi Inthanon fahren wir an einem rege besuchten kleinen Fluss vorbei, in dem erstaunlich viele Thais schwimmen oder mit Bambusflößen flussabwärts treiben. Die unzähligen Essenstände am Straßenrand leisten auch noch ihren Beitrag, sodass das Ganze etwas von Freibadatmosphäre hat.

Wenige Kilometer später hält Mong an und zeigt uns eine stolze Elefantenmama mit ihrem Baby, das noch keine zwei Wochen alt ist! Das Tierchen ist unglaublich putzig: Kaum einen Meter misst das Dickhäuterchen und ist neugierig ohne Ende. Die Mama ist leider angekettet, dafür kann klein Dumbo ungeniert umherlaufen und die Umgebung checken, was seine Mutter durchaus in leichte Nervosität versetzt. Neben uns bewundern noch sechs Thais das Baby, welches ständig zwischen unseren Reihen oder den Beinen der mächtigen Mutter umherflitzt. Das Rüsselchen ist noch ganz klein, die Äuglein schweifen interessiert von hier nach da und die Füße wirken noch ganz tapsig. Dreimal rennt der Kleine mich übrigens beim Fotografieren um und zweimal stellt er sich auf meinen Fuß! Bisher bin ich noch nicht allzu oft in den Genuss gekommen, einen Elefanten auf dem Fuß stehen gehabt zu haben. Wem dieses Vergnügen auch noch nicht zuteilwurde, hier eine kleine Erläuterung: Elefantenfüße haben eine weiche Sohle! Zudem zerquetschen sie nichts, wenn der dazugehörige Elefant höchstens 100 Kilogramm und keine Tonne wiegt.

Weiter geht's: Der erste Wasserfall des Tages steht an. Mong kündigt an, dass er im Pick-up bleiben wird, um ein Nickerchen zu halten. Wir vier spazieren über einen schmalen Trampelpfad zum Wasserfall. Mönche begegnen uns und grüßen uns freundlich. Wir erreichen das Flussbett. Es ist ausgetrocknet. Na super. Unsere Hoffnungen, endlich mal einen fetten Wasserfall vorzufinden, schwinden und werden auch tatsächlich nicht wirklich erfüllt. Der Wasserfall reicht aber für eine nette Dusche. Ein Becken zum Schwimmen gibt es aber leider nicht. Dafür ist der Stein, auf den das Wasser plätschert rutschig genug, um sich ordentlich auf die Schnauze zu legen … Mein linker Handballen schmerzt nun für den Rest des Tages ein wenig. Autsch.

Wieder am Pick-up angekommen, wecken wir Mong und verlangen, dass er uns einen anständigen Wasserfall zeigen soll. Der kleine Thai mit dem Blutegel an der Hirnrinde lacht und verspricht uns, dass wir heute noch einen anständigen Wasserfallzu Gesicht bekommen werden. Na dann.

Mong lenkt den Wagen die kurvenreiche Straße immer weiter hinauf. Auf dem Berg wird viel angepflanzt. Überall ziehen sich mit Folie überzogene Beete die Hänge entlang. Ziemlich weit oben auf dem Berg halten wir kurz an, damit ich Getränke kaufen kann. Ich bin der Einzige, der die Ladefläche verlässt, und betrete eine kleine Bretterbude, wo man anscheinend nicht allzu oft Farangs zu Gesicht bekommt. Zumindest erwecke ich sofort die Aufmerksamkeit eines etwa zehnjährigen Jungen, der mich unentwegt anschaut und sich nach kurzem Zögern schließlich »traut«, meine helle Haut anzufassen. Das soll Glück bringen, habe ich mal gehört. Also: dem Jungen. Mir wird es aber bestimmt auch gut tun und so freuen wir uns beide über diese erfolgreiche Zusammenkunft.

Der nächste Wasserfall, der Siriphum Wasserfall, gehört zum Doi Inthanon Nationalpark, kostet 20 Baht Eintritt pro Person und soll laut Mong garantiert genügend Wasser führen. Diese Garantie holen wir uns von ihm ab, bevor wir das Eintrittsgeld bezahlen.

Durch einen angelegten, paradiesischen Garten geht es einige Meter den Berg hinauf und – tatsächlich – man kann den Wasserfall schon früh hören. Der Sturzbach bietet sogar auf zwei Terrassen Becken, in denen man sich im wirklich sehr, sehr kühlen Nass erfrischen kann. Dadurch, dass das Wasser auch aus einer ziemlich beachtlichen Höhe hinabstürzt, kann man aber nur bedingt von

Entspannung sprechen. Eine Mischung aus Massage und Gewitter im Kopf ist da wohl die bessere Bezeichnung. Aber es macht Spaß und weckt auch ein wenig den Abenteurer in einem, da man über einige, teils rutschige Felsen klettern muss, um überhaupt unter den Wasserfall zu gelangen.

Nachdem wir Mong wieder aufgeweckt haben, kutschiert er uns zum dritten und letzten Wasserfall des Tages. Im Becken des Wachirathan Wasserfalls kann man auch schwimmen, somit wäre das also auch geschafft: Erster Wasserfall ist eine Dusche, zweiter Wasserfall stürzt sich aus enormer Höhe hinab und der dritte Wasserfall ist badefreundlich. Schön anzusehen sind zudem alle drei.

Als wir uns auf den Weg zurück nach Chiang Mai machen, geht die Sonne langsam unter. Ein schöner Tag.

Die Höhlen von Chiang Dao und der weiße Tempel
Tag 55: 19. April 2010

S. 183

Weil es so viel Spaß macht, preiswert ist und wir den spektakulären weißen Tempel Wat Rong Khun sehen wollen, machen wir heute den nächsten Tagesausflug mit Mister Joes Pick-up. Morgens um sechs geht es los. Neben uns vier von gestern kommt noch Raphael aus der Schweiz mit. Mong fährt uns wieder und wird sich auch heute bei jedem einzelnen Stopp, den wir machen, zum Schlafen auf die Ladefläche legen. Da unsere Hintern gestern ordentlich geschmerzt haben, entschließen wir uns dazu, unsere Kissen aus unseren Betten auf der Fahrt als Sitzkissen zu nehmen, was Mong während seiner Schlafpausen auf praktische Weise für sich auszunutzen weiß.

Wir verlassen Chiang Mai in Richtung Norden und steuern Chiang Dao an. Wir wollen auf dem langen Weg nach Chiang Rai noch den einen oder anderen Zwischenstopp einlegen. Bei diesem Stopp wollen wir die riesigen Höhlen von Chiang Dao anschauen. Da es noch früh ist und wir uns in der Nebensaison befinden, besucht außer uns kein anderer Tourist das Höhlensystem. Mong parkt den Wagen und verabschiedet uns mit einem kurzen: »I sleep.«

Am Eingang zur Höhle kassiert man 20 Baht pro Person für den Eintritt und noch mal 20 Baht für »electricity«. Dann zerrt der Kassierer plötzlich einen älteren Herrn ran, den er als unseren Führer vorstellt. Er arbeitet ehrenamtlich hier und freut sich sehr über ein Trinkgeld am Ende der Tour. 40 Baht also, plus ein Trinkgeld, das man in der Gruppe zahlt. Klingt nach einem vernünftigen Deal. Wir steigen die mit wunderschön verzierten Dächern geschmückte Treppe zur Höhle hinauf und stellen kurz darauf fest, dass die Höhlen nur im Eingangsbereich mit Neonröhren ausgeleuchtet werden. Eine Ecke weiter stehen wir auf einmal im Stockdunkeln und unser Führer dreht seine Öllampe an.

Der Komplex besteht aus fünf für Touristen begehbaren Höhlen: Tham Phra Non (360 Meter) und Tham Suea Dao (540 Meter) werden mit elektrischem

Licht ausgeleuchtet. Die restlichen drei – Tham Maa (765 Meter), Tham Kaew (476 Meter) und Tham Naam (660 Meter) – verfügen über keine Lichtquelle. Insgesamt erstreckt sich das Höhlensystem über sage und schreibe zwölf Kilometer durch den Berg Doi Chiang Dao.

Die angenehm – im Vergleich zu draußen – kühle, aber laut Rebekka stark nach Fledermauskacke stinkende Höhle, ist nicht zuletzt aufgrund der Atmosphäre durch die uns umgebende Dunkelheit beeindruckend. Stalaktiten und unzählige Fledermäuse hängen von der teilweise zehn Meter hohen Decke herab und Stalagmiten wachsen aus dem Boden heraus. »Omelette« nennt unser kauziger Führer einen frisch entstehenden Stalagmit, der bislang nur aus einer weißen, milchglasartigen Fläche besteht. Ein »Neugeborenes« könnte man sagen.

»Waterfall, horse, chicken, …«

Unglaublich viele Felsen haben Ähnlichkeiten mit irgendwelchen Gegenständen, Tieren oder Figuren, auf die uns der ältere Thai immerzu aufmerksam macht. Außerdem sagt er ständig: »Mind your head!«

Zwischen all den hohen Hallen gibt es nämlich auch genügend schmale und niedrige Durchgänge, durch die man ab und an auch mal in der Hocke durch muss. In Situationen wie diesen, in denen man besser etwas auf seine Rübe aufpassen sollte, sagt unser Guide sein: »Mind your head!«, aber nicht nur einmal, sondern immer gleich fünfmal! Für jeden Farang einmal. Lustig.

An einer Stelle in der Höhle werden wir auf einmal vor einem 300 Meter tiefen Loch gewarnt. Da es keine Absperrung zu dem abartig tiefen Loch gibt und es auch hier ohne die Lampe des Thais stockdunkel wäre, ist die Warnung also durchaus angebracht. Hineingestürzt ist in das Loch, an dessen Ende Wasser sein soll, laut unserem Fremdenführer aber noch niemand.

Ein anderer Teil der Höhle wird in der Regenzeit immer geflutet. Gute zwei Meter steht dann das Wasser im Tunnel, in dem auch schon seit 300 Jahren ein liegender Buddha alljährlich in der Flut versinkt.

Bevor wir Mong wecken, setzen wir uns kurz in ein Restaurant. Über einer Bank hängt ein erschreckend echt aussehender, verbrannter und vom Körper abgetrennter Kopf.

»From Rambo!«, erklärt uns die stolze Chefin. Für den dritten und den vierten Teil der Actionfilmreihe wurden Szenen im Distrikt von Chiang Mai gedreht. Offensichtlich konnte die Chefin eine Requisite abstauben.

Wir fahren weiter in Richtung Fang. Zum kurz vor Chiang Rai gelegenen weißen Tempel kann man entweder über Fang, Thaton und nahe an der burmesischen Grenze entlang in Richtung Laos fahren oder man nimmt die südlicher gelegene, kürzere Route durch das »Nirgendwo«. Da der Trip sowieso schon zeitlich knapp bemessen ist, entscheiden wir uns für die Route durch das Nirgendwo. Es ist Mittag, weswegen wir alle Hunger bekommen. An einem Essensstand halten wir kurz an, fahren aber direkt weiter, weil es nichts Vegetarisches gibt. Wir sind heute vier Pflanzenfresser an Bord. Hätten wir geahnt, dass von nun an auf unzählig vielen Kilometern kein Haus und kein Dorf mehr kommen werden, hätten wir der Köchin bestimmt verklickern können, dass sie uns etwas kochen soll, das nicht auf ihrer Speisekarte steht. So hungern wir nun auf der Ladefläche vor uns hin, während wir eine kurvenreiche Panoramastraße entlangfahren. Die Landschaft ist anders als bislang: Steile Hänge fallen auf der einen Seite der Straße hinab in tiefe, steppenartige Täler. Durch die Dürre herrschen bräunliche Töne vor. Man kann aber leicht erahnen, wie schnell die komplette Region in eine grüne Oase verwandelt wird, sobald der Regen kommt. Die Aussicht ist toll. Die Steilwände auf der anderen Straßenseite sind zu großen Teilen mit Zement übergossen – wohl um Erdrutsche zu verhindern. Das klingt schlimmer, als es tatsächlich aussieht: Die steilen Zementwände wirken wie massive Felsen, die immer mal wieder mit kreisrunden Löchern versehen wurden, aus denen Pflanzen wachsen.

Neben dem Hunger setzt uns nun auch noch die Hitze zu. Wir bitten Mong, nach einem Wasserfall Ausschau zu halten. Irgendwo im Nirgendwo finden wir dann auch tatsächlich ein Schild, das einen Wasserfall ankündigt. Wir verlassen die Bergstraße und rutschen eine nahezu senkrechte Schotterpiste ins Tal hinab. Hoffentlich hat der Pick-up Vierradantrieb …

Im Tal angekommen, passieren wir ein recht schickes Hotel. Keine Ahnung, wie die Gäste bekommen. Raphael vermutet, dass reiche Hollywood-Schauspieler hier auf Drogenentzug sind. Wenige Kilometer hinter dem Hotel finden wir ein kleines Dorf. Mong glaubt, dass es sich bei den Bewohnern um ein Bergvolk handelt. Unser Guest-House-Manager fragt einige Dorfbewohner, welchem Volk sie angehören. Mit der Antwort kann aber leider keiner von uns etwas anfangen. Entweder habe ich noch nie etwas von diesem Volk gehört oder Mongs Englisch reicht nicht aus. Es war auf jeden Fall irgendwas mit »thai«. Vermutlich hat der Dorfbewohner so etwas wie: »Wir sind Thais, du Witzbold«, geantwortet.

Der Wasserfall ist beim Hotel, erklärt man uns. Wir entschließen uns dazu, uns die Siedlung ein wenig anzuschauen, bevor wir zum Wasserfall umdrehen. Die Menschen in diesem Dorf leben in einfachen Holz- und Bambushütten mit Strohdächern. Schweine und Hunde laufen frei umher. Auf dem Dorfplatz sitzen ein Mann und zwei Frauen gemeinsam mit einem Hund und einem gehbehinderten Affen auf dem Boden. Wenige Meter weiter klopft ein Mann mit einer Bambusstange Obst von einem großen Baum. Es fühlt sich so an, als wäre hier aller Stress weit, weit weg.

Ein Dorfbewohner teilt uns mit, dass es auch einen Wasserfall nahe der Siedlung gibt. Klingt doch super. Der Mann steigt zu Mong in den Wagen und lässt uns eine schlammige Piste entlangfahren. Wir kommen allerdings nicht weit und müssen nach nicht einmal zehn Metern bereits den Pick-up aus dem Matsch drücken. Der Mann zeigt uns den Weg zum Wasserfall nun zu Fuß: Es geht einen sehr steilen Trampelpfad hinunter, tiefer ins Tal hinein. Dort einmal

157

quer über ein kleines Feld und ins Bambusgestrüpp hinein und schon stehen wir an einem schmalen, braunen Flüsschen, vor einem knapp eineinhalb Meter hohen Wasserfällchen. Der kleine Gießbach führt aber eine recht ordentliche Menge Wasser und so können wir unsere durch Hunger und Hitze strapazierten Körper in der lauwarmen Kühle des Stromes ein wenig entspannen.

Der Pick-up verfügt zwar über keinen Four Wheel Drive, kann den steilen Schotterweg aber tatsächlich erklimmen. Auf der Bergstraße geht es weiter in Richtung Chiang Rai und unsere Mägen knurren immer lauter. Irgendwo kurz hinter dem Nirgendwo bekommen wir dann endlich etwas zu Essen. Mittlerweile ist es schon 17 Uhr, die Hintern schmerzen trotz Kissen schon ordentlich und allzu lange sollten wir uns nicht mit Essen beschäftigen, da der Tempel vermutlich um 18 Uhr seine Pforten schließt.

Gegen zehn nach fünf erreichen wir den Wat Rong Khun ... und finden ihn verschlossen vor. Der Tempel schließt um 17 Uhr. So ein Scheiß. Nichtsdestotrotz können wir das wahnsinnige Bauwerk von außen genießen. Seit 1997 ist der noch immer nicht vollendete Tempel bereits im Bau. Wann die Fertigstellung sein wird, steht noch nicht fest. Ich habe von »mehreren Jahrzenten« gehört, die es noch dauern soll. Man könnte den buddhistisch-hinduistischen »White Temple« also als das thailändische Äquivalent zur Sagrada Família in Barcelona bezeichnen. Wie bei der Sagrada Família steht auch hier ein Künstler hinter dem Projekt: der aus dieser Region stammende Chalermchai Kositpipat, mit dem man sich auch, dank mehrerer Fotoaufsteller aus Pappe und in Originalgröße, fotografieren lassen kann. Der Künstler wohnt übrigens mitten in der Tempelanlage in einem beeindruckenden goldenen Haus, das im Erdgeschoss die öffentlichen Toiletten beherbergt. Der Tempel ist extrem modern. »Extrem«, weil er es wagt, eine religiöse Stätte mit Pop zu verbinden: Vor dem Tempel stehen Figuren, die weniger an Religion als vielmehr an Manga und Anime erinnern. Aus dem sogenannten »Höllenloch« greifen Dutzende Hände nach oben ins Nichts. Manche halten an »Predator« erinnernde Totenköpfe in die Höhe und fliegende Monster, die einem Fantasyfilm entsprungen zu sein scheinen, sind im Garten verteilt. Im Innern des Tempels sollen sogar »Star Wars«- und »Superman«-Motive Teil der Wandmalerei sein, womit der Künstler die Konsumgier kritisiert. Kositpipat macht mit seinem Tempel generell so manche Aussagen: Neben dem Wat beeindrucken ein Nichtraucherschild und eines, das vor Alkohol warnt.

Wat Rong Khun ist wirklich einmalig und absolut fantastisch ... und dazu noch komplett in Weiß. Ebenfalls einmalig und absolut fantastisch scheint auch mal wieder der Anblick meiner Wenigkeit zu sein. Zumindest werde ich beim Fotografieren von einem jungen Thai gefragt, ob es okay wäre, mich zu fotografieren. Klar, kein Ding. Freut mich doch. Er lächelt, geht zwei Meter zurück und macht somit Platz für drei Mädels, die urplötzlich an ihm vorbeischießen und sich um mich herum postieren. Zeige- und Mittelfinger an die Schläfe und

schon sind die Teenies bereit, geknipst zu werden. Der Fotograf macht zwei, drei Bilder von uns und kommt danach auf mich zu.
»Now me«, sagt er auf einmal und übergibt einem der Mädchen die Kamera. Vielleicht sollte ich Model in Thailand werden …
Die Sonne geht unter und ein Gewitter kündigt sich aus Chiang Rai kommend an. Gegen eine Abkühlung des Klimas durch etwas Regen hat keiner von uns etwas. Es muss aber nicht unbedingt genau dann sein, wenn wir noch ewig viele Stunden Rückweg auf einer offenen Pick-up-Ladefläche vor uns haben. Mong hat's aber drauf und lenkt uns sicher und trocken in Richtung Chiang Mai zurück. Nicht mehr allzu weit vor Chiang Mai halten wir kurz bei Thailands höchstem Geysir, aus dem nach Schwefel riechendes, warmes Wasser spritzt. Es gibt auch ein angelegtes Becken, in das man sich hineinlegen oder einfach nur seine Füße hineinhalten kann. Das Wasser darin ist warm, wie in einer Badewanne. Außerdem soll es noch ein Becken geben, in dem man tagsüber – als kleiner Gag für die Touristen – Eier kochen kann!
Als wir wieder in Chiang Mai ankommen, halten wir an einer Ampel am Stadtrand. Die Fahrerin des Wagens neben uns kurbelt plötzlich ihre Fensterscheibe herunter und ruft uns zu: »Welcome to Chiang Mai, Thailand!«
Ach, da geht einem doch das Herz auf. Wie kann ein Volk nur so herzlich sein?
»My friend here …« Sie zeigt auf ihren Beifahrer: »He wants to say …«
»Oh, no, no, no, no, no!« Der Mann macht sich ganz klein und duckt sich schüchtern.
Sie lacht: »He wants to say: Welcome to Chiang Mai, Thailand!«
Nachdem sie uns zum zweiten Mal begrüßt hat, schaltet die Ampel auf grün und die beiden biegen winkend ab.
We love Chiang Mai, Thailand … aber morgen hauen wir leider ab.

Mit dem Zug nach Bangkok
Tag 56: 20. April 2010

 S. 184

Traurig, aber wahr: Der Tag der Abreise ist gekommen. Obwohl Chiang Mai nicht am Meer liegt, kann man es doch mehr als gut hier aushalten. Wahrscheinlich kann man Thailands zweitgrößte Stadt auch genau wegen des »fehlenden Meeres« so genießen: Das Publikum ist ein anderes.
Leider steht nicht nur unser Abschied aus Chiang Mai an, sondern auch das Ende unserer gesamten Reise. Mit drei Resttagen ist es sogar bereits in erschreckender Nähe. Über Europa hängt übrigens seit wenigen Tagen eine Aschewolke, die ein isländischer Vulkan dahingespuckt hat und damit den gesamten europäischen Flugverkehr stark einschränkt beziehungsweise mancherorts völlig lahmlegt. Wir rufen bei Gulf Air an und erkundigen uns hoffnungsvoll darüber, ob nicht vielleicht auch noch an diesem Wochenende eine Landung

in Frankfurt unmöglich ist. Zum jetzigen Zeitpunkt kann man uns diese Info noch nicht liefern. Wir sollen morgen noch einmal anrufen. Unsere große Hoffnung ist, dass die Aschewolke mitspielt und uns vielleicht eine weitere Woche in Thailand beschert. Dann könnten wir noch mal nach Koh Chang fahren, dem ersten Stopp auf unserer Reise. Das würde den Kreis sozusagen schließen und uns zum Abschied noch mal ans Meer führen. Wir wollen nicht weg …

Mister Joe hat uns gestern Tickets für den Nachtzug organisiert, der knapp 14 Stunden bis Bangkok fährt.

Am Mittag kaufen wir uns noch vier Kilogramm Currypasten in unserem Lieblingsrestaurant Taste from Heaven und verabschieden uns wenig später von den neu gewonnenen Freunden im Giant Guesthouse, bevor uns Pock und Mister Joe mit dem Pick-up zum Bahnhof bringen.

Rebekka sitzt vorne bei Pock im Wagen, während Mister Joe und ich auf der Ladefläche zum Bahnhof fahren. Wie immer hat Mister Joe mit seiner unnachahmlichen Art auch einen guten – aber uns bereits bekannten – Tipp für uns parat: Wir sollen auf jeden Fall mit einem Taxi mit Taxameter mitfahren. Alle anderen würden uns böse abzocken, meint er.

Der Zug steht schon auf dem Gleis. Rebekka und ich haben vier Sitze für uns, die später von einem der vielen Zugangestellten, die durch die Bahn wuseln, in zwei Betten umgebaut werden. Ein Bett oben, ein Bett unten. Neben dem Bettenmacher laufen noch eine Getränkeverkäuferin, der Fahrkartenkontrolleur samt zweier Sicherheitsleute und ein Putzmann umher, der die vom Fahrkartenkontrolleur produzierten Konfettistückchen vom Boden aufkehrt.

Der Komfort im Zug ist erstaunlich hoch. Nicht nur, dass sowohl die Betten als auch die Sitze sehr bequem sind, es gibt sogar Steckdosen. Ein Ticket zweiter Klasse im Nachtzug kostet übrigens gut 16 bis 18 Euro. Das obere Bett kostet weniger; vielleicht, weil es fensterlos ist. Vom Fenster haben wir aber sowieso nicht allzu viel, da es draußen schnell dunkel wird und wir uns recht schnell schlafen legen.

Das indische Viertel und Chinatown
Tag 57: 21. April 2010

Wir erreichen Bangkok gegen neun Uhr morgens. Egal, ob man mit dem Bus oder dem Zug durch Bangkok fährt, die Stadt ist faszinierend: Vor dem Fenster sieht man mal Armut, mal Wohlstand. In Holzbaracken, die direkt an den Gleisen von den Bewohnern selbst erbaut wurden, herrscht bereits reger Verkehr. Hier leben anscheinend auch viele Taxifahrer, zumindest sieht man zwischen all den Holzhütten auch mal eines der rosa Autos stehen; entweder im Freien oder in einer selbst gezimmerten Garage. Essensstände und kleine schäbige Restaurants gibt es in dieser direkt an den Gleisen gelegenen Hüttensiedlung ebenfalls.

Je tiefer wir in die Stadt vordringen, desto mehr übernimmt der Wohlstand das Bild. Große, grüne Parkanlagen und moderne, hohe Häuser stehen rund um die stark befahrene Straße und um die Gleise, die irgendwann am Hauptbahnhof Hua Lamphong enden. Die Fahrt im Schritttempo durch Bangkok dauert fast eine Stunde.
Am Bahnhof angekommen, erkundigen wir uns, wo Bus Nr. 53 abfährt.
»Can I help you?«
»Ha sip sam?« Yeah. Bus Nr. ha sip sam fährt in Richtung Khaosan Road.
Der Bus kommt einfach nicht bei, dafür aber ein dicker Thai, der uns auf »typisch europäische« Art begrüßt: Er streckt einem freundlich grinsend die Hand entgegen und lacht dabei. Ich weiß noch immer nicht genau, an welche Filmfigur der Mann mich erinnert. Auf jeden Fall lacht er jedes Mal vor und nach seinen Sätzen. Egal was er sagt. Außerdem lacht er auf eine maßlos übertriebene Weise. Schreibe ich nun »hahaha«, so sind dies exakt die Silben, die der Mann mit tiefer Stimme lacht. Dabei hält er sich die dicke Wampe und zieht seinen Kopf in den Nacken: »Hahaha! Where you come from, hahaha?«
Auf Thailändisch heißt fünf übrigens »ha«, weswegen Thais im Internet anstelle von Smileys einfach »555« schreiben: hahaha. Aber das nur nebenbei.
Der Mann, dessen Lache irgendwo zwischen Badesalz und dem Konzentrationslager-Ehrhardt aus Ernst Lubitschs »Sein oder Nichtsein« anzusiedeln ist, textet und lacht uns gut fünf Minuten lang zu. Mir ist es dann doch noch etwas zu früh für so viel fröhliche Konversation und so gelingt es mir, den Mann durch meine noch leicht dämmrige Abwesenheit genügend zu langweilen, sodass er uns in Ruhe lässt.
Plötzlich kommt der Bus um die Kurve und hält mitten auf der stark befahrenen Straße. Konzentrationslager-Ehrhardt, Rebekka und ich sprinten dem Bus entgegen. Der Bus ist noch gar nicht zum Stehen gekommen, als zwei Fahrgäste aus der offenen Tür hüpfen und der Busfahrer direkt wieder aufs Gaspedal drückt. In den zwei Sekunden haben wir es gerade mal durch die vordere Autoreihe geschafft. Was war denn das jetzt?
Der Dicke reagiert so, als passiere das öfter, indem er gar keine Reaktion zeigt und sich einfach wieder hinsetzt. Nach weiteren zehn Minuten des Wartens haben wir keine Lust mehr und halten ein Taxi an. Ich frage den Fahrer, wie viel es denn in etwa in die Khaosan Road kosten würde. Er überlegt kurz und sagt 100 Baht. Na gut. Wir müssen auch mal aufs Klo. Kaum sitzen wir im Taxameter-Taxi, fällt mir auch schon auf, dass der Taxameter ausgeschaltet ist. Ich mache den Thai darauf aufmerksam. Er reagiert aber nicht. Ich wiederhole nun mehrfach, dass der Taxameter ausgeschaltet ist und er ihn bitte einschalten soll. Nach wenigen Hundert Metern reicht es dem Fahrer dann. Er dreht sich zu mir und meckert: »I said 100 Baht.«
Oha. Wir wollen aber mit Taxameter fahren, da das – soviel ist nun klar – garantiert billiger ist. Das lasse ich den Mann wissen und schon fährt er links

ran und schmeißt uns raus. Das nächste Taxi fährt uns – mit Taxameter – für 71 Baht in die Khaosan Road.

Sämtliche Läden in der Khaosan Road sind noch geschlossen und die Straßenstände noch nicht aufgebaut. Die Khaosan Road ist eine breitere Straße, als man tagsüber und abends vermuten würde.

Wir schleppen uns und unser Gepäck wieder in die Soi Rambuttri. Das ist die Straße, die sich am Ende der Khaosan Road, rund um den Wat Chai Chana Songkhram zieht. Nachdem wir unser Zeug im Merry V. Guesthouse abgestellt haben, machen wir uns auf den Weg zum Phra Athit Pier. Dort nehmen wir für 25 Baht pro Person die Personenfähre über den Mae Nam Chao Phraya. Der Chao Phraya ist Bangkoks großer und breiter Fluss, der sich von Nord nach Süd durch die komplette Stadt zieht, um dann im Süden der Metropole, an der Nahtstelle von Malaiischer und Indochinesischer Halbinsel in den Golf von Thailand zu münden. Neben Mekong und Saluen ist der Chao Phraya Thailands größter und wichtigster Fluss, der sein Wasser aus dem Zusammenfluss mehrerer kleinerer Flüsse speist. Der Fluss fließt unter anderem auch durch Ayutthaya und bewässert mit seinen vielen Khlongs (Kanälen) Reisanbaugebiete.

Die Fähre legt – sagen wir mal – *schwungvoll* an: Mit relativ hoher Geschwindigkeit nähert sich das Boot dem Anleger. Der Captain scheint mal eben schnell die Handbremse zu ziehen und reißt die Fähre um lockere 90° auf die Seite. Durch die Drehung des Bootes ist die Geschwindigkeit weg und die Ein- und Ausstiegsstelle direkt am Anleger. Das nenne ich mal eine gekonnte und lässige Anlegemethode.

Die Fähre ist mit orangenen und gelben Plastikschalenstühlen ausgestattet. In der ersten Reihe sitzt ein Thai mit einem Mikro, der uns Passagieren die nächste Haltestelle ankündigt und erzählt, was man von dort aus alles besichtigen kann. Das Ufer links und rechts von uns ist einmal mehr – typisch Bangkok – sehr abwechslungsreich. Riesige Glaspaläste und Wolkenkratzer wechseln sich mit alten, baufälligen Holzhütten ab. Der Wat Arun, auch Tempel der Morgenröte genannt, da sich die Sonne morgens auf den porzellanbedeckten Türmen spiegelt, erinnert an Angkor und gleich auf der gegenüberliegenden Uferseite befindet sich der Königspalast. Auf dem Fluss selbst ist viel Verkehr: Andere Fähren, schwere Schlepper, Tuk-Tuks und stark nach Hausboot aussehende Barkassen kreuzen über den Chao Phraya.

Es gibt also wieder viel zu bestaunen.

Wir verlassen die Fähre am Anleger Oriental, der nahe an Chinatown und dem indischen Viertel liegt. In der Nähe des Piers befindet sich O. P. Place, ein extrem schickes und ebenso extrem teures Kaufhaus für Antiquitäten, Schmuck und Stoffe. Ein Concierge begrüßt die Kunden … oder in unserem Fall: die neugierigen Touristen. Innen ist alles mit Holz verkleidet. In einem Geschäft entdecke ich eine Opiumpfeife, die wie die Elefantenknochenpfeifen aus Kam-

bodscha aussieht, aber aus grünem Stein gefertigt ist.
»Thao loi krap?«, frage ich die Verkäuferin.
»86.000 Baht.«
Nachdem sich meine Gesichtslähmung gelockert hat und meine Atemnot vorüber ist, setze ich ein geschocktes Gesicht auf und versuche diese Zahl in Euro umzurechnen. 50 Baht sind 100 Cent. 86 × 2 sind 172. Noch das Komma richtig setzen und … 1720 Euro?! Für eine Opiumpfeife?
»It's made of jade.«
Oha, grüner Stein. Ich verstehe. Ich atme durch meinen offenen Mund ein, verkneife dabei mein Gesicht und hole mit meinem Kopf zum Schütteln aus, als die Dame mit: »I make you good price!«, versucht, mir das Pfeifchen doch noch schmackhaft zu machen.
»Das schaffste nicht«, denke ich mir, entschuldige und verabschiede mich höflich.
In anderen Geschäften dieses Hauses fragen wir dann erst gar nicht nach Preisen … auch wenn mich der ausgestreckte Mittelfinger, den die Burmesen im 10. Jahrhundert in Stein gemeißelt haben, durchaus reizen würde.
Wir spazieren ein wenig die Surawong Road hinunter. Überall kann man Schmuck kaufen und die indische Variante – oder besser Raubkopie – von Pizza Hut, namens Indian Hut, verkauft indisches Essen. Wir schlendern in Richtung Norden zur Si Phraya Road. Irgendwo auf dem Weg zurück zum Flussufer zweigt ein kleiner Weg von der Straße ab, in dem einige kleine Straßenstände Essen anbieten. Essen ist in Thailand immer gut und der kleine Markt sieht interessant aus, also geht's rein da. Als wir auf der Gasse um eine Ecke biegen, sitzt da ein Thai vor seinem Geschäft auf einem Plastikstuhl. Drei Meter neben ihm schneidet seine etwa 16-jährige Tochter gerade Kräuter. Der Vater sieht Rebekka, mich und meine Kamera, fängt an zu strahlen und fordert mich auf, seine Tochter zu fotografieren. Die schrickt plötzlich auf und dreht sich zu ihrem Vater. Als sie uns sieht, beginnt sie verschämt zu lächeln. Ich will den stolzen Papi nicht enttäuschen und beginne, das Mädel abzufotografieren. Papa freut sich lauthals und mein Model schaut lieb in die Kamera. Als ich fertig bin, zeigt der glückliche Erzeuger mir beide Daumen, woraufhin ich zur ultimativen Erquickung des Herrn auf seine Tochter zeige und ein, in perfektem Thai vorgetragenes: »Sulai mak«, von mir gebe. »Sulai mak« heißt »sehr schön«. Und nun ist der Mann nicht mehr zu halten: Er hebt mit seinem Hintern kurz vom Stuhl ab, prustet laut aus und ruft vollkommen euphorisch und amüsiert: »Sulai mak!«, durch die Gasse. »Sulai mak!«, ruft er immer wieder und dann noch irgendwas auf Thai, von dem ich außer »Farang« nichts verstehen kann. Im Jubel des Herrn Papa verlassen wir die Szenerie.
Wir erreichen wieder das Ufer des Chao Phraya und betreten flussaufwärts Chinatown. Anscheinend sind wir hinter Bangkoks erster christlicher Kirche, der Rosenkranz Kirche in der »Schrott Road« gelandet, zumindest ist hier jeder

zweite Laden ein Schrott- und Eisenwarenhändler.

Zwischen der nahe dem Flussufer gelegenen Songwat Road und der nördlich von ihr von West nach Ost halbwegs parallel verlaufenden Charoen Krung Road, zieht sich ein unüberschaubar großer Markt durch unzählige enge Gässchen. In den ersten Gässchen, in die wir kommen, gibt es *ausschließlich* Schuhe und Flip Flops zu kaufen. Flip Flops mit Camouflage-Muster, wie wir sie unserem Freund Thorsten mitbringen wollen, finden wir aber nirgends … Hmpf. Wir schlendern weiter und stellen fest, dass man außer Schuhen auch alles andere Lebensnotwendige hier kaufen kann. Die Gassen sind dabei aber manchmal so eng, dass keine zwei Meter Platz zwischen den Ständen zum Durchkommen sind. Nicht nur in diesen schmalen Passagen ist ein riesiges Gedränge. Unfassbar viele Einheimische sind unterwegs. Farangs halten sich bereits seit Verlassen der Fähre stark in Grenzen, so ist es auch auf Chinatowns Markt. Wir spazieren lange durch die Gassen und erst als wir sie im Westen in der Pahurat Road, circa eineinhalb Kilometer Luftweg vom östlichen Beginn des Marktes wieder verlassen, macht mich die vermutlich etwas neidische Rebekka darauf aufmerksam, dass ich hinter meinem Rücken nahezu ununterbrochen von der weiblichen Bevölkerung Bangkoks ob meines grandiosen Aussehens abgefeiert wurde. Yeah, Baby! Rooaarrr!

Wir stehen zwischen dem indischen Pahurat Markt, der lediglich durch die Chak Phet Road vom Chinatown-Markt getrennt ist, und dem Old Siam Plaza. Das Old Siam Plaza ist ein dreistöckiges Einkaufszentrum. Die oberen beiden Geschosse ziehen sich wie riesige Balkone um die Halle im Erdgeschoss. Es gibt vor allem Textilien zu kaufen. Essen, speziell Süßes, ist aber – wie überall in Thailand – auch ausreichend vorhanden. Wir essen mit Kokosmilch übergossene Maiskolben.

Die Tripet Road führt zur Memorial Bridge. Am Wat Ratchaburana überqueren wir die stark befahrene Straße und befinden uns plötzlich schon wieder auf einem Markt. Diesmal ist es der wohlriechende Blumenmarkt in der Mahathat Road.

Das Leben auf Bangkoks Straßen zu beobachten ist schlicht und ergreifend spannend: Zuerst das Gewusel in Chinatown und nun hängt an einer Hauswand eine Stehleiter an einem dünnen Seil. Zwischen den beiden Leitern sitzt auf einer ungesicherten Metallplatte ein Mann, der an der Hauswand arbeitet. Das Ganze geschieht in etwa zehn Metern Höhe.

An einem Pier werden in großen Bambuskörben die unterschiedlichsten Lebensmittel verfrachtet, ein junger Arbeiter ruht sich auf einer Hängematte aus, die über die Ladefläche eines Pick-ups gehängt wurde und dann endlich bekomme ich es auch mal mit, wie ich die Herzen zweier jungen Damen zum Pochen bringe. Rooaarrr!

Am Thien Pier schlürfen Rebekka und ich noch schnell gemeinsam eine Kokosmilch leer und nähern uns dann dem Königspalast. Der Palast sieht von außen aus wie einer von vielen Tempeln. Der einzige Unterschied besteht wohl in der Fläche, die der komplette Komplex einnimmt. Das sind nämlich ganze 2,6 km². Vom Ende des 18. Jahrhunderts bis zum Amtsantritt des amtierenden Königs Bhumibol 1946 war der Phra Borom Maharadscha Wang die Residenz der Könige von Thailand beziehungsweise Siam. Heute residiert der König im Chitralada-Palast in der Ratchawithi Road.

Von Tempeln haben wir nach acht Wochen dann aber doch langsam genug. Außerdem schmerzen uns nach nunmehr bereits über sechs Stunden Stadterkundung die Füße schon ordentlich. Wir beschließen also, uns den Palast nur von außen anzuschauen. Das reicht uns momentan vollkommen aus. Auf der Straße vor dem Palast stehen natürlich auch wieder diverse Stände. Hier stechen besonders Stände hervor, an denen man sich kleine Glücksbringer kaufen kann. Die Glücksbringer sind metallene Kettenanhänger oder kleine Steintafeln für die Hosentasche mit buddhistischen Symbolen und Gesichtern von Mönchen darauf. Kleine Lupen liegen bereit, damit man sich die Talismane auch ganz genau anschauen kann.

Wir durchqueren noch eine kleine Gasse, die direkt am Fluss zwei Piers miteinander verbindet, und trinken bei einem netten Ausblick auf den Fluss einen teuren Fruit Shake. Durch die enttäuschend unspektakuläre Thammasat Universität erreichen wir wieder die Pra Athit Road, an deren Pier unsere Tour heute Morgen begann. Duschen, Abendessen und nicht allzu spät ins Bett lautet der Plan nach diesem langen, aber wirklich schönen Tag. Und den setzen wir dann auch eins zu eins in die Tat um …

Revolution statt Shopping: Ein Tag bei den Red Shirts
Tag 58: 22. April 2010

Zwischen dem in der Nähe unseres Hostel gelegenen Phra Athit Pier und der Universität gibt es eine Tourist Information, in der ausnahmslos junge Studentinnen arbeiten. Rebekka will heute ins klimatisierte Siam Paragon, das mit 500.000 m² das größte Einkaufszentrum Thailands ist. Im Siam Paragon kann man ins Kino gehen, in teuren Boutiquen einkaufen, Luxuskarossen erwerben, bowlen, futtern, Südostasiens größtes Aquarium bestaunen und so weiter. Noch wissen wir aber nicht, wie wir am besten zum Siam Square kommen, weswegen wir zunächst die oben genannten Studentinnen aufsuchen. Tja, und was soll ich sagen, das Unvermeidliche geschieht: Rebekka und ich betreten den Raum und schon fällt einem der Mädels auf … wie gut ich aussehe. Sie schiebt ihre Kolleginnen auf die Seite und schlägt sich mit einer nicht zu verachtenden Offensichtlichkeit vor den Augen meiner Freundin zu mir vor. Als sich die Augen der restlichen Studentinnen wieder von den Ellenbogenschlägen ihrer Kollegin erholt haben und mein Antlitz erspähen, drücken auch sie sich vor zum Tre-

sen, um uns den Weg zum Siam Paragon zu beschreiben. Die Schwerverliebten empfehlen uns, zunächst mit der Fähre und danach mit dem Skytrain zu fahren.
»And where you come from?«, blinzelt mir die Studentin mit den Ellbogen zu.
»Germany«, antworte ich.
»Aaah … Germany«, seufzt sie. Als wir das Büro wieder verlassen, höre ich ein knappes Dutzend Herzen hinter mir zerbrechen und Rebekka kann einmal mehr ihre Eifersucht nicht verbergen: »Das gibt's ja wohl nicht …«
Ach, Thailand.
Wir verlassen die Fähre bei der Taksin Bridge und steigen in den Skytrain um. Der Skytrain ist eine Hochbahn, die sich in mindestens 20 Metern Höhe durch Bangkok zieht. Die Züge sind hochmodern: So halten sie beispielsweise zentimetergenau mit den Türen an gekennzeichneten Flächen und die Züge sind verglichen mit der Berliner U-Bahn ungefähr 50 % breiter. Die Air Condition im Zug läuft auf Hochtouren und sobald sich die Türen schließen, hört man nichts mehr von der Metropole und wird stattdessen mit Fernsehwerbung berieselt.
An der Siam Station steigen wir aus. Eine Etage tiefer kann man bereits das Siam Center betreten, das sich direkt neben dem Siam Paragon befindet. Naja: Eine Etage tiefer *könnte* man das Einkaufszentrum betreten. Heute, an einem Donnerstag, sind die Türen seltsamerweise verschlossen. Wieso das denn? Ist heute ein Feiertag?
»Oh Scheiße, die Red Shirts«, höre ich Rebekka auf einmal neben mir. Ihre Stimme klingt dabei wie die gebrochenen Herzen der Studentinnen aus der Tourist Information. Und tatsächlich: Auf der Straße, eine Etage tiefer, ist alles rot. Durch die wochenlange Blockade der Straße und aus Angst, besetzt zu werden, haben sämtliche Geschäfte in diesem Viertel ihre Arbeit eingestellt. Da macht heute also nichts mehr auf.
Aufgrund der Höhe der Skytrain-Stelzen hat man zwar einen tollen und weiten Ausblick über die Stadt, dafür sieht man aber nicht, was direkt unter einem geschieht. Und da ist ganz offensichtlich die Demomeile der Red Shirts, die ich eigentlich woanders vermutet hatte. Tja, da habe ich mich wohl geirrt. Während Rebekka um ihren Shopping-Tag trauert, erwacht in mir der Revolutionsgeist. Wir betreten die Straße und können als Erstes beobachten, wie Kleinlaster und Pick-ups mit neu ankommenden Demonstranten von den Red Shirts mit Beifall begrüßt werden.
Wir sind uns nicht sicher, wie schlau es ist, tiefer in die besetzte Straße vorzustoßen. Schließlich ist es noch keine zwei Wochen her, dass sich diese Leute eine blutige Straßenschlacht mit dem Militär geliefert haben. Der Gedanke, dass es hier gefährlich sein könnte, verfliegt aber, je länger wir zwischen den Demonstranten umherspazieren. Das liegt zum einen daran, dass Rebekka und ich von jedem Thai, der uns sieht, unglaublich euphorisch willkommen geheißen werden und daran, dass die Atmosphäre eher einem Festival als einer Revolution

ähnelt. Es gibt Spielbuden, an denen man entweder mit Tennisbällen oder mit Steinschleudern auf Dosen werfen kann, auf denen das Gesicht des Präsidenten Abhisit zu sehen ist. Thais aller Altersgruppen sind hier unterwegs und teilweise haben die Putschisten, von denen viele schon rund sechs Wochen auf der Straße leben, offensichtlich ihre Arbeit mitgebracht: Überall kann man Essen und Klamotten kaufen. Die Textilien sind natürlich allesamt rot und mit politischen Botschaften versehen. Rund um die Skytrain-Stelzen in der Mitte der breiten Straße leben die Revolutionäre in großen, offenen Zelten oder im Freien auf dünnen Matten.

An einem Zaun hängen Fotos der am 10. April Getöteten, die man offensichtlich in der Leichenhalle aufgenommen hat. Ein Poster in der Mitte des Zaunes schockt dann endgültig: Ein erschossener junger Demonstrant ist darauf zu sehen.

Manche Red Shirts haben Fernseher aufgebaut, in denen ununterbrochen selbst gefilmte Aufnahmen vom 10. April laufen. Rebekka und ich bleiben bei einem Fernseher stehen und schauen uns den Film an. Eine Traube Rothemden sammelt sich plötzlich um uns herum. Jeder will anscheinend sehen, wie wir reagieren. Die Bilder sind schrecklich. Zunächst sieht man Red Shirts, die sich hinter Autos und selbst errichteten Barrikaden zusammenkauern. Schüsse sind zu hören, zwischendurch springt ein Demonstrant kurz auf und wirft einen Stein in Richtung Polizei. Dann geht er sofort wieder hinter in Deckung. Die Kamera schwenkt auf eine Hauswand. Einschusslöcher sind deutlich zu sehen. Die Staatsgewalt schießt also scharf. Schnitt. Später ist die Straßenschlacht vollends eskaliert: Die Menschen rennen hin und her. Die Kamera befindet sich mittlerweile nicht mehr an vorderster Front. Plötzlich wird es an einer Stelle auf der Straße unruhig. Der Filmende bemerkt dies, eilt dorthin und filmt die vielleicht schockierendsten Bilder, die wir jemals gesehen haben. Unzensiert wird gezeigt, wie ein Demonstrant von mehreren Red Shirts, direkt an der Kamera vorbei, weggetragen wird. Es scheint sich um den Mann zu handeln, den wir bereits auf dem Poster am Zaun gesehen haben. Durch ein riesiges Loch in seiner Stirn quillt das Hirn heraus. Grausam.

Die Rothemden haben nicht nur das komplette Viertel besetzt, sondern auch das Hauptquartier und das Krankenhaus der Polizei, die sich in der Ratchadamri Road befinden. Die besetzte Polizeistation macht dabei einen extrem skurrilen Eindruck: Den Zaun haben die Cops zunächst einmal mit ordentlich viel Stacheldraht abgesichert. Wer hier drüberspringt, landet also sehr unsanft. Hinter dem Eingangstor haben die Polizisten zudem eine gut drei Meter breite Barrikade errichtet. Dahinter sitzt wiederum ein Uniformierter an einem Schreibtisch. Keine Ahnung, was der da macht.

Die Red Shirts haben indes auch so ihre Bürokratie. So gibt es ein Pavillonzelt, vor dem eine riesige Schlange Demonstranten ansteht. Im Zelt sind einige Computer mit Webcams aufgebaut. Das sind also die Registrierungsstationen, von denen wir gehört haben: Jeder einzelne Demonstrant wird vom gestürzten Präsidenten Thaksin bezahlt. Also muss jeder Red Shirt tagtäglich zum Meldezelt, damit er auch seinen Sold bekommt.

Weil ich ständig am Fotografieren bin, ist Rebekka gute 20 Meter vor mir, als ein Thai auf mich zukommt und mir freudig verkündet, dass die junge Frau, die ich gerade geknipst habe noch solo ist. Oha! Er erzählt mir irgendetwas, von dem ich außer »sulai« nichts verstehe. Anscheinend erklärt er mir, dass sie hübsch ist. Na, da stimme ich ihm doch mal schnell zu: »Sulai mak.«

Da freut er sich.

»But I have a girlfriend«, teile ich ihm mit und deute auf Rebekka. Der Mann, der vermutlich kein englisch versteht, schaut rüber zu Rebekka. Als er sie sieht, stöhnt er kurz auf, lächelt mich an und lässt mich unverkuppelt weiterziehen. Kurze Zeit später laufen wir an einem älteren Herrn vorbei, der es anscheinend kaum glauben kann, Farangs in der Ratchadamri Road zu sehen. Ich lächle ihn an, woraufhin sein überraschter Gesichtsausdruck in ein breites Lächeln übergeht. Auf einmal passiert etwas auf meinem Kopf. Was zum …? Es fühlt sich so an, als ob sich irgendetwas in meinem Haar festkrallt. Der Gesichtsausdruck des alten Mannes ändert sich währenddessen ebenfalls. Er kann sich aber offenbar nicht so ganz entscheiden, wie er denn gucken soll. Auf jeden Fall starrt er auf meinen Kopf. Was ist da? Ich schaue nach oben, als sich das unbekannte Etwas wieder in Bewegung setzt. Es ist eine Taube! Eine Taube ist auf meinem Kopf gelandet! Ich weiß allerdings noch nicht so recht, wie ich reagieren soll, da der ältere Thai wohl noch am Überlegen ist, ob das gerade urkomisch war oder ob er gerade Zeuge eines göttlichen Wunders wurde und die Taube und ich ein Zeichen für den nahenden Frieden sind. Also lache ich sicherheitshalber mal kurz auf und drehe mich weg, bevor der Mann noch die komplette Demomeile auf unsere kleine Symbolik aufmerksam macht. Ich laufe lieber weiter als Topmodel umher und nicht als Symbol für einen Putsch in einem Land, in dem ich nur zu Gast bin und die politischen Probleme nur ansatzweise kenne. Schließlich fliegen wir morgen bereits zurück und ich will am Flughafen nicht als Red Shirt verknackt werden. Naja, so gefährlich ist die Situation dann wohl doch nicht.

Wir erreichen den Lumphini Park, der auch das Ende der besetzten Zone ist. An sämtlichen Zugängen zur Ratchadamri Road wurden aus spitz zugesägten Bambusstöcken, Reifen und Metallgittern bis zu fünf Meter hohe Barrikaden errichtet. Wachposten sitzen auf Steinhaufen hinter der Straßensperre. Ein vermummter Red Shirt regelt den Verkehr. Hier kommt nicht jeder so einfach rein. Vermutlich sehen wir auch einen sogenannten »Wassermelonen-Soldat«. Das sind Soldaten, die zu den Rothemden übergelaufen sind: außen grün, innen rot.

Direkt an den Barrikaden mischt sich die positiv friedliche Atmosphäre mit der Gefahr. Die Menschen hier sind kampfbereit und meine These, dass die

Situation – welche auch immer – wohl nicht so gefährlich war, muss ich auch gleich wieder widerlegen: Zwei Stunden nachdem wir die Demomeile verlassen haben, detonieren auf der anderen Seite der Barrikaden Granaten. Es gibt drei Tote und circa 80 Verletzte. Von wem die Granaten kamen, kann nicht geklärt werden.

Nach gut zwei Kilometern besetzter Zone verlassen wir die Demomeile und besuchen den Lumphini Park. In Bangkoks größtem Park gibt es einen Food Court, dessen Stände leider alle geschlossen sind, ein Open-Air-Fitnessstudio sowie eine See- und Bachlandschaft mit Tretbootverleih. Der Park ist sehr schön angelegt und im Hintergrund erhebt sich zudem die Skyline Bangkoks. Ich war zwar noch nie in New York, aber so stelle ich mir auch im Central Park den Blick auf die Stadt vor. Ein tolles Bild.

Einige Rothemden sitzen im Park und entspannen ein wenig. Sie winken uns zunächst nur fröhlich zu. Dann springt aber einer der Red Shirts auf und macht uns sowohl auf Thai als auch mit seinen Händen und Füßen klar, dass er uns etwas zeigen möchte. Hm, was kann das wohl sein? Ich bin neugierig und folge dem Mittfünfziger. Er läuft suchenden Blickes an einem Bachlauf entlang. Was sucht der da? Zwischendurch blickt er hoch und sieht offenbar meinen fragenden Blick.

»Wooaah!«, macht er daraufhin und bewegt seine Händen so, als ob sie ein Maul wären. Rennt hier ein Löwe herum, oder was? Der Mann sucht und sucht. Er biegt Schilf auf die Seite, schaut in Rohren nach und sucht das Wasser ab. Weil Fleiß belohnt wird, findet er dann auch endlich, was er mir zeigen will: Es ist ein über einen Meter langer Waran! Wow, damit habe ich jetzt nicht gerechnet. Mitten in der 4,5-Millionenmetropole Bangkok lebt im größten Park der Stadt ein fetter Waran. Nicht schlecht. Doch das ist noch nicht alles. Auf der gegenüberliegenden Seite des Baches taucht ein weiterer Red Shirt auf, der sich auch auf die Suche nach einem Waran macht. Es gibt also noch einen. Wenig später ist dann auch tatsächlich der zweite Waran gefunden und alle sind glücklich. Coole Aktion von den Jungs. Wir verabschieden uns von den Revoluzzern und bemerken gleich darauf die nächste tierische Besonderheit des Parks. Im See leben kleine Schildkröten, die gerade von ein paar Demonstranten mit Brötchen gefüttert werden. Verrückt.

Nachdem wir an einem Stand noch etwas gegessen haben, begeben wir uns wieder zum Skytrain, steigen ein und befinden uns, nachdem sich die Türen des Zuges schließen, wieder in einer ganz anderen Welt, weit weg von Protest und Revolution.

Leider spielt die Aschewolke über Europa nicht mit und unser Flieger hebt morgen planmäßig ab. Unseren letzten Abend in Thailand verbringen wir in der Khaosan Road. Zwei Monate sind schon wieder vorbei. Das ist absolut unglaublich und auch wahnsinnig traurig. Dafür kaufe ich mir in der Khaosan Road für 200 Baht zwei Fisherman Pants, die ich mir mal besser zu Beginn unserer Reise hätten kaufen sollen – unfassbar gemütlich und luftdurchlässig. Außerdem gibt's noch massenhaft coole T-Shirts mit Filmmotiven darauf. Das lindert vielleicht ein wenig den Abschiedsschmerz ...

End of the Walkway: Thailand, phom rak khun!
Tag 59 – Teil 1: 23. April 2010

Morgens um sechs fährt unser Bus zum Flughafen ab. Die Tickets haben wir uns am Vorabend wieder einmal bei dem dicken Thai mit dem Brilli im Ohr und dem langen Fingernagel am kleinen Finger gekauft. Unser Flieger geht zwar erst um 10:20 Uhr, aber Gulf Air hat uns am Telefon vehement darauf hingewiesen, dass wir bereits drei Stunden vor Abflug am Check-in zu sein haben; wegen der Aschewolke, vermuten wir. Pünktlich um 5:50 Uhr erscheinen wir am vereinbarten Treffpunkt, wo wir beobachten, wie ein Minibusfahrer bereits Rucksäcke anderer Touristen in seinen Wagen lädt. Sicherheitshalber halten wir ihm unsere Fahrkarten zum Flughafen unter die Nase, woraufhin er wie wild mit dem Kopf schüttelt und uns deutet, auf dem Gehweg auf einen anderen Bus zu warten. Gegen zehn nach sechs wundern wir uns doch sehr, dass der Minibus – mittlerweile außer zwei Plätzen voll besetzt – noch immer mit laufendem Motor auf der Straße steht, als ein anderer Thai mit einem Notizblock auf uns zukommt und sich unsere Fahrkarten zeigen lässt. Und da stellt sich heraus, dass wir wohl doch schon vor 20 Minuten hätten einsteigen dürfen. Super Chauffeur!

Mit uns im Bus sitzt zufälligerweise Markus, ein Kölner, der in Chiang Mai mit uns Songkran gefeiert hat. Er erzählt uns, dass er wegen des isländischen Vulkans bereits seit Montag, also seit fünf Tagen, in Bangkok festsitzt. Heute ist der erste Tag, seitdem der Vulkan Asche ausspuckt, an dem Flugzeuge Mittel- und Westeuropa wieder anfliegen können.

Wie zu erwarten war, sind wir viel zu früh am Flughafen und langweilen uns drei Stunden lang im Duty-free-Bereich herum, beobachten Osteuropäer, die bereits ihre erste Flasche Wodka killen, amüsieren uns über zwei prollige Loser, die eine hübsche Blondine mit merkwürdig animalisch anmutenden Schmatzgeräuschen anzumachen versuchen und hören uns gefühlte tausendmal das sprechende Beförderungsband an, das in piepsiger Stimme zunächst auf Thai, dann auf Englisch vor dem »eeeeend of the walkway« warnt.

Wir haben eigentlich zu viel Handgepäck dabei: Beide tragen wir ein Täschchen, meinen Laptop, meine Kamera, was zum Knabbern ... und unsere Waffen. Aber auch beim Boarding stört sich keiner daran, dass wir zwei Wasserpistolen und überhaupt zu viel Zeugs mit uns herumschleppen. Glück gehabt.

Tja, und dann ist es soweit. Wie ein Vorschlaghammer drischt es einem auf einmal ins Bewusstsein: Unsere grandiose Zeit in diesem wunderschönen Land mit seinen herzlichen Menschen ist tatsächlich schon vorbei, endet hier am Suvarnabhumi Airport von Bangkok. Suvarnabhumi heißt soviel wie das »Goldene Land«, was über Jahrhunderte hinweg ein Synonym für Südostasien war. Nach zwei Monaten in Thailand, Kambodscha und Malaysia können wir da nur zustimmen. Der wahre Reichtum eines Landes hat nichts mit Geld zu tun. Ein Land, das so von Touristen übervölkert ist, wie Thailand und trotzdem noch vollkommen zu Recht als das »Land des Lächelns« bezeichnet wird, offenbart neben seiner offensichtlichen äußeren Schönheit auch seine innere Schönheit. Solch eine Gastfreundlichkeit (»Welcome to Chiang Mai, Thailand!«) und Freude am Fremden (»Can I make photo with you?«) haben wir noch nirgends gesehen. Den kritischen Stimmen, die sagen: »Die meinen das gar nicht so freundlich, wenn sie lächeln«, möchte ich widersprechen. Wenn ich als Passant von wildfremden Menschen, mit denen ich keinerlei zum Beispiel geschäftliche Verbindungen habe, auf der Straße angestrahlt werde, dann weiß ich nicht, was daran »falsch« sein soll. Wie es ist, wenn man in Thailand lebt und arbeitet, kann ich natürlich nicht wissen.

Selten in unserem Leben sind zwei Monate so verflogen wie diese ... Was machen wir überhaupt hier im Flugzeug? Wir wollen doch gar nicht zurück!

An unserem zweiten Tag in Thailand habe ich geschrieben, dass ich, wenn ich nach meinem Ableben entgegen meiner Vermutung vor einem bärtigen Freak stehe, der mich fragt, was für eine Art Paradies ich denn gerne hätte, womöglich: »Thailand wäre nicht schlecht«, antworten würde. Daran hat sich nichts geändert: »Schick mich nach Thailand, alter Mann! Lass aber nicht so viele Farangs rein und schmeiß die Politiker raus. Dann ist es perfekt.«

Thailand, phom rak khun! Thailand, ich liebe Dich!

Der Flieger hebt ab, macht eine letzte Runde über Bangkok, fliegt nach Westen über die grüne Grenze Myanmars und dann schließlich hinaus auf die Andamanensee. Das war's.

Epilog im Suq von Manama
Tag 59 – Teil 2: 23. April 2010

Wir haben – wie schon auf dem Hinweg – einen Zwischenstopp im Königreich Bahrain. Diesmal sind es allerdings ganze zehn Stunden Aufenthalt, weswegen wir schon vor dem Flug beschlossen haben, die zehn Dollar Einreisegebühr zu blechen, um uns die Hauptstadt Manama anzuschauen.

Der Flieger landet in Muharraq, einer Stadt im Norden des kleinen Inselreiches mit 75.000 Einwohnern. In Muharraq befindet sich der internationale Flughafen Bahrains. Manama ist mit einem Straßendamm direkt mit der zweitgrößten Stadt des Landes verbunden.

Nachdem wir den Flieger verlassen haben, gehen wir zum Informationsschalter, wo wir uns darüber erkundigen wollen, ob eine Ein-Tages-Einreise unproblematisch möglich ist. Der Kollege am Schalter hört uns aber erst gar nicht richtig zu und schickt uns direkt zu einem anderen Schalter, an dem wir, so der Mann vom Infoschalter, ein kostenloses Shuttle nach Manama und ein ebenfalls kostenfreies Hotelzimmer bekommen sollen. Oha. Ja, dann probieren wir das doch mal aus. Merkwürdige Geschichte … oder einfach nur unglaublich gastfreundlich?!

In der Schlange des anderen Schalters erfahren wir, dass in unserem Flugzeug neben Passagieren, die nach Frankfurt weiterreisen auch Reisende saßen, deren Ziel Amsterdam beziehungsweise Paris ist. An diesen Flughäfen hinkt man anscheinend wegen der Aschewolke noch dem Zeitplan hinterher, weswegen die Farangs, die dorthin fliegen, einen unfreiwilligen und nicht gebuchten zehnstündigen Aufenthalt im Bahrain zu ertragen haben. Als Entschädigung hierfür offeriert Gulf Air den Touristen ein kostenloses Eintagesvisum für den Bahrain, ein Shuttle in die Stadt sowie später wieder zurück zum Flughafen und ein Hotelzimmer samt Abendessen. Und was ist mit den Frankfurtern? Als wir nach einer guten halben Stunde endlich am Tresen ankommen, erfahren wir, dass ein zusätzlicher Flieger bereitsteht, weswegen die Frankfurter direkt weiterfliegen können oder besser müssen. Hm, wollen wir doch aber gar nicht. Und wieso hat man nicht einfach einmal laut: »Alle Frankfurter bitte hier entlang«, gerufen und somit die Schlange und damit auch die Wartezeit für die Pariser und Amsterdamer halbiert? Die Leute hier am Flughafen sind mit der »Ausnahmesituation« maßlos überfordert.

Man lotst uns zur Handgepäckkontrolle, wo man uns zunächst die Wasserpistolen wegnehmen will.

»In Bangkok hat da keiner herumgemeckert«, lasse ich den arabischen Bullen wissen.

»What airline?«, fragt er.

»Same same«, antworte ich in perfektem Thai.

»Why do you have guns with you?« Der Mann versteht die Welt nicht mehr.

»To celebrate the new year.« Jetzt hält er mich vermutlich für komplett bescheuert. Ein Europäer kommt vorbei und verwirrt den Mann noch mehr: »Yeah! Happy Songkran!«

Während er das sagt, macht er mit seinen Fingern eine Schussbewegung. Der bahrainische Kollege gibt hiernach endgültig auf und lässt Rebekka und mich bewaffnet zur Passkontrolle weiterziehen.

An der Passkontrolle werden wir interessanterweise darauf hingewiesen, dass wir die Wahl haben: Wir können entweder mit dem Zusatzflieger direkt nach Deutschland weiterfliegen oder uns einmal auf Kosten von Gulf Air Manama anschauen. Der Mann hat seinen Satz noch nicht zu Ende gesprochen, da stehen Rebekka und ich schon wieder am Hotelzimmerschalter an. Eine weitere halbe Stunde später erreichen wir zum zweiten Mal den Tresen und fragen diesmal nicht, was unsere Möglichkeiten sind, sondern lassen den Mann direkt wissen: »We need a hotel room.«

Der Mann schaut uns an, scheint sich an uns zu erinnern: »Where do you go to?«

»Frankfurt«, antworte ich.

»You want to stay in Bahrain? Have a look at Manama?«

Wir nicken und er beginnt zu lachen. In der Schlange hinter uns bekommen wir eine hohe Intelligenz zugesprochen und am Tresen vor uns ein Hotelzimmer. Rock und Roll.

Das Klima im Bahrain ist sehr angenehm und die Luft *gelb*! Aufgrund der Tatsache, dass rund um Bahrains Städte und Siedlungen kaum etwas anderes als feinster Wüstensand zu finden ist, vermischt sich dieser mit der Luft. Dadurch ist aber auch die Sicht beeinträchtigt; man kann nicht allzu weit blicken. Durch den sandigen Schleier ist selbst der Blick in die Sonne möglich ohne sofort zu erblinden. Die goldene Scheibe erscheint uns im Bahrain sowieso nicht wie die uns bekannte Sonne: Die Sonne ist weiß mit einem bläulichen Touch! Verrückt. Mit einem Kleinbus geht es in Richtung Manama. Die Gebäude der 150.000-Einwohner-Stadt sind entweder sandfarbene Steinbauten oder gläserne Hochhäuser. Dass der Bahrain ein reiches Land ist, ist deutlich zu sehen.

Man bringt uns im Golden Tulip unter, wo wir aber nicht lange bleiben. Wir legen unser Handgepäck ab, freuen uns dabei noch einmal darüber, dass wir weder Visum noch Taxi zu zahlen hatten und nun auch noch ohne unser Handgepäck durch die Stadt laufen können, und schon geht unsere Erkundung der arabischen Stadt los.

Wir durchqueren das Manama Gate. Interessant hierbei ist die Tatsache, dass dies früher die Stadtmauer und auch die natürliche Stadtgrenze war: Alles, was außerhalb des Tores liegt – unter anderem auch unser Hotel – war vor einigen Jahren noch Meer! Man kennt es ja bereits aus Dubai: Wo kein Platz mehr für Häuser ist, schüttet man mal schnell Sand ins Wasser und schon ist das Land größer. Totaler Wahnsinn.

Hinter dem Tor sieht Manama plötzlich anders aus. Die Häuser sind niedriger, Glaspaläste gibt es keine mehr. Unweit hinter einer Moschee beginnt der Suq, also die Konsummeile.

Der Suq zieht sich durch etwas breitere, größtenteils aber schmale Gässchen über mehrere Blocks hinweg. Zu kaufen gibt es von Gewürzen über Kleidung bis hin zu Schmuck und Handys alles. Dass wir uns in einer stark patriarchalischen Gesellschaft befinden, merkt man an den überproportional vielen Männern, die man in den prall gefüllten Gassen des Suq sieht. Erstaunlicherweise – zumindest hätte ich damit nicht unbedingt gerechnet – schenken einem auch die Bahrainer gerne mal ein Lächeln. Man muss zwar den Lächelreigen eröffnen – was ich nach zwei Monaten Thailand schon mit einem beachtlichen Automatismus tue –, bekommt dann aber auch in gut 70 % der Fälle ein freundliches Lächeln zurückgeworfen. Für ein Land, in dem Homosexualität bei Männern verboten ist und mit bis zu zehn Jahren Haft bestraft wird, sieht man verwirrend viele Männer händchenhaltend oder Arm in Arm durch die Straßen ziehen. In Deutschland wäre man bei solchem Körperkontakt in der Öffentlichkeit eindeutig schwul, hier symbolisiert es offenbar echte Freundschaft … schätze ich mal.

Rebekka wird ignoriert, wohingegen mir die Verkäufer, die anscheinend nicht so oft Europäer sehen, die mit legerer Kleidung anstelle von Anzügen daherkommen, ihre Waren anpreisen. Da wir aber überhaupt keine Dinar besitzen, müssen wir die Händler enttäuscht zurücklassen. Ein Händler wendet dabei eine extrem putzige, aber auch irgendwie leicht perfide Taktik an: Als er meine blonden Haare seinen Laden passieren sieht, springt er mir mit vor Aufregung relativ hoher Stimme entgegen: »Moment, moment!«

Er schnappt sich eine Kufiya, also ein »Palästinensertuch«, und setzt sie mir auf den Kopf.

»Oh, no, no, no«, versuche ich den Mann abzuhalten.

»Want no money. No money. Just try.«

Hm, na dann hau rein, Alter. Als Nächstes kommt die Agal, eine breite, schwarze Kordel auf meinen Schädel, damit die Kufiya einen besseren Halt auf meinem Kopf hat. Rebekka fotografiert fleißig und ich denke, jetzt wäre es geschafft, als der lustige Araber auf einmal einen arabischen Anzug aus seiner Plastikverpackung herausholt.

»Oh, no, no, no!«, rufe ich erneut. Jetzt reißt er schon die Packungen auf … Er winkt ab, kommt wieder zu mir und hält mir den Anzug vor die Brust.

»Thank you very much«, bedanke ich mich für die amüsante Show.

»Only 17 Dinar.«

»I'm sorry, we have no money.«

Das bezweifelt er stark, also erkläre ich ihm, dass wir nur auf unseren Flieger warten und lediglich für wenige Stunden hier gestrandet sind. Das glaubt er mir und lässt uns schwer enttäuscht von dannen ziehen.

Wir sind hungrig und beschließen, zehn Euro in Bahrain-Dinar umzutauschen. In einem kleinen, unscheinbaren Imbiss, von denen es erstaunlich wenige im Suq gibt, versuchen wir einheimisches veganes Essen zu bestellen. Wir haben keine Ahnung, was genau man im Bahrain isst. Döner? Eine Karte gibt es nicht, weswegen der Kellner, der unglücklicherweise einer von wenigen Bahrainern zu sein scheint, der kein englisch spricht, uns nur Sandwiches anbietet. Als die Sandwiches zubereitet werden, sehen wir, dass am Nachbartisch indisch aussehendes und riechendes Essen serviert wird. Das ist ärgerlich, weil wir auf so etwas durchaus Appetit gehabt hätten. Was soll's …

Als wir den Suq verlassen, stelle ich fest, dass man die klitzekleinen Sandkörner, die durch die Luft schwirren, in der Dunkelheit auf Fotos, die man mit Blitzlicht macht, sehen kann! Mit etwas Konzentration spürt man die Körnchen sogar auf der Haut und im Auge. Klingt unangenehm, ist es aber nicht wirklich. Der Sand ist so fein, dass er sich nicht festsetzt, sondern sich wie Schnee direkt wieder aufzulösen scheint.

Gelbe Luft, weißblaue Sonne, beschränkte Sicht, händchenhaltende Araber, nach Gewürzen riechende enge Straßen und ein lebhafter Suq: eine spannende Ausbeute für wenige Stunden Bahrain.

Im Hotel essen wir noch einmal kostenlos zu Abend, schauen uns müde deutsche Nachrichten auf Englisch (!?) im Deutsche Welle TV an und lesen zur Gute-Nacht-Lektüre ein wenig im Telefonbuch von Manama. Nach ein, zwei Stunden Schlaf geht's mit dem Shuttle schon wieder zurück zum Flughafen.

Irgendwie bekackt ...
Tag 60: 24. April 2010

»You are not allowed to take a gun on board.«
Boah, geht das schon wieder los: »It's just a toy.«
»You are not allowed to take a gun on board.«
Hab ich verstanden. »It was no problem in Bangkok.«
»Bangkok?«
Ach so, kann der Kollege ja nicht wissen. Also erkläre ich ihm, dass wir heute Mittag aus Bangkok gekommen sind und nun mit der gleichen Airline, die es mir heute Morgen erlaubt hat, »bewaffnet« zu fliegen, weiter nach Deutschland reisen werden.
»It's a gun.«
»It shoots water!«
»You are not allowed to take a gun on board.«
Und was nun?
»Why do you have these guns?«
Die Frage brannte den Jungs von der Gepäckkontrolle schon von Anfang an im Hirn, das hat man bemerkt. Also erkläre ich den Uniformierten kurz, was man in Thailand damit so macht und merke erneut an, dass es ja nur ein Spielzeug ist. Man unterbreitet mir das Angebot, die gefährlichen Schusswaffen am Check-in abzugeben. Der Vorschlag gefällt mir aber nicht so gut, weil ich fürchte, dass die Teile so ungeschützt zu Bruch gehen werden. Wir tragen die Pistolen lediglich in einer Plastiktüte mit uns. Diesen Gedanken äußere ich auf dem Weg zum Check-in auch. Ganz nebenbei schaut uns mittlerweile auch der halbe Flughafen hinterher, da ich von einem Polizisten wieder in den äußeren Bereich des Flughafens geführt werde. Also dorthin, wo man eigentlich ein Visum benötigt, was ich nicht mehr habe, da ich laut Stempel im Reisepass vor fünf Minuten bereits das Land verlassen habe. Mitleidige Blicke verfolgen mich, was mich dazu animiert, noch genervter und nun auch zusätzlich wehleidig zu

gucken, hehe.

Am Check-in organisiert man mir einen Karton und lässt diesen wiederum mehrlagig mit Plastikfolie umwickeln. Der Zollbulle klopft dem Plastikfolienmann gönnerhaft auf die Schulter, bedankt sich bei ihm für die geleistete Arbeit und führt mich wieder zurück zur Handgepäckkontrolle.

Gute sechs Stunden später ertönt die Stimme des Piloten: »Wir landen in wenigen Minuten in Frankfurt am Main. Die Außentemperatur liegt bei vier bis sechs Grad Celsius.«

Als ich am Abend schwer frierend meine Kumpels in Mainz besuche, bekomme ich, unmittelbar nachdem ich mein Auto verlasse, von einem Vogel auf die Schulter gekackt ... und damit ist die Reise dann endgültig vorbei. *Welcome to the fridge, Germany.*

ENDE

Danke

Andrea Neudert danke ich für die Idee, meine Reiseberichte zu veröffentlichen und dafür, dass sie für die Bücher stets die passenden Namen und Vorworte findet.
Ich bedanke mich bei Inge & Wolfgang Knickel für die Euphorie, mit der sie die Berichte immer verschlingen und mich somit weiter anspornen, mir in meinem Urlaub die Nächte vor dem Notebook um die Ohren zu schlagen.
Eugen, Patrick, Ioanna, Dani, Anna, Arek, Jamie, Loïc, Raphael, Kicu, Susanne, Fa, Pock, Mister Mong, Mister Joe, Estefania, Yasmin, Tiger, Danielle, John, Teuy, Klaus, all die anderen, die ich gerade vergesse aufzuzählen und Borramy, dafür, dass wir Euch kennenlernen und Zeit mit Euch verbringen durften.
Bei Alexenader Mink bedanke ich mich für den Buchdeckel und Deine Freundschaft.
Melanie Murat, Greta Höche, Anna Göbel & Wolfgang Knickel gebührt großer Dank fürs Korrekturlesen.
Rebekka Schuch danke ich fürs Korrekturlesen und das Zeichnen der Landkarten.
Und bei Thailand bedanke ich mich schließlich für zwei der schönsten Monate meines Lebens.

Sorry?

Falls Du in diesem Buch vorkommst und nicht so nett, toll oder schön beschrieben wirst, wie Du in Wirklichkeit bist, bitte ich dies damit zu entschuldigen, dass dies lediglich meine subjektiven Eindrücke während dieser Reise waren. Eigentlich bist Du sicherlich ganz prima …

Quellen

Stefan Loose Travel Handbücher: Thailand.
Art & Culture: Phuket Town Treasure Map.
Albanese, Marilia: National Geographic Art Guide. Angkor.
CIA (Hg.): CIA World Factbook. Version 16, 2008.
Wikipedia

Kleine Thai-Kunde

Eine goldene Regel:
Die Wörter »ka« und »krap« sind Höflichkeitsfloskeln, die am besten immer und überall angehängt werden. Hierbei ist zu beachten, dass Personen, die sich zum weiblichen Geschlecht zählen, »ka« und Vertreter der männlichen Spezies »krap« verwenden.

1. Überlebenswichtige Vokabeln:

Hallo!	Sawadie ka/krap!
Danke.	Kop khun ka/krap.
Vielen Dank.	Kop khun mak ka/krap.
Auf Wiedersehen.	Phop kan mai krap/ka.
ja	tschai (ka/krap)
nein	mai tschai (ka/krap)
ich	pom
du	kun
Wie viel?	Tao lai ka/krap?
Wie geht's?	Sabai di mai?
gut	sabai di
nicht gut	mai di
schön	sulai
lecker	aloi
Vegetarier	mangsawirat
(wenig) scharf	(mai) pet
viel/sehr	mak
besoffen	mao
Zigarette	buri
Feuerzeug	fai tschäk
»kiss kiss«	tschup tschup
Ich liebe dich.	Phom rak khun.

2. Fragen

Regel: Bei Fragen *immer* »mai« – auf Deutsch: »nicht« – anhängen!

Lecker, nicht?	Aloi, mai?
Schön, nicht?	Sulai, mai?
Wie geht's?	Sabai di mai?

3. Zahlen

0	suun
1	nüng *oder* et*
2	soong *oder* ji*
3	sam
4	si
5	ha
6	hok
7	dschet
8	pät
9	kao
10	sip
...	
100	loi
1.000	pan
10.000	müün
100.000	sään
1.000.000	laan

Die Thais bilden ihre Zahlen auf clevere Weise:
In Deutschland sagen wir »dreiundzwanzig«. Die Thais sagen »zwei mal die zehn und eine drei« ohne jedoch all diese Worte zu benutzen. Wörtlich übersetzen müsste man 23 mit »zwei-zehn drei«.

* Besonderheiten sind die 1 und die 2:
nüng (1) wird in 11, 21, 31 etc. durch *et* ersetzt,
soong (2) wird an der 10er-Stelle (20–29, 120–129, 220–229 etc.) zu *ji*.

Beispiele:
11	sip et	10 und 1
21	ji sip et	2 × 10 und 1
32	sam sip song	3 × 10 und 2
44	si sip si	4 × 10 und 4
568	ha loi hok sip pät	5 × 100, 6 × 10 und 8

Let Your Light Shine in the World

Die komplette Reihe mit vielen Fotos, Videos und Landkarten gibt es auf
www.dennisknickel.com

Band 1
Kaffee, Kiffer, Killerkatzen
Hawaii

Die finanziellen Mittel sind stark begrenzt, sodass meine Freundin Rebekka und ich – ohne ein Hotel gebucht zu haben – 2004 ins Paradies fliegen, um dort auf Biofarmen zu arbeiten. Wir werden nicht nur mit Zombiekatzen und der »Church of the Holy Smoke« konfrontiert. Wir sehen auch Delfine, Vulkane sowie den inoffiziell höchsten Berg der Welt, erfahren, dass man unsere Namen auf hawaiianisch mit Kenika und Lepeka übersetzt und werden unter Polizeiandrohung von einer Kaffeefarm vertrieben. Wir trampen mit einem ehemaligen Rotarmisten, kiffenden Hippies, einem von seiner Frau verlassenen Polizisten und trinken in der Karaoke-Bar der lebenden Loser das ein oder andere Bier …

Band 2
Anarchistenherz
Kuba

Im Frühling 2007 reisen Rebekka und ich für acht Wochen mit dem Rucksack durch Kuba, um festzustellen, dass der sogenannte tropische Sozialismus erschreckend wenig mit Sozialismus zu tun hat. Wir reisen von Stadt zu Stadt, wo wir bei Kubanern zu Hause wohnen. Wir lernen Humberto kennen, dessen Sohn zehn Jahre in der Todeszelle saß und nun auf seine Begnadigung durch Fidel Castro hofft. Ich tauche in der wunderschönen Schweinebucht und werde wegen meiner blonden Haare von halb Santiago de Cuba angeschnorrt. Mit knapp 90 Kubanern quetschen wir uns stundenlang in ein »Guagua«, einen Bus, in den im »deutschen Normalfall« maximal 20 Leute reinpassen würden. Wir erleben Apartheid, verbringen einen Tag bei und mit den Taíno-Indianern, heizen in illegalen Taxis mit über 100 km/h über Feldwege, werden von einem Hotelangestellten des Diebstahls bezichtigt und müssen in einer düsteren Spelunke Mojitos für alle anwesenden Kubaner zahlen. Aber auch dies sind nur ein paar wenige Beispiele für eine unvergessliche und sehr anstrengende Reise zweier Pflanzenfresser durch das (noch?) sozialistische Kuba …

Band 4
Serendipity
USA (Westküste)

Teil 1

»Serendipity ist die Gabe, zufällig glückliche und unerwartete Entdeckungen zu machen. Serendipity heißt auch Glück, glücklicher Zufall oder Spürsinn.«

Dennis Knickel scheint über diese Gabe zu verfügen. Zumindest dann, wenn er sich seinen Rucksack aufsetzt, an die Westküste der USA fliegt und dort Menschen begegnet. Gewöhnlichen Menschen? Nicht auf dieser Reise. Dennis begegnet unter anderem obdachlosen Hippies, einem Drogendealer auf der Flucht, einer Lesbe, die sich während ihres Liebesspiels von einem Mann Sextipps geben lässt sowie einem Vater, der seine Mädels aufgabelt, die mit einem Kofferraum voll Gras wegen einer Autopanne liegen geblieben sind. Darüber hinaus sieht er nach über 14 Jahren seinen Schulfreund Leo wieder, schließt Freundschaften mit einem angehenden Jedi-Ritter sowie einem bärtigen Freak mit einem Herz aus Gold und Chaos im Blut, verliebt sich in eine außergewöhnliche Frau und gerät obendrein noch mehrfach in akute Lebensgefahr …

Teil 2

Auch im zweiten Teil seines dreimonatigen Abenteuers entlang der US-Westküste kann sich Backpacker Dennis Knickel nicht über fehlendes Glück oder Langeweile beschweren: Nachdem er sich schweren Herzens von Cari verabschieden musste, taucht Brian plötzlich in San Francisco auf. Sein schräger Freund aus Portland lädt ihn zu einem Road Trip zum Yosemite National Park ein, wo Dennis erneut den Hauch des Todes zu spüren bekommt. Auch Ford ist wieder mit von der Partie. Der sympathisch verrückte Schauspieler ist mittel- und obdachlos in Hollywood gestrandet und bittet Dennis um Unterstützung. Der 29-jährige Backpacker lernt im weiteren Verlauf seiner Reise nicht nur das harte Leben auf den Straßen der Stadt der Engel kennen, sondern auch die abgedrehte Welt der Kasinos in Las Vegas, die gespenstische Stille einer Geisterstadt, die Schönheit Sedonas und das unfassbare Naturspektakel des Grand Canyon. Dennis wird von Venturas bestem Wellenreiter Scott in die hohe Kunst des Surfens eingeführt, taucht mit Seelöwen und springt aus einem Flugzeug. Sein Ziel, in Los Angeles eine internationale Filmproduktion zu starten, geht ihm dabei genauso wenig aus dem Kopf wie Cari …

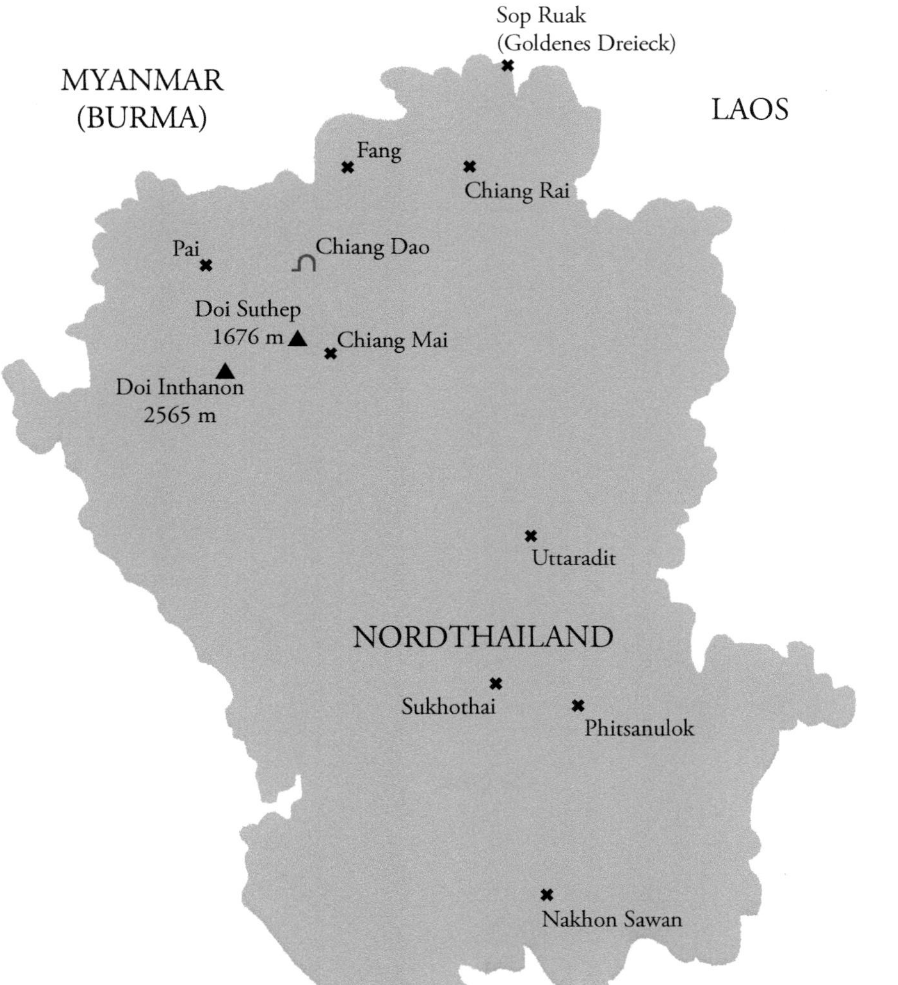
Sop Ruak
(Goldenes Dreieck)
MYANMAR
(BURMA)
LAOS
Fang
Chiang Rai
Pai
Chiang Dao
Doi Suthep
1676 m
Chiang Mai
Doi Inthanon
2565 m
Uttaradit
NORDTHAILAND
Sukhothai
Phitsanulok
Nakhon Sawan
Berg
Höhle

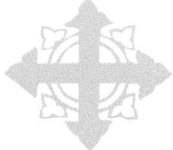

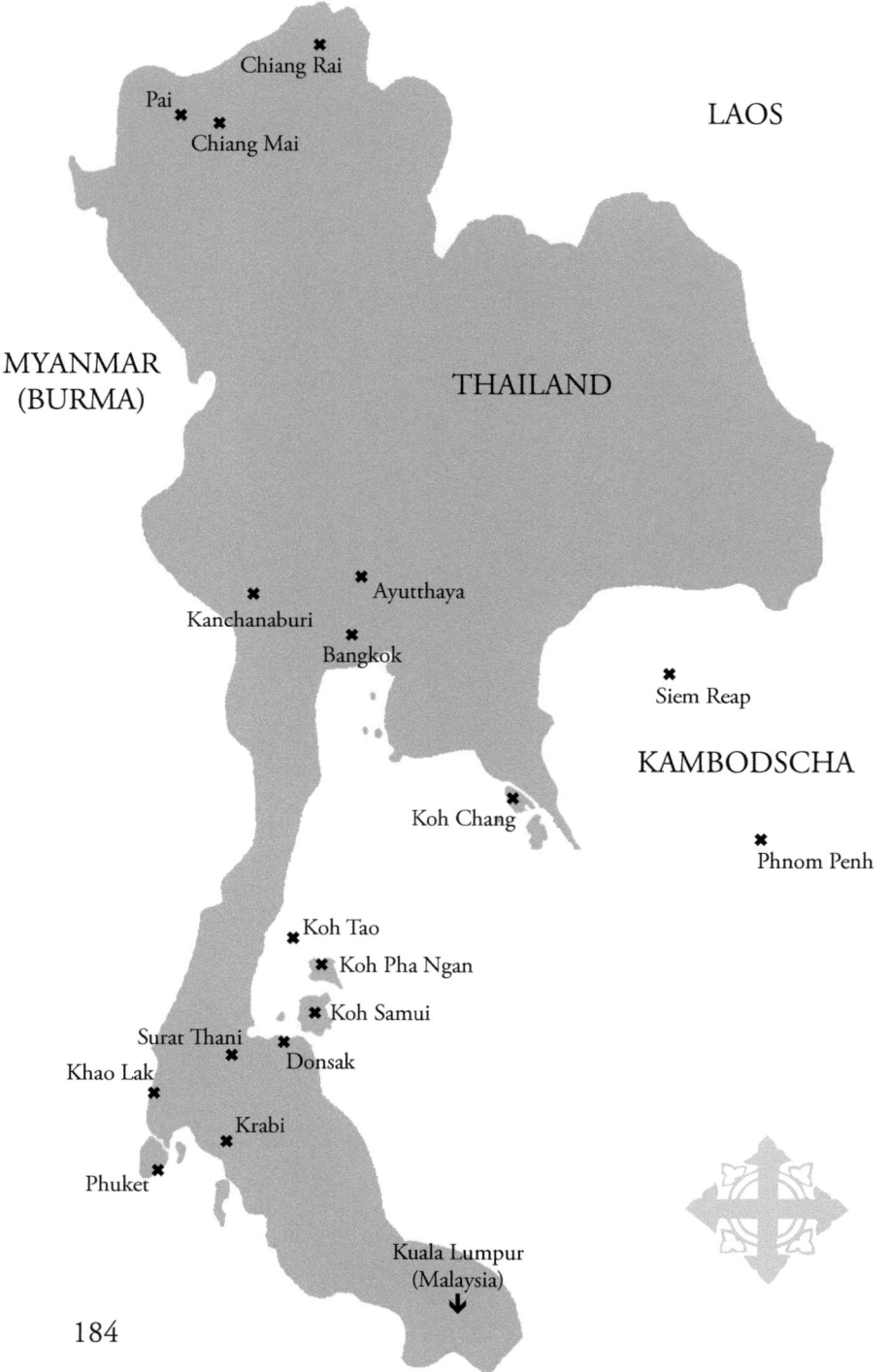